AF451192

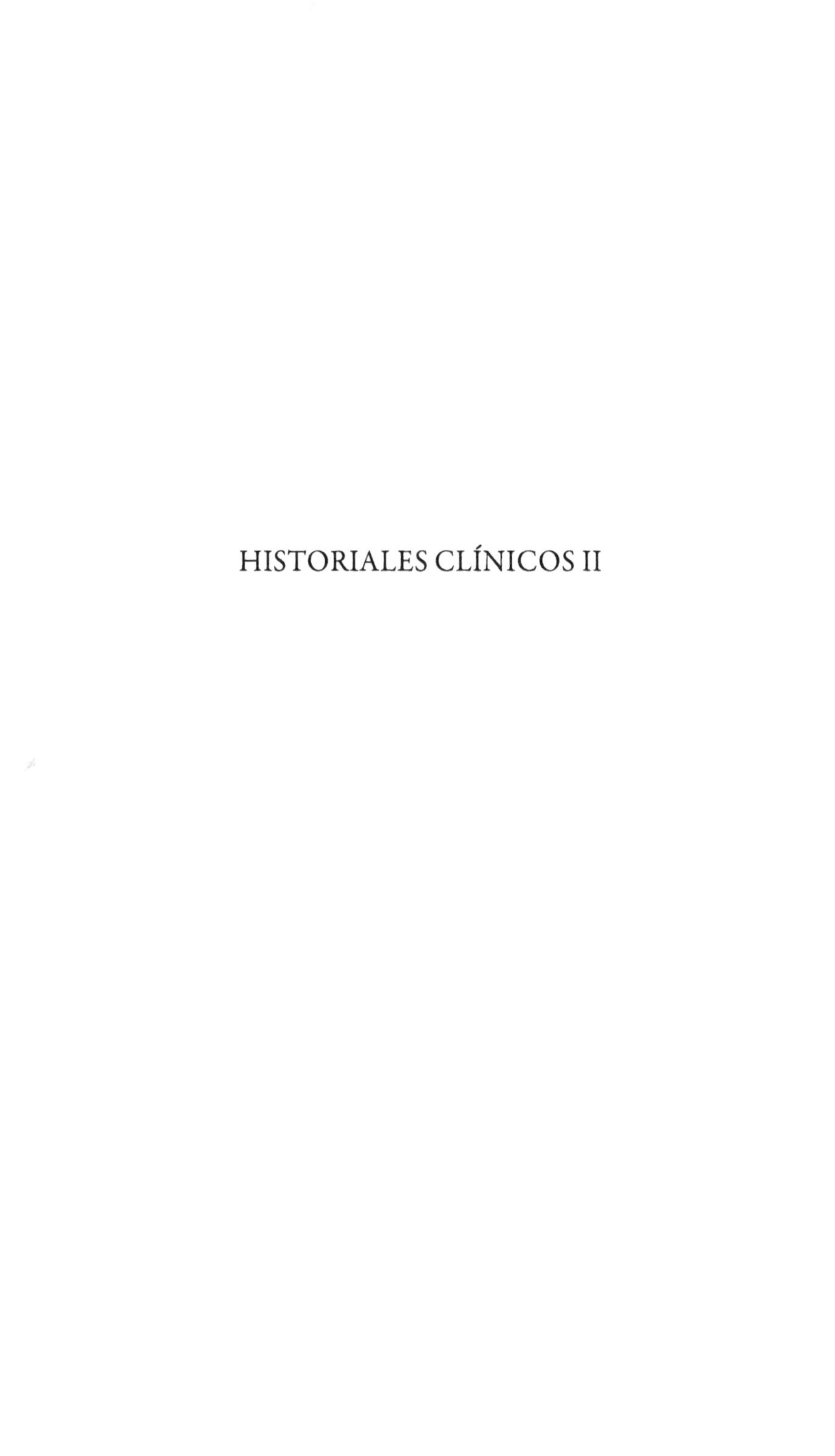

HISTORIALES CLÍNICOS II

OBRAS COMPLETAS DE SIGMUND FREUD
TOMO XVI

HISTORIALES CLÍNICOS II

(UN CASO DE NEUROSIS OBSESIVA.
OBSERVACIONES PSICOANALÍTICAS SOBRE UN CASO DE
PARANOIA AUTOBIOGRÁFICAMENTE DESCRITO.
HISTORIA DE UNA NEUROSIS INFANTIL)

TRADUCCIÓN DIRECTA DEL ALEMÁN POR
LUIS LÓPEZ BALLESTEROS Y DE TORRES

Editorial Iztaccíhuatl S. A. de C. V.

OBRAS COMPLETAS DE SIGMUND FREUD. TOMO XVI
Historiales clínicos II

Sigmund Freud
ISBN (obra completa): 978-607-8688-54-8
ISBN (tomo XVI): 978-607-8688-67-8
Segunda edición: abril de 2022

© Sigmund Freud
© Luis López-Ballesteros y de Torres (traducción directa del alemán)
© Editorial Iztaccíhuatl S. A. de C.V.

© Editorial Iztaccíhuatl S. A. de C.V.
Miguel Schultz #21, Col. San Rafael,
Del. Cuauhtémoc, Ciudad de México

Corrección de estilo: Yoali E. Crespo López
Diseño y maquetación: Cecilia Neria Anaya
Licencia de impresión a Grupo Editorial Neisa
Impresión: Master Copy, S. A. de C.V. (DocuMaster)

I

UN CASO DE NEUROSIS OBSESIVA
(CASO «EL HOMBRE DE LAS RATAS»)

Las páginas que siguen contienen dos cosas: en primer lugar, datos fragmentarios del historial clínico de un caso de neurosis obsesiva que, por su duración y sus consecuencias, y según mi apreciación subjetiva, debe ser incluido entre los de cierta gravedad y cuyo tratamiento, prolongado a través de un año entero, consiguió reconstruir completamente la personalidad y suprimir las inhibiciones. Y en segundo, enlazadas a este caso y a otros anteriormente analizados, algunas observaciones aforísticas sobre la génesis y el mecanismo de los procesos anímicos obsesivos, destinadas a continuar y ampliar mis primeros estudios sobre la materia, publicados en el año 1896[1].

Creo indispensable justificar un tal índice para que no se suponga que considero perfecta y digna de imitación semejante exposición fragmentaria de un caso clínico, cuando, en realidad, me es impuesta por consideraciones extrínsecas e intrínsecas y habría sido, desde luego, más explícito si hubiera podido. Pero no me es posible comunicar el historial completo del tratamiento porque ello me obligaría a revelar en detalle las circunstancias personales de mi paciente. La atención importuna que toda una gran ciudad dedica a mi actividad médica me impide desarrollar una exposición exacta y minuciosa, y, por otro lado, las deformaciones con las cuales suele intentarse obviar un tal inconveniente me han parecido siempre tan inadecuadas como rechazables. Limitadas, no consiguen su

---

[1] *Cf. Las psiconeurosis de defensa* (II. *Esencia y mecanismo de la neurosis obsesiva*). Tomo XI de estas *Obras Completas*.

objeto de proteger al paciente de la curiosidad indiscreta, y si las llevamos más allá, cuestan demasiado caras, pues hacen imposible la comprensión del caso, hurtando al conocimiento del lector relaciones fundamentales enlazadas precisamente a las pequeñas realidades de la vida del enfermo. Resulta, pues, paradójicamente, más lícito dar publicidad a los más íntimos secretos de un paciente, por los cuales no es fácil identificarle, que a las circunstancias más inocentes y triviales de su personalidad, de todos conocidas y que le descubrirían en el acto.

Justificada así la ingrata mutilación de los historiales del enfermo y de su tratamiento, el hecho de que mi exposición aparezca limitada a resultados fraccionarios de la investigación psicoanalítica de la neurosis obsesiva tiene una explicación todavía más clara y convincente. Debo reconocer, en efecto, que todavía no he conseguido desentrañar, sin residuo alguno, la complicada estructura de un caso grave de neurosis obsesiva, y también que no me sería posible evidenciar, a través de los estratos del tratamiento y con la exposición detallada del análisis, tal estructura, analíticamente descubierta o sospechada, pues la resistencia de los enfermos y la forma en que se exteriorizan hacen dificilísima semejante labor expositiva. Pero, además, ha de tenerse en cuenta que la comprensión de una neurosis obsesiva no es ciertamente nada fácil y desde luego mucho más difícil que la de un caso de histeria. A primera vista más bien nos inclinaríamos a suponer lo contrario. El conjunto de medios de que se sirve la neurosis obsesiva para exteriorizar sus ideas secretas, o sea, el lenguaje de la neurosis obsesiva, es como un dialecto del lenguaje histérico, pero un dialecto que debía sernos más inteligible por ser más afín que el histérico a la expresión de nuestro pensamiento consciente. Ante todo, no integra aquel salto desde lo anímico a la inervación somática —la conversión histérica— que nuestro intelecto no puede jamás secundar.

El hecho de que la realidad no confirme la hipótesis antes apuntada depende quizá tan solo de nuestro menor conocimiento de la neurosis obsesiva. Los neuróticos obsesivos graves acuden al tratamiento psicoanalítico en número mucho menor que los histéricos. Disimulan en la vida social sus estados patológicos mientras les es posible y sólo recurren al médico en estadios muy avanzados de su enfermedad, estadios tales como aquellos que en una tuberculosis excluyen ya el ingreso en un sanatorio. Elegimos esta comparación porque en la neurosis obsesiva, grave o leve, pero tempranamente combatida, pueden señalarse, como en aquella otra dolencia crónica infecciosa, toda una serie de brillantes éxitos curativos.

En tales circunstancias no queda más posibilidad que comunicar las cosas tan imperfectas e incompletas como las sabemos y podemos hacerlas públicas. Los fragmentos de conocimiento, trabajosamente extraídos, que aquí ofrecemos podrían parecer poco satisfactorios, pero la labor de otros investigadores se enlazará a ellos y el esfuerzo común podrá conseguir aquello que para uno solo es quizá demasiado arduo.

I

Historial clínico

Un hombre joven de formación universitaria se presenta en mi consulta manifestando padecer representaciones obsesivas ya desde su infancia, pero con particular intensidad desde cuatro años atrás. El contenido principal de su dolencia era el *temor* de que les sucediera algo a las dos personas a las que más quería: su padre y la dama de sus pensamientos. Sentía, además, *impulsos obsesivos*, tales como el de cortarse el cuello con una navaja de afeitar, y se imponía *prohibiciones* que se extendían también a cosas triviales e indiferentes. La lucha contra sus ideas obsesivas le había hecho perder mucho tiempo, retrasándole en su carrera. De todos los tratamientos ensayados sólo uno le había aliviado algo: una cura hidroterápica en un balneario, pero sólo porque durante su estancia en el mismo halló ocasión de desarrollar una actividad sexual regular. Aquí en Viena no se le ofrecía ocasión semejante y sólo raras veces y con grandes intervalos cohabitaba. Las prostitutas le repugnaban. En general, su vida sexual había sido muy limitada. El onanismo había desempeñado en ella muy escaso papel, y sólo a los dieciséis o los diecisiete años. Su potencia era normal, y hasta los veintiséis años no había conocido mujer.

El paciente daba la impresión de ser un hombre de inteligencia despejada y penetrante. Preguntado por qué razón ha iniciado la anamnesis con informes sobre su vida sexual, explica haberlo hecho por saber que así correspondía a mis teorías. Fuera de esto no ha leído ninguna de mis obras, y sólo muy recientemente, al hojear una de ellas, encontró la explicación de ciertas asociaciones verbales[2] que le recordaron la "elaboración mental" a la que él mismo sometía sus ideas y le decidieron a acudir a mi consulta.

a) Iniciación del tratamiento

Al día siguiente, una vez comprometido a observar la única condición del tratamiento, esto es, la de comunicar todo lo que se le viniera a las mientes, aunque le fuera *desagradable* hablar de ello o le pareciera *nimio, incoherente* o *disparatado*, y habiendo dejado a su arbitrio la elección del tema inicial de su relato comenzó por lo siguiente:

Tiene un amigo al que estima mucho. Siempre que se ve atormentado por un impulso criminal acude a él y le pregunta si le desprecia considerándole como un delincuente. El amigo le da ánimos, asegurándole que es un hombre irreprochable, sujeto tan sólo, desde su juventud, a analizar sus actos con temeroso escrúpulo infundado. Análoga influencia hubo de ejercer antes sobre él otra persona: un estudiante que tenía diecinueve años cuando él catorce o quince, y cuya estimación elevó su opinión sobre sí mismo hasta el punto de que llegó casi a creerse un genio. Aquel estudiante pasó luego a darle clases particulares, y entonces varió bruscamente de actitud para con él, dándole a entender que era un inútil. Por fin, advirtió que, si antes le había mostrado simpatía, había sido tan sólo para lograr su amistad y conseguir ser recibido en su casa, pues estaba enamorado de una de sus hermanas. Esta fue la primera grave desilusión de su vida.

b) Sexualidad infantil

«Mi sexualidad fue muy precoz. Recuerdo una escena que hubo de desarrollarse teniendo yo de cuatro a cinco años —a

---

[2] *Psicopatología de la vida cotidiana*, tomo I de estas *Obras Completas*.

partir de los seis poseo ya un claro y preciso recuerdo de mi vida—, y que surgió en mi memoria años después. Teníamos una institutriz joven y bonita. Fräulein Peter[3], y una noche que estaba leyendo echada en un sofá y ligeramente vestida, le pedí permiso para meterme debajo de sus faldas, dejándome ella a condición de que no se lo contara a nadie. Llevaba poca ropa encima y pude tocar sin dificultad sus genitales y su cuerpo todo, el cual me pareció singularmente conformado. Desde entonces me quedó una ardiente curiosidad de contemplar el cuerpo femenino. Recuerdo todavía con qué ansia esperaba que la institutriz se desnudase cuando íbamos a bañarnos, pues aún se me permitía ir en tales ocasiones con ella y con mis hermanas. Otros recuerdos más detallados de este género son ya posteriores a mis seis años. Teníamos entonces otra institutriz, también joven y bonita, que sufría de abscesos en las nalgas, y se los curaba al acostarse, momento que yo esperaba con impaciencia para saciar mi curiosidad. Y lo mismo en el baño, aun cuando Fräulein Lina era más pudorosa que la otra. (A una pregunta mía responde que habitualmente no dormía en el cuarto de la institutriz, sino en el de sus padres). Recuerdo también otra escena que debió de desarrollarse

---

[3] Cuando aún no había abandonado los senderos del psicoanálisis, el doctor Alfred Adler hizo resaltar, en una conferencia privada, la particular importancia de las primeras manifestaciones de los pacientes. El presente caso prueba claramente su tesis. Las palabras iniciales del sujeto acentúan la influencia que sobre él ejercen los hombres, esto es el papel que en su vida desempeña la elección homosexual de objeto, y preludian simultáneamente un segundo motivo que luego surgirá poderoso: el del conflicto y oposición de intereses entre hombre y mujer. En este contexto debe englobarse también el hecho de que el sujeto recuerde a su primera institutriz, joven y bonita, por su apellido, idéntico casualmente a un nombre propio masculino. Entre la burguesía vienesa se acostumbra más bien a designar a las institutrices por su nombre propio, y es este el que por lo general se recuerda.

teniendo yo unos siete años[4]. Una tarde que estábamos juntos la institutriz, la cocinera, una doncella, un hermanito mío, año y medio menor, y yo, oí que Fräulein Lina decía a las otras muchachas: "Con el pequeño sí se podría hacer, pero Pablo (yo) es muy torpe y seguramente no acertaría". No comprendí claramente de lo que se trataba, pero sí que se me posponía a mi hermano, y me eché a llorar. Lina me consoló y me contó que una muchacha que había hecho aquello con el niño encomendado a su custodia había ido por unos cuantos meses a la cárcel. No creo que Lina llegase a hacer conmigo nada ilícito, pero sí consentía que me tomara con ella grandes libertades. Cuando estaba acostada, me llegaba a su cama y la destapaba y la tocaba sin que protestase. No es muy inteligente y sí muy sexual. A los veintitrés años había tenido ya un hijo, cuyo padre se casó luego con ella. Todavía la veo alguna vez por la calle.

A los seis años tenía ya frecuentes erecciones y recuerdo haberme quejado alguna vez a mi madre de las molestias que me causaban, aunque no sin cierto temor, pues sospechaba la relación de aquel fenómeno con mis imaginaciones y mi curiosidad y andaba preocupado con la idea morbosa de que *mis padres conocían mis íntimos pensamientos por haberlos revelado yo mismo en voz alta sin darme cuenta de ello.* Veo aquí el comienzo de mi enfermedad. Había muchachas que me gustaban mucho y a las que deseaba ardientemente *ver desnudas*; pero tales deseos iban acompañados de *una sensación de inquietud* como si *por pensar aquellas cosas hubiera de suceder algo y tuviera yo que hacer todo lo posible para evitarlo.*»

(Interrogado por mí, señala, como ejemplo de tales temores, el de que *su padre muriera*). "La idea de la muerte de mi padre

---

[4] Ulteriormente acepta la probabilidad de que tal escena se desarrollara uno o dos años después.

me preocupó desde muy temprana edad y durante mucho tiempo, causándome gran tristeza".

En este punto me entero, para mi sorpresa, de que el padre del sujeto, al que todavía hoy se refieren los temores obsesivos que le atormentan, ha muerto hace ya varios años.

Aquellos sucesos de sus seis o siete años que nuestro paciente nos describe en la primera sesión del tratamiento, no constituyen tan sólo el comienzo de su enfermedad, sino ya la enfermedad misma, una neurosis obsesiva completa a la que no falta ningún elemento esencial y que es, al mismo tiempo, el nódulo y el prototipo del padecimiento ulterior, constituyendo el organismo elemental, cuyo estudio es el único medio que puede aclararnos la complicada estructura de la enfermedad actual. Vemos al niño bajo el dominio de uno de los componentes del instinto sexual, el placer visual, resultado del cual es el deseo, emergente siempre de nuevo con gran intensidad, de ver desnudas a las personas femeninas que son de su agrado. Este deseo corresponde a la idea obsesiva ulterior y, si no entraña aún carácter obsesivo, es porque el *yo* no se ha situado todavía en franca contradicción con él y no lo siente como algo ajeno a sí mismo, pero ya se inicia, sin que sepamos de dónde procede, una oposición a tal deseo, pues un afecto penoso acompaña regularmente la aparición del mismo[5]. En la vida anímica del pequeño voluptuoso hay un conflicto. Junto al deseo obsesivo existe un temor obsesivo íntimamente enlazado a él. Siempre que el sujeto piensa algo relacionado con su deseo surge en él el temor de que va a suceder algo terrible, y este algo reviste ya una indeterminación característica concomitante siempre a

---

[5] Recordaremos que se ha intentado explicar las representaciones obsesivas sin tener en cuenta la afectividad.

las manifestaciones de la neurosis. Pero en el niño no es difícil descubrir lo que tal indeterminación encubre. Si conseguimos encontrar un detalle en el que se haya concretado alguna de las vagas generalidades de la neurosis obsesiva, podremos estar seguros de que tal detalle encierra el elemento original y auténtico que debía ser encubierto por la generalización. El temor obsesivo era, pues, en este caso, reconstruido, según su sentido, el siguiente: "Si tengo el deseo de ver desnuda a una mujer, mi padre morirá". El afecto penoso toma claramente un matiz inquietante y supersticioso y da ya origen a impulsos tendientes a hacer algo para alejar la desgracia, tales como se impondrán luego en las ulteriores medidas de protección.

Hallamos, pues, un instinto erótico y una rebelión contra él mismo, un deseo (no obsesivo aún) y un temor contrario (obsesivo ya), un afecto penoso y un impulso a la adopción de medidas defensivas, esto es, el inventario completo de la neurosis. Y todavía algo más: una especie de delirio o manía de contenido singular, según el cual sus padres conocían sus más íntimos pensamientos porque él mismo los revelaba en voz alta sin darse cuenta. No incurriremos apenas en error al considerar esta infantil tentativa de explicación como un presentimiento de aquellos singulares procesos anímicos que llamamos *inconscientes* y de los que no podemos prescindir para la aclaración de tan obscuro estado de cosas. Las palabras "Revelo en alta voz mis pensamientos sin darme cuenta" suenan como una proyección al exterior de nuestra propia hipótesis de que el sujeto entraña pensamientos de los que nada sabe, esto es, como una percepción endopsíquica de lo reprimido.

Vemos claramente que esta neurosis elemental e infantil entraña ya su problema y se muestra aparentemente absurda como toda neurosis complicada de un adulto. ¿Qué puede significar que el padre haya de morir si en el niño se promueve aquel deseo voluptuoso? ¿Es una pura insensatez o existen caminos de comprender tal afirmación y aprehenderla como resultado necesario de procesos y premisas anteriores?

Aplicando a este caso de neurosis infantil conocimientos logrados en otros, hemos de suponer que también aquí, o sea, con anterioridad a los seis años, han existido sucesos traumáticos, conflictos y represiones que han sucumbido luego a la amnesia, pero dejando como residuo aquel contenido del temor obsesivo. Más adelante veremos hasta qué punto nos es posible volver a hallar tales sucesos olvidados o reconstruirlos con cierta seguridad. Pero entre tanto, habremos de hacer resaltar como una coincidencia que no es, probablemente, indiferente, el hecho de que la amnesia infantil de nuestro paciente halle precisamente su fin a los seis años.

Un tal comienzo de una neurosis obsesiva crónica con semejantes deseos voluptuosos, a los que se enlazan inquietantes temores y una tendencia a realizar actos de defensa, nos es ya conocido por otros casos. Es totalmente típico, aunque no sea, probablemente, el único tipo. Dedicaremos aún algunas palabras a las tempranas vivencias sexuales del paciente antes de pasar al contenido de la segunda sesión del tratamiento. No se puede menos de considerar tales vivencias como especialmente ricas en contenido y eficacia. Pero lo mismo ocurre, exactamente, en todos los demás casos de neurosis obsesiva por mí analizados. Al contrario de lo que en la histeria sucede, jamás falta en ellos una actividad sexual prematura. La neurosis obsesiva deja ver, mucho más claramente que la histeria, cómo los factores que integran las psiconeurosis no deben buscarse en la vida sexual actual, sino en la infantil. La vida sexual actual de los neuróticos obsesivos puede parecer muchas veces, a un observador superficial, absolutamente normal, pues ofrece frecuentemente menos factores patógenos y menos anormalidades que la de nuestro paciente.

c) El gran temor obsesivo

«Comenzaré hoy con el suceso que me decidió a acudir a su consulta. Era agosto y me encontraba en X, cumpliendo el período anual de servicio militar como reservista. Venía sintiéndome muy deprimido y me atormentaba con toda clase de ideas obsesivas, las cuales fueron desapareciendo luego durante las maniobras. Me interesaba demostrar a los oficiales que no sólo era uno un hombre de estudio, sino también un buen soldado capaz de resistir las fatigas de la vida militar. Un día hicimos una marcha no muy prolongada, partiendo de X. En un descanso perdí mis lentes, y aunque no me hubiera sido fácil encontrarlos buscándolos con algún detenimiento, renuncié a ello, no queriendo dilatar la partida, y telegrafié a mi óptico de Viena para que me enviase otros. Durante el mismo descanso había estado sentado entre dos oficiales, uno de los cuales, un capitán de apellido checo, había de adquirir gran importancia para mí. Este individuo me inspiraba cierto temor, pues se *mostraba manifiestamente inclinado a la crueldad.* No quiero afirmar que fuese un malvado, pero en sus conversaciones se había mostrado repetidamente partidario de los castigos corporales, habiendo yo combatido varias veces su opinión con acaloramiento. En este descanso volvimos a entablar conversación y el capitán contó haber leído que en Oriente se aplicaba un castigo singularmente espantoso.»

Llegado aquí, el paciente se interrumpió y, levantándose del diván en el que estaba echado, me pidió que le dispensara de la descripción de aquel castigo. Le aseguré que, por mi parte, no tenía tendencia alguna a la crueldad y que, desde luego, no quería atormentarle, pero que no podía concederle lo que me pedía, puesto que la superación de la resistencia era un mandato ineludible a la cura. (Al principio de aquella sesión le había explicado el concepto de *resistencia*, al advertirme él cuánto había de forzarse para comunicarme aquella vivencia).

Luego continué diciéndole que haría posible por facilitar la tarea, procurando adivinar lo que él se limitara a indicarme, sin entrar en detalles, y le pregunté si se refería al empalamiento. "No; no es eso. El condenado era atado..." (Se expresaba tan imprecisamente que, de momento, no pude adivinar en qué postura). "Se le adaptaba a las nalgas un recipiente y se metían en él unas cuantas ratas que luego..." (Se había levantado de nuevo y daba señales de máximo esfuerzo y resistencia). "Unas cuantas ratas que luego se le iban introduciendo..." Aquí pude ya completar: "Por el ano".

En todos los momentos importantes del relato podía observarse en él una singular expresión fisonómica compuesta, que sólo podía interpretarse como signo de *horror ante un placer del que no tenía la menor conciencia*. Con grandes dificultades continuó: "En aquel mismo instante surgió en mí *la idea de que aquello le sucedía a una persona que me era querida*"[6]. Interrogado, puntualizó que tal idea no era la de que él aplicara tal castigo, sino que el mismo era aplicado impersonalmente a la persona evocada. Después de breve reflexión, concluí que dicha persona no podía ser otra que la señora a quien el sujeto dedicaba por entonces sus atenciones.

En este punto interrumpió el paciente su relato para indicarme cuán ajenos y opuestos a su verdadera personalidad eran tales pensamientos y con qué extraordinaria rapidez se desarrollaba en él todo lo que a ellos se enlazaba. Simultáneamente a la idea surgía siempre la "sanción", esto es, la medida de defensa que había de poner en práctica para que la fantasía no se cumpliera. Cuando el capitán habló de aquel horroroso castigo y surgieron en el sujeto las ideas de que había hecho

---

[6] El sujeto dice "idea"; la designación "deseo" o, correlativamente, "temor", más enérgicas e importantes, quedan encubiertas por la censura. Desgraciadamente, no me es posible reproducir aquí la peculiar vaguedad de sus manifestaciones.

mención, todavía consiguió defenderse de ambas con su conjuro habitual, consistente en un ademán de repulsa y la exclamación "¡Qué tonterías se te ocurren!"

El plural "ambas" hubo de extrañarme como sin duda habrá extrañado al lector, pues el paciente no había referido más que una: la de que el tormento de las ratas era aplicado a la señora de sus pensamientos. Mas ahora hubo de confesar que simultáneamente a esta idea había surgido en él la de que el tormento se extendía también a su padre. Mas como su padre había muerto muchos años atrás, tal temor obsesivo resultaba aún más insensato que el primero e intentó permanecer inconfesado.

Al día siguiente, el mismo capitán le entregó un paquete postal y le dijo: "El teniente Z.[7] ha pagado por ti el reembolso. Tienes que darle el dinero". El paquete contenía los lentes pedidos por telégrafo a Viena. En el mismo instante surgió en él una "sanción": *No devolver el dinero*, pues si lo hacía, sucedería aquello (se realizaría en su padre y en la señora la fantasía de las ratas). Y conforme a una trayectoria típica ya en él, se alzó inmediatamente, para combatir tal sanción, un mandato en forma de juramento: "*Tienes que devolver las 3,80 coronas al teniente Z.*", palabras que casi pronunció a media voz.

Los ejercicios militares terminaron dos días después. El sujeto realizó durante ellos continuos esfuerzos para devolver al teniente Z. la pequeña cantidad adeudada, contra lo cual surgieron una y otra vez dificultades de naturaleza aparentemente objetiva. Al principio intentó realizar el pago por conducto de otro oficial que iba a Correos, pero se alegró mucho cuando él mismo le devolvió el dinero alegando no haber encontrado al teniente Z. en las oficinas postales, pues

---

[7] Los nombres son, en este caso, indiferentes.

aquel modo de cumplir su juramento no le satisfacía por no corresponder a la forma literal del mismo: "Tienes que devolver las 3,80 coronas al teniente Z". Por fin encontró a este último, pero el oficial se negó a aceptar el dinero diciendo que él no había pagado nada por su cuenta, ni siquiera estaba encargado del Correo, función que correspondía al teniente B. El sujeto quedó un tanto perplejo viendo la imposibilidad de cumplir su juramento, por ser errónea una de sus premisas, e imaginó toda una serie de complicados expedientes: Iría a Correos con los tenientes Z. y B., y el primero daría a la encargada del servicio de paquetes postales 3,80 coronas, que la empleada entregaría a B.— Y entonces ya podría él cumplir al pie de la letra su juramento dando las 3,80 coronas a Z.

No extrañaré que el lector encuentre incomprensible todo esto, pues también la minuciosa descripción que el paciente me hizo de los sucesos exteriores de estos días y de sus reacciones a ellos, adolecía de contradicciones internas y parecía inextricablemente embrollada. Sólo en un tercer relato conseguí hacerle advertir tales imprecisiones y determinar los errores mnémicos y los desplazamientos en que había incurrido. Pero podemos ahorrarnos la reproducción de estos detalles, cuya parte esencial nos ocupará luego, y limitarnos a indicar que al final de esta segunda sesión el sujeto se conducía como aturdido y enajenado, llamándome repetidamente "mi capitán", sin duda porque al principio de la sesión le había dicho que yo no era un hombre cruel como el capitán de su historia y no tenía la menor intención de atormentarle innecesariamente.

En esta sesión me explicó también que desde un principio, y ya en los primitivos temores de que les ocurriese algo a las personas de su particular afecto, había situado tales castigos no sólo en lo temporal sino también en la eternidad, en el más allá. Hasta los catorce o los quince años había sido muy religioso, evolucionando desde entonces hacia su actual incredulidad.

La contradicción que así surgía entre sus convicciones actuales y la aceptación de una vida ultraterrena la salvaba diciéndose: "¿Qué sabes tú de la vida en el más allá? ¿Y qué saben los demás? No se puede saber nada y, por tanto, nada arriesgas pensando así". El sujeto, hombre por demás de aguda y clara inteligencia, consideraba irreprochable semejante conclusión y aprovechaba la inseguridad de la razón humana en tal problema en favor de su anterior concepción piadosa del universo, superada ya.

En la tercera sesión completó el relato, muy característico, de sus esfuerzos por cumplir su juramento obsesivo: Por la noche se celebró la última reunión de los oficiales antes del término del período militar. Le correspondió contestar al brindis dedicado a "los señores reservistas" y habló elocuentemente, pero como un sonámbulo, pues en el fondo le seguía atormentando su juramento. La noche fue espantosa. Argumentos y contraargumentos pugnaron rudamente en su cerebro. El argumento principal era, naturalmente, que la premisa fundamental de su juramento se había demostrado errónea, ya que el teniente Z. no había pagado por él ningún dinero. Pero se consoló pensando que Z. haría con ellos, al día siguiente, una parte de la marcha hasta la estación ferroviaria de P. y podría él darle el dinero rogándole que se lo entregase a B. Llegado el momento no lo hizo y dejó partir a Z. sin decirle nada, encargando, en cambio, a su asistente que le anunciara su visita para aquella misma tarde. Por su parte, llegó a las nueve y media de la mañana a la estación, dejó su equipaje en la consigna y evacuó diversos asuntos en la pequeña ciudad, siempre con el propósito de hacer luego su anunciada visita a Z. El pueblo en que Z. se hallaba acantonado estaba a una hora en coche de P. El viaje en ferrocarril hasta la localidad donde se hallaba la oficina de Correos duraba tres horas; creía, pues, que habría de serle posible alcanzar, una vez llevado a cabo su complicado plan, el último tren que salía de P. para Viena. Las ideas que en él pugnaban eran las siguientes: Por un lado, que si no acababa de decidirse a cumplir su juramento, era por pura cobardía, pues quería ahorrarse la molestia de pedir aquel servicio a Z. y aparecer ante él como un perturbado. Y por otro, que la cobardía estaba precisamente en cumplir el juramento, ya que con ella se proponía tan sólo libertarse de sus ideas obsesivas. Cuando en una reflexión se contrapesaban de este modo sus argumentos, el sujeto acostumbraba abandonarse al azar, y así, cuando un mozo de la estación le preguntó si iba a tomar el tren de las diez contestó afirmativamente y partió en dicho tren creando un hecho consumado que le alivió mucho. Al pasar el empleado del coche comedor le encargó que le reservase un puesto para la comida, pero ya en la primera estación se le ocurrió que todavía podía bajar en ella, tomar un tren en sentido contrario hasta la localidad donde Z. se hallaba, hacer con él el viaje de tres horas hasta la oficina de Correos, etc. Sólo el encargo dado al empleado del coche comedor le retuvo de poner en práctica tal propósito, pero no renunció a él por completo, sino que lo fue aplazando de estación en estación hasta llegar a una en la que no podía descender por tener parientes en la localidad a la que correspondía, y entonces decidió seguir ya su viaje hasta Viena, buscar allí a su amigo, someterle la cuestión y volver en todo caso a P. en el tren de la noche. Ante mis dudas de que le hubiera sido posible llevar a cabo semejante plan me aseguró que entre la llegada de su tren y la salida del otro habría podido disponer de media hora. Pero al llegar a Viena no encontró a su amigo en la cervecería donde esperaba hallarle, y ya a las once de la noche, le vio en su casa y le contó su perplejidad. El amigo se manifestó asombrado de que aún dudase de que se tratara de una idea obsesiva, le tranquilizó por aquella noche, durante la cual durmió sin angustias, y a la mañana siguiente lo acompañó a Correos donde impuso un giro de 3,80 coronas dirigido a las oficinas postales que habían recibido el paquete con los lentes.

Estos últimos detalles me proporcionaron un punto de apoyo para desentrañar las deformaciones de su relato. Si al ser llamado a la razón por su amigo no había ya girado la pequeña suma al teniente Z. ni tampoco al teniente B., sino directamente a la oficina de Correos, tenía que saber y haber sabido ya antes de su partida que *sólo a la empleada de Correos y a nadie más* adeudaba el importe del reembolso. Y en efecto, resultó que así lo sabía antes de la advertencia del capitán y de su juramento, pues ahora recordaba que horas antes de su encuentro con el capitán cruel había hablado con otro capitán que le había explicado el verdadero estado de cosas. Este último oficial, al saber su nombre, le había dicho que había estado en la oficina de Correos, donde la empleada le había preguntado si conocía a un cierto teniente H. (nuestro paciente), para el cual acababa de llegar un paquete postal contra reembolso. El oficial había contestado negativamente, pero la empleada había manifestado que confiaba en la honorabilidad de aquel teniente desconocido y adelantaría el importe del reembolso. De este modo llegaron a poder de nuestro paciente los lentes que había encargado por telégrafo. El capitán cruel se equivocó al advertirle, cuando le entregó el paquete, que debía dar las 3,80 coronas a Z. Nuestro paciente debía saber que aquello era un error, y, sin embargo, hizo sobre la base de tal error el juramento que había de atormentarle. En ello, y luego en su relato de tales sucesos, se ocultó a sí mismo y me ocultó a mí el episodio del otro capitán y la existencia de la amable empleada de Correos. De todos modos, reconozco que después de esta rectificación aún se nos hace más insensata e incomprensible que antes su conducta.

Al separarse de su amigo y volver a su casa tornaron a atormentarle sus dudas. Los argumentos de su amigo no habían sido sino los mismos suyos, y veía muy bien que si le habían tranquilizado temporalmente era tan sólo por la influencia personal del mismo. La decisión de consultar a un médico quedó entretejida en el delirio en la siguiente ingeniosa forma: Se haría dar por un médico un certificado de que para su restablecimiento le era necesario llevar a cabo, con el teniente Z., aquella serie de actos que había proyectado, y seguramente tal certificado movería al oficial a aceptar de él las 3,80 coronas. La casualidad de que en aquellos momentos cayera entre sus manos un libro mío orientó hacia mí su elección. Pero comprendiendo que no había de obtener de mí tal certificado, sólo me pidió, muy razonablemente, que le libertase de sus ideas obsesivas. Muchos meses después en el punto álgido de la resistencia, le acometió de nuevo la tentación de ir a P., buscar al teniente Z. y representar con él la comedia de la devolución del dinero.

d) Introducción a la inteligencia de la cura

No deberá esperarse encontrar en seguida la explicación de ideas obsesivas tan singularmente disparatadas (la del tormento de las ratas). La técnica psicoanalítica obliga al médico a reprimir su curiosidad y deja que el paciente fije con plena libertad el orden de sucesión de los temas en el análisis. Por lo tanto, en la cuarta sesión recibí al paciente con la pregunta: ¿Cómo va usted a continuar hoy?

"Me he decidido a contarle a usted algo que me parece muy importante y que me atormenta desde un principio", respondió; y comenzó a desarrollar, con minuciosa extensión, el historial clínico de su padre, muerto nueve años atrás a consecuencia de un enfisema. Una noche, creyendo que la enfermedad de su padre podía hacer una crisis favorable, preguntó al médico cuándo podría considerarse pasado el peligro. El médico le respondió que al cabo de cuarenta y ocho horas. No se le ocurrió que su padre pudiera morir antes de tal término, y a las once y media de la noche se acostó para dormir una hora. Pero cuando a la una despertó, un amigo le comunicó que su padre acababa de morir. El sujeto se reprochó no haber estado al lado de su padre en el momento de la muerte, y más duramente aun cuando la enfermera le dijo que antes había pronunciado el enfermo su nombre y al acercarse ella le había preguntado: ¿Eres Pablo? Creía advertir que su madre y sus hermanas se hacían análogo reproche, pero no hablaron de ello. El reproche no fue al principio muy doloroso, pues el sujeto no aceptó en mucho tiempo como un hecho real la muerte de su padre, y así le sucedía una y otra vez que, por ejemplo, al oír algún chiste divertido, se decía: "Tengo que contárselo a papá". También en su fantasía continuaba vivo su padre, de tal modo que muchas veces, cuando oía llamar a la puerta, pensaba: "Ahí está papá", y al entrar en una habitación esperaba encontrarle en ella; y aunque no olvidaba jamás el hecho de su muerte, la expectación de tales apariciones no tenía nada de temeroso, sino de muy deseado. Sólo año y medio después despertó en él el recuerdo de su negligencia y comenzó a atormentarle cruelmente haciéndole considerarse como un desalmado. La reviviscencia de tal recuerdo fue provocada por la muerte de una tía suya, casada, y su visita de pésame al marido. A partir de aquel momento añadió a sus imaginaciones la de la vida ultraterrena. La primera consecuencia de este acceso fue una grave incapacidad para el trabajo[8]. Como el sujeto afirmase que sólo le habían sostenido, por entonces, los consuelos de su amigo, que le hacía ver la insensata exageración de sus reproches, aproveché la ocasión para procurarle una

---

[8] Una descripción ulterior más detallada de este suceso ocasional aclara ya tal efecto. El viudo habría exclamado entre sollozos: "Otros hombres hacen lo que quieren, pero yo he vivido tan sólo para esta mujer". Nuestro paciente supuso que el tío aludía a su padre poniendo en duda su fidelidad conyugal, y aunque el tío rechazó enérgicamente tal interpretación, no pudo ya anular el efecto que en el sujeto había causado.

primera visión de las premisas de la terapia psicoanalítica. Cuando existe una disparidad entre el contenido ideológico y el afecto, o sea, entre la magnitud del reproche y su causa, el profano diría que el afecto era demasiado intenso, exagerado, por lo tanto, y falsa, en consecuencia, la conclusión de ser un criminal, deducida del reproche. El médico, por el contrario, dice: No, el afecto está justificado y no hay por qué criticar la conciencia de culpabilidad que atormenta al sujeto, pero esta corresponde a otro contenido desconocido (*inconsciente*) y que ha de ser buscado primero. El contenido ideológico conocido ha pasado a ocupar tal lugar por una asociación errónea. Pero no estamos acostumbrados a sentir en nosotros afectos intensos sin contenido ideológico, y, por lo tanto, cuando tal contenido nos falta, echamos mano de otro cualquiera, adecuado, como subrogado. El hecho de la falsa asociación es también lo único que puede explicar la impotencia de toda labor lógica contra la representación penosa. Concluiremos con la confesión de que esta teoría plantea en un principio grandes problemas, pues el sujeto no podía dar la razón a su reproche de haber delinquido contra su padre si sabía perfectamente que jamás se había hecho reo de nada contra él.

En la sesión siguiente mostró gran interés por mis explicaciones, aunque se permitió manifestar algunas dudas sobre ellas: ¿Cómo podía producir un efecto terapéutico la afirmación de que el reproche y la conciencia de culpabilidad eran justificados? No era tal afirmación la que producía dicho efecto, sino el descubrimiento del contenido incógnito, al que correspondía el reproche. Sí, pero precisamente a eso era a lo que se refería en su pregunta. Le expliqué las ligeras indicaciones que le había dado sobre *las diferencias psicológicas entre lo consciente* y *lo inconsciente*, y sobre la usura a la que está sometido todo lo consciente, en tanto que lo inconsciente permanece relativamente inmutable, sirviéndome de una comparación con las antigüedades que decoraban mi gabinete en consulta. Habían sido descubiertas en unas excavaciones, y debían su conservación al hecho de haber permanecido enterradas. Sólo después de haber sido descubierta corría Pompeya el peligro de caer en ruinas. Preguntó entonces si existía alguna norma general que regulara la conducta de los enfermos ante lo descubierto. A su juicio, unos dominarían el reproche y otros no. Nada de eso; en la naturaleza misma de las circunstancias estaba que el afecto quedase dominado ya durante la labor analítica en la mayoría de los casos. Así como se procuraba conservar Pompeya, los enfermos procuraban siempre libertarse de tales ideas. Se había dicho que un reproche sólo podía surgir por la transgresión de las leyes morales más íntimamente personales y no de las exteriores. Por mi parte, confirmé su opinión en este punto, agregando que quien sólo infringe las normas externas se considera muchas veces un héroe. Tal proceso sería, pues, únicamente posible dada una disociación preexistente de la personalidad. ¿Lograría él restablecer la unidad de la suya? Si lo conseguía, se sentiría capaz de rendimientos nada vulgares. Existía, desde luego, una tal disociación de la personalidad, pero debía fundir esta nueva antítesis por él anunciada, entre la persona moral y el Mal, con aquella otra de la que antes habíamos hablado, entre lo consciente y lo inconsciente. La persona moral sería lo consciente y el Mal lo inconsciente[9]. Recordaba que, a pesar de considerarse como una persona moral, había llevado a cabo, en su infancia, cosas emanadas de la otra persona. Con tal observación —le dije— había descubierto, sin proponérselo, uno de los

---

[9] Esto sólo en trazos muy generales es exacto, pero resulta suficiente como introducción.

caracteres principales de lo inconsciente: su relación con lo *infantil*. Lo inconsciente era lo infantil y precisamente aquella parte de la persona que en dicha época se separaba de ella, no acompañándola en el resto de la evolución y quedando por ello reprimida. Las ramificaciones de este inconsciente reprimido eran los elementos que mantenían aquella labor mental involuntaria, en la que consistía su dolencia. Ahora podía descubrir también por sí mismo otro carácter de lo inconsciente. No encuentra nada más y en cambio expresa la duda de que alteraciones durante tanto tiempo subsistentes pueden ser anuladas. ¿Qué podía hacerse, por ejemplo, contra la idea del más allá, imposible de controvertir lógicamente? Por mi parte, no negaba la gravedad de su caso y la importancia de sus construcciones mentales, pero su edad era muy favorable, como también lo intacto de su personalidad. En relación con esto expresé un juicio favorable sobre él, que le satisfizo visiblemente.

En la sesión siguiente comenzó manifestándome que iba a relatarme algo perteneciente a su infancia. Como ya me había dicho, a los siete años le atormentaba la temerosa preocupación de que sus padres adivinaban sus pensamientos, preocupación que, en realidad, no se había disipado luego por completo en su vida ulterior. A los doce años se había enamorado de una niña, hermana de un amigo (enamoramiento no sexual, pues no deseaba verla desnuda, quizá porque era demasiado pequeña), pero que no se mostraba tan cariñosa con él como él hubiera deseado. Entonces se le ocurrió la idea de que si le sucediera una desgracia, la niña le trataría con mayor ternura, y, como tal desgracia, surgió inmediatamente en su imaginación la muerte de su padre. El infantil sujeto rechazó en el acto, con toda energía, tal idea, y todavía actualmente se defiende contra la posibilidad de haber concebido semejante "deseo", aduciendo que, en todo caso, se habría tratado de una mera "asociación mental"[10]. —Por mi parte, le objeto que si no había sido un deseo no tenía entonces por qué reprochárselo. Por el contenido mismo de la representación, o sea, el de que su padre podía morir. Consideraba, pues —repuse—, aquella idea con el mismo criterio que las autoridades aplican, como es generalmente sabido, a las ofensas verbales al soberano, castigando lo mismo al individuo que dice: "El emperador es un asno", que al que disfraza la injuria diciendo: "Si alguien dice que el emperador es un asno, tendrá que vérselas conmigo". Podía presentarle la idea misma que motivaba sus reproches relacionada con algo que los excluía en absoluto; por ejemplo: Si mi padre muere, me suicidaré junto a su tumba. Esta explicación parece impresionarle, pero sin hacerle renunciar a su contradicción. Opto, pues, por abandonar la discusión, haciéndole observar que la idea de la muerte del padre no debió de surgir en aquella ocasión por vez primera en su pensamiento, sino que procedía evidentemente de muy atrás y habríamos de investigar más tarde su procedencia. Continúa su relato manifestando que seis meses antes de la muerte de su padre había cruzado rápidamente por su cerebro una idea casi idéntica. En aquella época estaba ya enamorado de la señora antes citada[11], pero le era imposible pensar en casarse con ella a causa de obstáculos de orden material. Entonces su idea había sido la de que *la muerte del padre le haría rico, permitiéndole casarse con su adorada.* Su repulsa contra tal idea fue tan violenta que llegó hasta el deseo de que su padre no dejara la menor fortuna para que nada pudiera compensarle a él de tan terrible pérdida. La misma idea, aunque más apagada, surgió por tercera vez la

---

[10] No son sólo los neuróticos obsesivos los que se satisfacen con semejantes consuelos puramente verbales.

[11] Diez años antes de la iniciación del tratamiento.

víspera de la muerte del padre. Pensó, en efecto, que estaba a punto de perder lo que más quería y en el acto surgió la idea contradictoria: "No; hay todavía otra persona cuya muerte sería más dolorosa para ti[12]". El sujeto extrañaba mucho tales pensamientos, pues estaba plenamente seguro de que la muerte del padre no había podido ser jamás el contenido de un deseo y sí tan sólo el de un temor. Después de este alegato, expresado con toda energía, considero oportuno exponerle un nuevo fragmento de la teoría psicoanalítica. Afirma esta que semejante angustia corresponde a un *deseo* pretérito y reprimido ahora, debiéndose, por lo tanto, aceptar precisamente lo contrario de lo que parece acentuar. Ello coincide también con la afirmación teórica de que lo inconsciente ha de ser la antítesis contradictoria de lo consciente. El sujeto se muestra muy impresionado, pero también muy incrédulo y extraña mucho que aquel deseo haya podido emerger en él cuando su padre era precisamente la persona que más cariño le inspiraba. No cabía duda de que hubiera renunciado gustoso a toda dicha personal si con ella hubiera podido prolongar su vida. Le respondo que justamente tan intenso cariño es la condición necesaria del odio reprimido. Si se tratara de una persona indiferente, le sería fácil mantener yuxtapuestos los motivos de una inclinación moderada y un moderado desvío, por ejemplo, si fuera un empleado y pensase de su jefe que era un superior muy agradable, pero un mal jurista y un juez inhumano. Algo así dice Bruto, refiriéndose a César, en la obra shakespeariana (III, 2): "Porque César me amaba, le lloro; porque era valeroso, le honro; mas porque era un tirano, le he matado". Y tales palabras nos producen extraña impresión

---

[12] Se revela aquí, claramente, una oposición entre las dos personas queridas: el padre y la mujer amada.

porque habíamos creído más intenso el afecto que Bruto profesaba a César. Tratándose de una persona más querida, por ejemplo, de su mujer, habría aspirado a dar unidad a sus pensamientos y, en consecuencia, como humanamente sucede en general, hubiera cerrado los ojos ante aquellas faltas que podían provocar su desamor. Así, pues, precisamente un amor muy intenso no permite que el odio, el cual ha de tener alguna fuente, permanezca consciente. En su caso, constituía, desde luego, un problema averiguar la procedencia de aquel odio, pero sus mismas manifestaciones indicaban claramente, como época de su emergencia, aquella en la que había temido que sus padres adivinasen sus pensamientos. Por otro lado, se podía preguntar también, por qué su intenso cariño no había podido extinguir el odio, como sucede habitualmente cuando se enfrentan dos impulsos opuestos. Sólo podía suponerse que el odio se hallaba ligado a una fuente, a un motivo que lo hacía indestructible. Así, pues, por un lado, tal relación impedía que el odio contra el padre fuera destruido por el cariño, y por otro, el cariño estorbaba que el odio se hiciera consciente, de manera que al odio sólo le quedaba un camino: seguir subsistiendo en lo inconsciente, del cual le era posible, sin embargo, escaparse rápidamente en algunos momentos.

El sujeto concede que todo esto le parece muy plausible, pero, naturalmente, sin el menor convencimiento verdadero[13]. Va a permitirse preguntarme cómo es que tal idea puede hacer tan largas pausas, apareciendo por vez primera

---

[13] Tales discusiones no tienen nunca por objeto convencer al enfermo. Tienden tan sólo a llevar a la conciencia los complejos inconscientes, trasladar al terreno de la actividad anímica consciente la pugna en torno de ellos empeñada y facilitar la emergencia de nuevo material inconsciente. La convicción surge luego, una vez que el enfermo elabora el material logrado y, en tanto se muestre aún vacilante, puede asegurarse que no se ha agotado el material.

cuando él tenía doce años, luego, cuando ya había cumplido los veinte, y por última y tercera vez, dos años después, no habiendo vuelto a emerger desde entonces. No podía creer que en los intervalos se hubiera extinguido la hostilidad contra su padre y, sin embargo, durante ellos no había sido atormentado por los reproches. A esta pregunta contesto que cuando alguien la formula, es que tiene ya también preparada la respuesta. No hay más que dejarle seguir hablando. El sujeto continúa, pues —sin enlazar en apariencia sus palabras a las inmediatamente anteriores—, manifestando que siempre había sido el mejor amigo de su padre, como este el suyo, coincidiendo en todo salvo en algún tema del que evitaban hablar, de tal modo que la intimidad que entre ellos había reinado superaba en mucho a la que ahora presidía las relaciones con su mejor amigo. Aquella señora a la cual había él pospuesto a su padre, al pensar en el dolor que su muerte había de causarle, le inspiraba un intenso cariño, pero nunca había sentido hacia ella deseos auténticamente *sensuales*, como los que llenaron su niñez. Sus impulsos sensuales habían sido, en general, mucho más intensos durante su infancia que en la época de la pubertad. Le hago observar que ha dado ya la respuesta que esperábamos, descubriendo con ella el tercer carácter principal de lo inconsciente. La fuente de la cual extraía la hostilidad contra el padre, su indestructibilidad, se hallaba relacionada evidentemente con *deseos sensuales* para cuya satisfacción habría él de haber visto, en algún modo, en su padre un *estorbo*. Tal conflicto entre la sensualidad y el amor filial, es absolutamente típico. Las pausas a que antes había aludido se debían al hecho de que la explosión precoz de su sensualidad había traído consigo, como primera consecuencia, un apaciguamiento de la misma. Sólo cuando de nuevo habían surgido en él intensos deseos amorosos, había vuelto a emerger la hostilidad al constituirse una situación análoga. Por último, hago que me confirme no haberle orientado por mi parte hacia el tema sexual, sino haber sido él quien espontáneamente ha penetrado en tal terreno. El sujeto pregunta ahora por qué en la época de su enamoramiento de aquella señora no decidió simplemente, para su gobierno, que una oposición del padre no llegaría jamás a disminuir en lo más mínimo su cariño hacia él. Le respondo que es muy difícil acabar con alguien que está ausente y que tal decisión sólo habría sido posible en el caso de que el deseo reprochable hubiera surgido entonces en él por vez primera. Pero se trataba de un deseo *reprimido mucho tiempo atrás*, contra el cual no le era posible ya conducirse de distinto modo y que, por lo tanto, quedó sustraído a la destrucción. Aquel deseo de hacer desaparecer al padre para que dejase de ser un estorbo, había tenido que nacer en tiempos en que las circunstancias eran muy otras, esto es, quizá cuando el padre no le era tan querido como la persona sensualmente deseada o cuando él mismo no era capaz aún de una decisión clara y concreta, esto es, en su temprana infancia, antes de los seis años, fecha a partir de la cual adquirió ya continuidad su memoria. Con esta hipótesis quedó cerrada, provisionalmente, la discusión.

En la sesión siguiente, la séptima, recoge el sujeto nuevamente el mismo tema. No podía creer haber abrigado jamás aquel deseo hostil al padre. Recordaba una novela de Sudermann que le había impresionado profundamente, en la cual una joven que velaba a su hermana enferma sentía de pronto el deseo de que muriera para poderse casar ella con su cuñado, y luego, muerta realmente su hermana, se suicidaba, convencida de que después de haber abrigado, aunque sólo fuera por breves instantes, tan innoble deseo, no merecía seguir viviendo. El sujeto comprendía aquella resolución y encontraba muy justo que aquellos tristes pensamientos suyos le llevaran a la tumba, pues no merecía otra cosa[14]. Le hice observar que nosotros los psiquíatras sabemos muy bien que la enfermedad produce a los enfermos cierta satisfacción de manera que todos ellos se resisten parcialmente a curar. No debía, pues, perder de vista que un tratamiento como el que estábamos desarrollando avanza en lucha constante contra *incesantes resistencias*. Ya tendría ocasión más que sobrada de recordárselo.

El sujeto quiere ahora hablar de un acto delictivo en el que no se reconoce, pero que recuerda con toda claridad, y a este respecto cita un aforismo de Nietzsche: "Esto lo he hecho yo", dice mi memoria. "Esto no puedo haberlo hecho", dice mi orgullo, y permanece inexorable. Por último, cede la memoria. Luego continúa: "En este caso no ha cedido mi memoria". Precisamente, porque para castigarse a sí mismo, extrae usted placer de sus reproches. "Con mi hermano menor, al cual me une ahora un gran cariño, y que precisamente en estos días me tiene muy preocupado, pues quiere hacer una boda que a mí me parece un disparate, y ya se me ha ocurrido más de una vez tomar el tren y asesinar a su novia para impedirle que se case con ella; con mi hermano menor, decía me he pegado muchas veces de niño. Pero, sin embargo, nos queríamos mucho y éramos inseparables, aunque yo tenía intensos celos de él, pues era más fuerte y más guapo que yo y todos le querían más". Ya me ha comunicado usted tal escena de celos motivada por unas palabras de Fräulein Lina. "Después de una tal ocasión y seguramente antes de mis ocho años, pues todavía no iba al colegio, en el que entré poco después de cumplirlos, hice lo

---

[14] Tal sentimiento de culpabilidad contradice abiertamente su afirmación primera de no haber abrigado jamás deseo alguno hostil contra el padre. El hecho de que a una negación inicial siga inmediatamente una confirmación, indirecta, al principio, de lo negado, es un tipo muy frecuente de la reacción contra los elementos reprimidos descubiertos por el análisis.

siguiente: Teníamos unas escopetas de juguete. Cargué la mía con la baqueta, dije a mi hermano que si miraba por el cañón vería algo muy bonito, y cuando estaba mirando, disparé. La baqueta le dio en la frente sin hacerle nada, pero mi intención había sido hacerle mucho daño. Inmediatamente después de disparar, me tiré al suelo, fuera de mí, y me revolqué, preguntándome: "¿Cómo he podido hacer semejante cosa? Pero lo he hecho". Aprovecho la ocasión favorable a mi causa: Si había conservado en su memoria un hecho tan contrario a su verdadera personalidad, no podía ya negar la posibilidad de que en años todavía más tempranos hubiera realizado algo análogo contra su padre, que hoy ya no recordase. El sujeto manifiesta que recordaba también otros impulsos de venganza contra aquella señora de la que tan enamorado estaba y de cuyo carácter desarrolla ahora una entusiasta descripción, afirmando que no le era fácil amar y se reservaba para aquel al que hubiera de pertenecer un día. A él no le amaba. Cuando tuvo la seguridad de su desvío, tejió una fantasía consciente en la que se hacía inmensamente rico, se casaba con otra y hacía luego, en su compañía, una visita a su primer amor para irritarle. Pero en este punto le falló la imaginación, pues hubo de confesarse que la otra mujer, en la que personificaba a su esposa, le era totalmente indiferente, sus pensamientos se embrollaron y al final sólo vio ya claramente que la otra debía morir. También en esta fantasía encuentra, como en el atentado contra su hermano, el matiz de cobardía que tanto le repugna[15]. En el curso de mi conversación con él le advierto que, lógicamente, ha de considerarse por completo irresponsable de tales rasgos de su carácter, pues semejantes impulsos reprochables proceden todos de la vida infantil, correspondiendo a ramificaciones del

---

[15] Detalle que hallará más adelante su explicación.

carácter infantil subsistentes en lo inconsciente, y como él sabe muy bien, no es posible atribuir al niño una responsabilidad ética. De la suma de las disposiciones del niño nace en el curso del desarrollo el hombre éticamente responsable. Pero el sujeto duda de que todos sus impulsos perversos tengan tal procedencia y yo le prometo demostrárselo en el curso del tratamiento[16].

Alega todavía que su enfermedad se ha intensificado en grado sumo desde la muerte de su padre, y en este punto le doy la razón en cuanto reconozco la tristeza provocada por la muerte de su padre como fuente principal de la intensificación de la enfermedad. Es como si la tristeza hubiera hallado en la enfermedad una expresión patológica. En tanto que una tristeza normal se extingue en uno o dos años, una tristeza patológica como la suya puede alcanzar duración ilimitada.

Hasta aquí llega lo que de este historial patológico puedo comunicar detalladamente y en perfecto orden de sucesión. Coincide aproximadamente con la exposición del tratamiento, el cual se extendió a través de once meses.

e) *Algunas representaciones objetivas y su traducción*

Como es sabido, las representaciones obsesivas se muestran inmotivadas o disparatadas, lo mismo que el texto de nuestros sueños nocturnos, y la primera labor que plantean es la de darles un sentido y un lugar en la vida anímica del individuo, de modo que resulten comprensibles e incluso evidentes. Pero en esta labor de traducción no hemos de dejarnos inducir en error por su aparente insolubilidad, pues las ideas obsesivas más insensatas o extravagantes llegan a ser solucionadas por medio de una labor adecuadamente profunda. Ahora bien,

---

[16] Aduzco estos argumentos sólo para confirmar su importancia. No puedo comprender cómo otros psicoterapeutas afirman combatir satisfactoriamente las neurosis como tales armas.

a esta solución sólo se llega una vez que se logra relacionar cronológicamente las ideas obsesivas con la vida del paciente; esto es, investigado cuándo surgió por vez primera cada una de ellas y en qué circunstancias externas suele repetirse. Por lo tanto, cuando se trata muy frecuente, se simplifica mucho nuestra labor investigadora. Podemos convencernos fácilmente de que una vez conseguido el descubrimiento de la relación de la idea obsesiva con la vida del enfermo, se hace en el acto accesible a nuestra penetración todo lo enigmático e interesante que el producto patológico analizado entraña, o sea, su significación, el mecanismo de su génesis, y su procedencia de las fuerzas instintivas psíquicas dominantes.

Empezaré con un ejemplo especialmente transparente del *impulso al suicidio*, frecuentísimo en nuestro sujeto, impulso cuya sola exposición equivale casi a su análisis: Nuestro sujeto perdió unas cuantas semanas de estudio por causa de la ausencia de la señora de sus pensamientos, que había salido de viaje para cuidar a su abuela enferma. Hallándose celosamente consagrado al estudio, se le ocurrió de pronto: "No es difícil cumplir la decisión de presentarse bien preparado a los próximos exámenes. Pero, ¿qué sucedería si se te impusiera la decisión de cortarte el cuello con la navaja de afeitar?" En el acto advirtió que aquella decisión se le acababa de imponer, y, efectivamente, fue a su armario para coger la navaja, pero entonces pensó: "No, no es tan sencillo. Tienes que asesinar a la vieja esa que te ha separado de tu amada". Aterrado ante tan criminales estímulos, le flaquearon las piernas y cayó redondo al suelo.

La relación de esta idea obsesiva con la vida del paciente se encuentra ya contenida en la iniciación de su relato. Su amor estaba ausente mientras él se consagraba con toda aplicación al estudio para presentarse a examen cuanto antes y hacer posible su boda con ella. Durante el estudio le invadió la nostalgia de la ausente y pensó en la causa de su ausencia, surgiendo entonces en él algo que en un hombre normal se habría limitado a un impulso ligeramente hostil contra la anciana enferma: "¡También es un fastidio que esa vieja se haya puesto enferma precisamente en el momento en que tanto deseo ver a mi amada!" Algo análogo, pero mucho más intenso, fue lo que emergió en nuestro paciente: Un acceso inconsciente de cólera que, junto con la nostalgia de la mujer amada, halló su expresión en la exclamación siguiente: "¡Quisiera ir allí y asesinar a esa vieja que me priva de la vista de la mujer a quien quiero!" Inmediatamente sigue el mandato punitivo: "Mátate tú para castigarte de tales impulsos coléricos y asesinos"; y todo el proceso penetra entonces con violentísimo afecto y en *sucesión inversa* —primero el mandamiento punitivo y al final la mención de los impulsos punibles— en la conciencia del enfermo. No creo que esta tentativa de explicación parezca forzada o entrañe demasiados elementos hipotéticos.

Otro impulso de mayor duración a un suicidio indirecto fue más difícil de aclarar porque pudo ocultar su relación con la vida del paciente detrás de una de aquellas asociaciones externas que tan rechazables parecen a nuestra conciencia. Un día, hallándose en una estación veraniega, surgió de repente en su pensamiento la idea de que estaba demasiado grueso y tenía que adelgazar. Comenzó, pues, a retirarse de la mesa antes que le sirvieran el último plato, a correr sin sombrero por las calles bajo el ardiente sol de agosto y a subir las pendientes de la montaña a paso gimnástico hasta que la fatiga le hacía detenerse bañado en sudor. Detrás de esta manía de adelgazar apareció también una vez, sin velo alguno, el propósito suicida, cuando hallándose al borde de un precipicio se le impuso el mandamiento de arrojarse a su fondo. La solución a estos disparatados actos obsesivos se ofreció luego a nuestro paciente al ocurrírsele de pronto que por aquellos días se hallaba también, en la misma estación veraniega, la dama de sus pensamientos, pero acompa ñada de un inglés, primo suyo, quien la cortejaba, inspirando intensos celos al sujeto. Aquel primo se llamaba Richard, y según costumbre general en Inglaterra era llamado Dick. Los impulsos homicidas de nuestro paciente se dirigieron entonces hacia este Dick, del cual estaba mucho más celoso de lo que él mismo se confesaba, y tal fue la razón de que se impusiera como autocastigo la cura de adelgazamiento. Aunque este impulso obsesivo parece diferente del anterior mandamiento directo de suicidio, comparte con él un rasgo importantísimo: su génesis como reacción a una violenta cólera, no aprehensible en su totalidad por la conciencia, contra una persona que constituye un obstáculo al amor del sujeto.

Otras representaciones obsesivas nuevamente orientadas hacia la persona de su amada muestran mecanismos distintos y diferentes procedencias instintivas. Durante la estancia de su amada en su residencia veraniega, el sujeto produjo, además de aquella manía de adelgazar, toda una serie de actividades obsesivas que, por lo menos parcialmente, se referían a la persona amada. Una vez que navegaba con ella en un barco, bajo un viento violento, hubo de obligarla a ponerse su gorra, pues había surgido en él el mandamiento de que *no debía sucederle nada*. Era esta una especie de *obsesión protectora* que produjo distintos actos. Otra vez, durante una tormenta, se le impuso la obsesión de llegar a contar hasta 40 o 50 entre el relámpago y el trueno, sin saber en absoluto por qué había de hacerlo. El día en que su amada se marchó, el sujeto tropezó en una piedra de la calle, y tuvo que apartarla a un lado porque se le ocurrió que, al cabo de pocas horas, pasaría por allí el coche de su amada y podía tropezar y volcar en aquellas piedras. Pero minutos después pensó que todo aquello era un disparate, y tuvo que volver y colocar de nuevo la piedra en el lugar que antes ocupaba en medio de la calle. Después de la partida de su amada se apoderó de él una *obsesión de comprensión* que le hizo insoportable a los suyos, pues se obligaba a comprender exactamente cada una de las sílabas pronunciadas por los que a él se dirigían, como si de otro modo se le escapara un gran tesoro. En consecuencia, preguntaba y una y otra vez: ¿Qué has hecho?, y cuando se lo repetían pretendía que la primera vez habían dicho otra cosa, y permanecía insatisfecho.

Todos estos productos de la enfermedad dependen de un suceso que dominaba por entonces sus relaciones con su amada. Cuando a principios del verano se despidió de ella en Viena, interpretó cierta frase suya en el sentido de que ella trataba de negar ante la sociedad allí reunida sus relaciones de amistad con él, y ello le hizo sentirse desdichado. En la estación veraniega tuvo ocasión de explicarse con ella, y la señora pudo demostrarle que su intención con aquellas palabras mal interpretadas por él había sido la de evitarle quedar en ridículo. Nuestro sujeto volvió a sentirse dichoso. La obsesión de comprender alude directamente a este suceso, presentándose estructurada como si el paciente se hubiese dicho: Después de semejante experiencia debes procurar no interpretar erróneamente las palabras de nadie si quieres ahorrarte muchos disgustos inútiles. Pero semejante propósito queda no sólo generalizado, sino también —quizá a causa de la ausencia de la mujer amada— desplazado desde su persona a todas las demás, mucho menos interesantes. La obsesión puede haber surgido de la satisfacción que las explicaciones de su amada despertaron en el sujeto; pero, indudablemente, expresa también, al mismo tiempo, algo distinto, pues culmina en dudas displacientes sobre la exacta reproducción de lo escuchado.

Los demás mandamientos obsesivos nos ponen sobre la pista de este otro elemento. La obsesión protectora puede sólo significar una reacción —remordimiento y penitencia— contra un impulso antitético, y, por lo tanto, hostil, orientado hacia la persona amada antes de sus explicaciones. La obsesión de contar que hubo de acometerle durante la tormenta queda interpretada, con ayuda del material ya acumulado, como una medida defensiva contra temores que significan un peligro de muerte. Por los análisis de las representaciones obsesivas primeramente citadas sabemos ya que los impulsos hostiles de nuestro paciente son singularmente violentos —como accesos de insensata cólera—, y hallamos, luego, que dicha cólera contra su amada continúa procurando, después de la reconciliación, sus aportaciones a los productos obsesivos. En la duda obsesiva de haber oído bien queda representada la duda, aún subsistente, de si realmente ha comprendido bien esta vez a su amada y puede interpretar justificadamente sus explicaciones como una prueba de cariño. En nuestro enamorado se libra un violento combate entre el amor y el odio, orientados ambos hacia la misma persona, y este combate queda plásticamente representado en el acto obsesivo, importante también como símbolo, de apartar del camino la piedra y anular luego aquel acto amoroso llevando de nuevo el peligroso obstáculo al lugar que ocupaba para que el coche de su amada tropiece en él y vuelque. Interpretaremos erróneamente esta segunda parte del acto obsesivo, considerándola tan sólo como una rectificación crítica de la actividad patológica, que es precisamente por lo que el mismo trata de pasar. El hecho de haber sido llevado a cabo también bajo una coerción obsesiva, delata que es por sí mismo una parte de la actividad patológica, aunque condicionada por la antítesis del motivo de su primera parte.

Tales actos obsesivos en dos tiempos, cuya primera parte es anulada por la segunda, son típicos de la neurosis obsesiva. Naturalmente, son mal interpretados por el pensamiento consciente del enfermo, el cual los provee de una motivación secundaria, *racionalizándolos*. Pero su verdadero significado está en la representación del conflicto entre dos impulsos antitéticos de aproximadamente igual magnitud, y que yo sepa, siempre de la antítesis de odio y amor. Presentan especial interés erótico porque nos muestran un nuevo tipo de la formación de síntomas. En vez de encontrar, como regularmente sucede en la histeria, una transacción que reúne los elementos antitéticos en una sola representación, matando así dos pájaros de un tiro, se satisface aquí a ambos elementos por separado, primero a uno y después a otro, aunque no sin llevar antes a cabo la tentativa de establecer entre ambos una especie de enlace lógico, desprovisto a veces de toda lógica.

El conflicto entre el amor y el odio halló todavía en nuestro paciente otros distintos medios expresivos. En la época en que volvió a sentirse religioso se impuso la obligación de rezar, y el tiempo que a ello dedicaba fue siendo cada vez más largo, prolongándose hasta hora y media, pues siempre se introducía en sus plegarias algo que las convertía en lo contrario. Si, por ejemplo, decía: "Dios le proteja", el espíritu maligno le añadía en el acto un "no". En una ocasión tuvo la idea de blasfemar, seguro de que también al hacerlo se introduciría en sus frases algo que las convertiría en lo contrario, ocurrencia en la cual se abrió paso la intención primitiva reprimida por la plegaria. En tal apuro, el sujeto halló la salida de abandonar sus rezos y sustituirlos por una breve fórmula formada con las primeras letras o las primeras sílabas de distintas oraciones, y la pronunciaba con tal rapidez que nada podía introducirse en ella.

Una vez me relató un sueño que contenía la representación del mismo conflicto, transferida a mi persona: Mi madre había muerto. El sujeto quería darme el pésame, pero temía echarse a reír impertinentemente al expresarme su condolencia, cosa que ya le había sucedido otras veces.

La pugna de sus sentimientos con respecto a su amada era demasiado clara para que pudiera escapar por completo a su percepción consciente, aunque de las manifestaciones obsesivas de la misma debemos deducir que no poseía idea exacta de la profundidad de sus impulsos negativos.

La señora de sus pensamientos había rechazado, diez años antes, su primera declaración amorosa, y a partir de aquella fecha, el sujeto vivía, alternativamente, períodos en los que creía amarla intensamente y otros en los que le inspiraba una absoluta indiferencia. Durante el curso del tratamiento, siempre que había de dar algún paso que le aproximaba a la meta de sus pretensiones, su resistencia se exteriorizaba habitualmente en la convicción de que en realidad no la quería, convicción que, sin embargo, no tardaba en desaparecer. En una ocasión en que cayó gravemente enferma, enfermedad que intensificó su interés por ella, surgió en el sujeto el deseo de que tal enfermedad la obligase a permanecer para siempre en el lecho. El paciente interpretó ingeniosamente tal idea en el sentido de que si deseaba verla siempre enferma era para libertarse de la angustia insoportable que le producía el pensamiento de que una vez curada pudiese enfermar de nuevo. De cuando en cuando ocupaba su fantasía con sueños diurnos que él mismo reconocía como fantasías vengativas y de los que se avergonzaba. Juzgando que su amada concedía gran valor a la posición social de sus pretendientes, fantaseaba que se había casado con un hombre que ocupaba un cargo oficial. Luego le era conferido a él un puesto análogo y ascendía rápidamente hasta quedar muy por encima del otro. Un día, aquel hombre cometía un acto punible y su antiguo amor se arrojaba a sus pies pidiéndole que salvase a su marido. Él se lo prometía y le revelaba que si en su día había aceptado un cargo oficial era sólo por amor a ella, pues había previsto que llegaría un momento en el que podría serle útil. Ahora, una vez cumplida su misión, salvando a su marido, dimitiría inmediatamente.

En otras fantasías, en las que se le presentaba ocasión de hacer a su amada un importante servicio sin que la misma supiera que era a él a quien se lo debía, el paciente reconoció tan sólo el cariño que aquella mujer le inspiraba, y no los sentimientos hostiles que aquel cariño mantenía reprimidos. Por lo demás, confesaba que en ciertas ocasiones sentía claros impulsos de causar algún mal a su adorada. Tales impulsos se apaciguaban por lo general en presencia de la misma y sólo lejos de ella surgían.

f) La motivación de la enfermedad

En una de las sesiones del tratamiento el paciente mencionó incidentalmente un suceso en el que hube de reconocer en el acto el motivo ocasional de la enfermedad, o, por lo menos, el motivo reciente de la explosión de la misma, surgida hacía seis años y subsistente todavía hoy. El sujeto no tenía la menor sospecha de haber mencionado algo importante, ni recordaba haber concedido jamás valor ninguno a aquel suceso que, por otro lado, no había olvidado tampoco nunca. Esta circunstancia exige un comentario teórico.

En la histeria es regla general que los motivos recientes de la enfermedad sucumben a la amnesia, lo mismo que los sucesos infantiles con cuyo auxilio transforman aquellos su energía afectiva en síntomas. En aquellos casos en que resulta imposible un olvido total, el motivo traumático reciente es atacado de todos modos por la amnesia y despojado por lo menos de sus principales elementos. En semejante amnesia vemos la prueba de una represión anterior. Otra cosa sucede, generalmente, en la neurosis obsesiva. Las premisas infantiles de la neurosis pueden haber sucumbido a una amnesia, incompleta tan sólo muchas veces, pero, en cambio, los motivos recientes de la enfermedad aparecen conservados en la memoria. La represión ha utilizado aquí un mecanismo diferente y, en realidad, más sencillo. En lugar de olvidar el trauma, le ha despojado de su carga de afecto, de manera que en la conciencia queda tan sólo un contenido ideológico indiferente y juzgado insignificante. La diferencia está en el proceso psíquico que podemos construir detrás de tales fenómenos. Pero el resultado es casi el mismo, pues el contenido mnémico indiferente sólo muy raras veces es reproducido y no desempeña papel alguno en la actividad mental consciente de la persona. Para diferenciar tales dos formas de la represión, podemos acogernos en un principio a la afirmación del paciente de que experimentaba la sensación de haber sabido siempre lo uno y, en cambio, haber olvidado lo otro desde hacía mucho tiempo[17].

No es, pues, nada raro que los enfermos de neurosis obsesiva, atormentados por autorreproches y que han enlazado sus afectos a motivos erróneos, comuniquen al médico los verdaderos sin sospechar que sus reproches corresponden a ellos, hallándose tan sólo desconectados de los mismos. En estas ocasiones suelen exclamar, asombrados e incluso jactanciosos, que aquello no tiene para ellos la menor importancia. Así sucedió en el primer caso de neurosis obsesiva que me procuró, hace ya muchos años, la comprensión de tal dolencia. El paciente, un funcionario que padecía innumerables preocupaciones, me llamó la atención por el hecho de que al satisfacerme los honorarios de cada consulta me entregaba siempre billetes de banco, tersos y limpios. En una de estas ocasiones le dije, bromeando, que su calidad de funcionario público se revelaba en aquellos flamantes billetes, directamente percibidos de las cajas del Estado, respondiéndome él que tales billetes no eran, en modo alguno, nuevos, sino que tenía la costumbre de limpiarlos y plancharlos en su casa, pues le daba remordimiento de conciencia entregar a

---

[17] Hemos de conceder, pues, que en la neurosis obsesiva hay dos clases de conocimientos y podemos afirmar con igual derecho que el neurótico obsesivo "conoce" sus sueños o que no los "conoce". Los conoce, efectivamente, en cuanto no los ha olvidado, y no los conoce en cuanto ignora su significación. Lo mismo sucede en la vida normal. Los camareros que servían al filósofo Schopenhauer en el restaurante en el que solía comer, le "conocían" en un cierto sentido, en una época en la cual Schopenhauer era desconocido fuera de Frankfurt, pero no en el sentido al que hoy nos referimos al hablar del "conocimiento" de tal filósofo.

alguien billetes sucios en los que seguramente había de haber millones de microbios que podían causar graves daños a quien los recibiera. Por entonces, vislumbraba ya obscuramente la relación de las neurosis con la vida sexual, y, en consecuencia, me atreví a interrogar al paciente sobre la suya. Su respuesta fue que no advertía en ella anormalidad ninguna ni sentía carencia de nada y agregó la confesión siguiente: "Desempeño en muchas casas de la burguesía acomodada el papel de un viejo pariente amable y lo aprovecho para invitar de cuando en cuando a una muchacha joven a hacer una excursión por el campo, arreglándomelas de manera que perdamos el tren y tengamos que pasar la noche fuera de la ciudad. Desde luego tomo dos cuartos, pero cuando la muchacha se acuesta entro en el suyo y la masturbo con mis dedos". ¿Y no teme usted causarle algún daño, infectándole los genitales con sus manos sucias? El sujeto se mostró indignado: "¿Qué daño voy a causarles? A ninguna le ha sentado mal hasta ahora y muchas de ellas están ahora casadas y me siguen tratando". Tomó muy a mal mi observación y no volvió a mi consulta. Por mi parte, pude explicarme su escrupulosidad en cuanto a los billetes y su falta de escrúpulo en cuanto a las muchachas confiadas a su custodia por un desplazamiento del afecto concomitante al reproche. La tendencia de tal desplazamiento era suficientemente visible: Si dejaba el reproche allí donde era justificado tenía que renunciar a una satisfacción sexual a la que le impulsaban, seguramente, enérgicas determinantes infantiles. Conseguía, pues, con tal desplazamiento, una considerable ventaja.

Habremos de entrar detalladamente en la motivación de la enfermedad de nuestro sujeto. Su madre había sido educada en casa de un lejano pariente suyo, propietario de una importante empresa industrial. Al casarse con ella, su padre entró al servicio de aquella empresa y su matrimonio le procuró así una posición desahogada. Por ciertas conversaciones familiares que el paciente hubo de escuchar, averiguó que su padre había hecho, primeramente, la corte a una preciosa muchacha de familia modesta, tiempo antes de conocer a su madre. Después de la muerte de su padre, la madre le comunicó un día haber hablado de su porvenir con sus acaudalados parientes, y le reveló que uno de sus primos se había mostrado dispuesto a concederle la mano de su hija cuando terminara sus estudios. El ingreso en la rica empresa industrial mediante aquel matrimonio habría de asegurarle un brillante porvenir. Tales proyectos familiares hicieron surgir en él el conflicto de si debía permanecer fiel a la mujer que amaba, carente de fortuna, o si debía seguir las huellas de su padre casándose con la muchacha rica, bonita y distinguida que su familia le destinaba. Y este conflicto, que en realidad lo era entre su amor y la voluntad de su padre, viva aún en él, y lo resolvió el sujeto enfermando; o, mejor dicho: eludió, por medio de la enfermedad, la labor de resolverlo en la realidad[18].

La prueba de esta interpretación la tenemos en el hecho de que el resultado principal de la enfermedad fue una tenaz incapacidad de trabajar que le obligó a demorar por un año la terminación de sus estudios. Ahora bien, aquello que se nos muestra como resultado de una enfermedad no es sino el propósito de la misma, y su resultado aparente es, en realidad, su causa y su motivo.

Naturalmente, mi explicación no fue aceptada en un principio por el sujeto. No podía creer que el plan matrimonial pudiera producir en él semejante efecto, pues en el momento en que se lo habían anunciado no le había hecho la menor impresión. Pero en el curso del tratamiento llegó a convencerse, por un camino singular, de la exactitud de mi hipótesis. Con auxilio

---

[18] Debe hacerse resaltar que el refugio en la enfermedad le fue facilitado por su identificación con el padre, la cual permitió la regresión de los afectos a los residuos de la infancia.

de una fantasía de transferencia vivió como presente y actual algo pretérito y olvidado o de lo que no había llegado a tener conciencia. Después de un período harto obscuro e intrincado del tratamiento se reveló que había supuesto hija mía a una muchacha con la que se había cruzado una tarde en la escalera de mi casa. Habiéndole gustado aquella joven, imaginó que si yo me mostraba con él tan amable y paciente era porque le quería para yerno, fantasía en la cual elevó la distinción y la riqueza de mi casa hasta el nivel por él deseado. Pero contra semejante tentación pugnaba en él su inextinguible amor a la señora de sus pensamientos. Una vez que conseguimos dominar toda una serie de intensas resistencias y de amargos reproches, le fue ya imposible eludir el efecto convincente de la perfecta analogía entre la transferencia fantaseada y la realidad pretérita. Reproduciré aquí uno de sus sueños de esta época para mostrar con un ejemplo el estilo de su representación: *Ve a mi hija ante sí, pero en vez de ojos tiene dos pellas de basura.* Conociendo un poco el lenguaje de los sueños, resulta facilísima la traducción de este: *El sujeto se casa con mi hija, no por sus bellos ojos, sino por su dinero.*

g) El complejo paterno y la solución de la idea de las ratas

De la motivación de la enfermedad en su edad adulta partía un hilo que nos conducía a la infancia de nuestro paciente. Se hallaba en una situación tal como sabía o sospechaba que su padre se había hallado antes de su matrimonio, y le era posible así identificarse con él. Todavía en otra forma intervenía el padre fallecido en la reciente explosión de la enfermedad. El conflicto patológico era, en esencia, una lucha entre la voluntad superviviente del padre y la inclinación amorosa del paciente. Recordando las confesiones que el sujeto nos había hecho en las primeras sesiones del tratamiento, no podemos rechazar la sospecha de que aquella lucha venía de muy atrás, habiéndose iniciado ya en sus años infantiles.

Según todos los informes, el padre de nuestro enfermo había sido un hombre excelente. Antes de casarse había pertenecido al ejército en calidad de suboficial, y la vida militar había dejado en él, como residuos, una cierta rudeza de expresión y un gran amor a la verdad. A más de aquellas virtudes que habitualmente atribuyen los epitafios a todos los fallecidos, entrañaba un excelente humor, cordialísimo, y una afable bondad para con todos sus semejantes. Este carácter no queda ciertamente contradicho, sino más bien completado por el hecho de que solía ser violento y fácilmente irritable, circunstancia que valió a sus hijos, mientras fueron pequeños y traviesos, sensibles correctivos. Cuando los niños crecieron, el padre se diferenció de los demás en que no trató de elevarse a la categoría de autoridad intangible, sino que reveló a sus hijos, con bondadosa sinceridad, las pequeñas faltas y torpezas de su propia vida. No exageraba seguramente su hijo al manifestar que sus relaciones habían sido las de dos buenos amigos, salvo en un solo punto. De este punto debía depender que el niño pensara con intensidad indebida e inhabitual en la muerte de su padre, que tales ideas emergieran en el contenido lateral de sus ideas obsesivas infantiles y que llegara a desear que su padre muriera para que cierta muchachita, compadecida por su desgracia, se mostrase más cariñosa con él.

No cabe duda de que en el terreno de la sexualidad existía alguna diferencia entre el padre y el hijo, ni tampoco de que el padre había llegado a colocarse enfrente de la sensualidad precoz de su hijo. Años después de la muerte del padre, y cuando el hijo conoció por vez primera el placer del coito, surgió en él la idea de que aquel goce era algo tan extraordinario que merecía la pena de asesinar a su padre para conseguirlo. Esta idea era al mismo tiempo un eco y una intensificación de sus ideas obsesivas infantiles. Poco tiempo antes de su muerte, el padre había tomado ya una actitud opuesta a la inclinación que más tarde hubo de dominar a su hijo. Observó que buscaba la compañía de aquella señora y le aconsejó que se alejase de ella, diciéndole que de otro modo sólo conseguiría ponerse en ridículo.

A estos puntos de apoyo, perfectamente firmes, viene a añadirse otro cuando tenemos en cuenta la historia de la actividad sexual onanista de nuestro paciente. Hallamos en este terreno una diferencia de criterio entre los médicos y los enfermos. Estos últimos se muestran unánimes en considerar como raíz y fuente de todos sus padecimientos el onanismo, refiriéndose con él a la masturbación de la pubertad. Los médicos no saben a punto fijo, en general, qué juicio formar sobre él, pero influidos por la experiencia de que también la mayoría de los hombres normales ha pasado durante la pubertad por un período de onanismo, se inclinan casi todos a considerar exageradas las manifestaciones de los enfermos. A mi juicio, tienen más bien razón, en este punto, los enfermos que vislumbran algo perfectamente exacto, en tanto que los médicos corren el peligro de desatender algo esencial. No es, desde luego, en la forma que los enfermos lo entienden como el onanismo de la pubertad, casi típico y general, puede ser hecho responsable de todos los trastornos neuróticos. Pero tal onanismo no es, en realidad, otra cosa que la reviviscencia del onanismo de la edad infantil, desatendido hasta ahora y que alcanza un punto álgido a los tres, los cuatro o los cinco años, y este onanismo es ciertamente la manifestación más precisa de la constitución sexual del niño, en la cual buscamos también nosotros la etiología de las neurosis ulteriores. Así, pues, los enfermos acusan realmente por tal camino indirecto a su sexualidad infantil, y en ello tienen razón que les sobra. En cambio, el problema del onanismo se hace insoluble cuando se quiere considerar a este último como una unidad clínica y se olvida que representa la derivación de los más diversos componentes sexuales y de las fantasías por ellas alimentadas. La nocividad del onanismo es sólo en muy pequeña parte autónoma, o sea, condicionada por su propia naturaleza. Esencialmente coincide con la significación patógena de la vida sexual. El hecho de que tantos individuos toleren sin perturbación alguna el onanismo, esto es, un cierto abuso de semejante actividad, nos demuestra que en ellos la constitución sexual y el curso de los procesos evolutivos de la vida sexual han permitido el ejercicio de la función bajo las condiciones culturales, mientras que otros, a causa de una constitución sexual desfavorable o de una perturbación del desarrollo, enferman en su sexualidad, esto es, no pueden llevar a cabo la represión y la sublimación de los componentes sexuales sin inhibiciones y producción de sustitutivos.

La conducta de nuestro paciente en cuanto al onanismo había sido harto singular. No desarrolló onanismo ninguno en su pubertad y, por lo tanto, según determinadas esperanzas, hubiera tenido un derecho a permanecer exento de toda neurosis. En cambio, el impulso a la actividad onanista apareció en él a los veintiún años, *poco tiempo después de la muerte de su padre.* Después de cada satisfacción sexual de este género, se sentía altamente avergonzado y tardó poco en suprimirla por completo. A partir de este momento, el onanismo sólo volvió a surgir en él en raras y harto singulares ocasiones. Especialmente en momentos felices de su vida o bajo la impresión de pasajes singularmente bellos de sus lecturas. Por ejemplo, cuando en una hermosa tarde estival oyó tocar con gran maestría a un postillón su trompa de caza, hasta que un guardia le impidió continuar por estar prohibido hacerlo dentro de la ciudad. Y otra vez, al leer en *Poesía y Verdad* cómo el joven Goethe, poseído de amoroso entusiasmo, se libertó de la maldición que una mujer celosa había arrojado sobre la primera que después de ella besase sus labios. Durante mucho tiempo, aquella maldición le había retenido supersticiosamente de besar a ninguna mujer, pero en aquella ocasión rompió el maléfico encanto que le encadenaba y besó amorosamente a su amada.

El mismo sujeto extrañaba que precisamente en aquellos momentos felices y elevados de su vida se sintiera impulsado a masturbarse. Mas, por mi parte, hube de hallar en aquellos dos ejemplos un elemento común: la prohibición y el hecho de infringir un mandato.

Al mismo contexto pertenece también su singular conducta en un período en el que se preparaba para unos exámenes que jugueteaba con la fantasía de que su padre vivía aún y podía tornar a su lado en cualquier momento. Por entonces, se las arreglaba de manera que sus horas de estudio coincidieran con las últimas de la noche, y entre las doce y la una interrumpía su labor, abría la puerta que daba al pasillo, como si su padre se hallara esperando detrás de ella, y una vez de nuevo en su cuarto, se ponía frente al espejo y contemplaba en él su pene desnudo. Pero esta absurda maniobra se nos hace comprensible teniendo en cuenta que se conducía como si esperase la visita de su padre a la hora tradicional de los aparecidos. En vida de su padre había sido más bien un mal estudiante, con lo cual le había disgustado e irritado, y ahora quería darle la satisfacción de que si su espíritu volvía a la tierra en aquellas horas nocturnas, le encontrase estudiando. Pero la otra parte de su manejo no podía proporcionar al padre satisfacción ninguna. Le desafiaba, pues, con ella y expresaba así, en un acto obsesivo que él mismo no comprendía, las dos caras de su conducta para con él, análogamente a como en otro acto obsesivo posterior ya mencionado, en el que quitaba y volvía a poner una piedra al paso de su amada, expresaba las dos facetas de su actitud para con ella.

Apoyándome en estos detalles y en otros semejantes, aventuré la hipótesis de que, siendo niño, aproximadamente a los seis años, había cometido alguna falta sexual relacionada con el onanismo y había sido castigado violentamente por su padre. Este castigo habría puesto término, desde luego, al onanismo, mas, por otro lado, habría dejado en él un inextinguible rencor contra el padre y fijado, para siempre ya, su papel de perturbador del goce sexual. Para mi gran sorpresa, el paciente me relató en el acto tal suceso de sus primeros años infantiles que le había sido contado más tarde por su madre, no habiendo sucumbido al olvido por enlazarse a él detalles singularísimos. Personalmente no recordaba en absoluto tal suceso que le había sido relatado por su madre en la siguiente forma: Siendo todavía muy pequeño —la coincidencia del suceso con la enfermedad a la que sucumbió una hermana suya algo mayor que él, permitía fijar exactamente la fecha— debió de hacerse culpable de alguna falta por la que el padre le castigó severamente. El castigo habría hecho surgir en él un intenso acceso de cólera, y mientras su padre le azotaba, se debatía desesperadamente, insultándole con furia. Pero como todavía no sabía palabra ninguna realmente insultante, le había lanzado como tales los nombres de todos los objetos que conocía, llamándole: lámpara, toalla, plato, etc. El padre, asustado ante aquel violento acceso, dejó de pegarle y dijo: "Este chico será un gran hombre o un gran criminal". El sujeto opina que la impresión de esta escena perduró largamente tanto en él como en su padre. Este último no volvió a pegarle, y él, por su parte, deriva de tal suceso gran parte de la transformación de su carácter pues temeroso de la magnitud que su cólera podía alcanzar, se había vuelto cobarde desde entonces. Por otra parte, durante toda su vida, había tenido verdadero terror a los golpes, y cuando alguno de sus hermanos era en tal forma castigado, él se escondía siempre miedoso e indignado.

Una nueva investigación acerca de su madre procuró, además de la confirmación de este relato, el detalle de que por entonces tenía el sujeto entre tres y cuatro años y que se había hecho acreedor al castigo por haber *mordido* a alguien. La madre no recordaba más detalles y aunque no se atrevía a asegurarlo, creía que la persona mordida por el niño había sido la niñera encargada de su custodia. De sus palabras no podía deducirse que el delito infantil hubiese tenido el menor carácter sexual[19].

[19] En el psicoanálisis tropezamos frecuentemente con tales acontecimientos de los primeros años infantiles, en los cuales culmina aparentemente la sexualidad infantil y encuentra muchas veces, por un accidente o un castigo, un final catastrófico. Tales acontecimientos anuncian vagamente en los sueños su emergencia y a veces con tal precisión que nos creemos próximos a aprehenderlos, sin embargo, eluden una y otra vez una aclaración definitiva, y si no procedemos con especial cautela y máxima habilidad nos vemos obligados a dejar indeciso si han sucedido o no en la realidad. Su interpretación exacta se nos hace posible por el acontecimiento de que la fantasía de los pacientes integra varias versiones, a veces muy distintas, de tales escenas. Pero, ante todo, si no queremos errar en el enjuiciamiento de la realidad, habremos de recordar que los recuerdos infantiles de los hombres sólo en una edad posterior (casi siempre en la pubertad) quedan precisamente determinados, siendo entonces sometidos a un complicado proceso de elaboración totalmente análoga al que da nacimiento a las leyendas de los pueblos sobre su historia. No es difícil comprobar que el sujeto *intenta borrar*, en estas fantasías sobre su primera niñez, *el recuerdo de su actividad autoerótica*, elevando sus huellas mnémicas al estadio del amor a un objeto, y procediendo así como un auténtico historiador que contempla el pasado a la luz del presente. De aquí toda la serie de escenas de seducción e iniciación sexual que llenan estas fantasías en aquellos puntos en los que la realidad se limita a una actividad autoerótica y a la estimulación de la misma por las caricias o los castigos. Descubrimos también que al fantasear sobre su niñez sexualiza el sujeto sus recuerdos, esto es, que relaciona vivencias indiferentes con su actividad sexual y extiende sobre ellas su interés, siguiendo probablemente al hacerlo las huelas de una relación realmente existente. Todo el que haya leído el *Análisis de la fobia de un niño de cinco años*, por mí comunicado, reconocerá que estas observaciones no tienden ciertamente a disminuir, rectificándome la importancia que siempre he atribuido a la sexualidad infantil, reduciéndola ahora el interés sexualidad de la pubertad. Me propongo tan sólo proporcionar algunas indicaciones técnicas para la solución de aquellas fantasías destinadas precisamente falsear la imagen de la actividad sexual infantil.

Sólo muy pocas veces se da, como en este nuestro paciente, la circunstancia afortunada de poder comprobar la base efectiva de tales fantasías sobre la prehistoria individual por medio del testimonio incontrovertible de un

Trasladando a la nota la discusión de esta escena infantil, haremos constar que su emergencia conmovió en un principio la negativa del paciente a aceptar la existencia de una hostilidad infantilmente adquirida y latente después contra el padre tan

---

adulto. De todos modos, las manifestaciones de la madre del sujeto abren el camino a múltiples posibilidades. El hecho de no haber proclamado la naturaleza sexual del delito por el cual fue su hijo castigado puede ser atribuido a su propia censura, que en todos los padres intenta excluir precisamente tal elemento del pasado de sus hijos. Pero también es posible que el niño fuese amonestado por la niñera o por la madre misma a causa de una falta indiferente, de naturaleza no sexual, y que su violenta reacción diese luego motivo a la intervención punitiva del padre. La niñera u otra cualquier persona de la servidumbre queda regularmente sustituida, en tales fantasías, por la madre. Penetrando más profundamente en la interpretación de los sueños del sujeto, referentes a este episodio, hallamos precisas indicaciones de una fantasía que pudiéramos calificar de épica, en la cual el castigo aplicado al infantil protagonista por su padre era relacionado con deseos sexuales orientados hacia la madre y la hermana y con la prematura muerte de esta última. No fue posible deshacer hilo por hilo este tejido de fantasías, pues nos lo impidió el resultado terapéutico obtenido. El paciente se encontraba ya restablecido y la vida le exigía que emprendiera en seguida diversas tareas demoradas ya durante demasiado tiempo y que no eran compatibles con la continuación del tratamiento. No debe, pues, serme reprochada esta laguna de análisis. La investigación científica por medio del psicoanálisis es hoy tanto sólo un resultado accesorio de la labor terapéutica, razón por la cual sus descubrimientos son más importantes precisamente en los casos en los que aquella fracasa.

El contenido de la vida sexual infantil se compone de la actividad autoerótica de los componentes sexuales dominantes, de huellas de amor orientado hacia un objeto y de la formación de aquel complejo al que podríamos dar el nombre de *complejo nodular de las neurosis* y que comprende los primeros impulsos cariñosos y hostiles hacia los padres y los hermanos una vez que la curiosidad del infantil del sujeto es despertada, generalmente, por el nacimiento de un hermanito. De la uniformidad de este contenido y de la constancia de las influencias modificadas ulteriores depende que, en general, surjan las mismas fantasías sobre la niñez, cualesquiera que sean las aportaciones de la realidad. Al complejo nodular infantil corresponde el hecho de que el padre llegue a desempeñar el papel de adversario sexual y perturbador de la actividad sexual autoerótica, y la realidad contribuye a ello también en gran parte.

amado. Por mi parte, había esperado que produjera en él un efecto más intenso, pues aquel suceso le había sido relatado también con tanta frecuencia por su padre mismo, que no podía entrañar la menor duda de su exactitud. Mas con aquella capacidad de prescindir de la lógica que tanto nos extraña siempre en los neuróticos obsesivos de aguda inteligencia, el sujeto continuó oponiendo a la fuerza probatoria de aquel relato el hecho de que él mismo no recordase en absoluto tal suceso. Así, pues, para llegar a la convicción de que su actitud con respecto al padre exigía aquel complemento inconsciente, tuvo que recorrer el doloroso camino de la transferencia. No tardó en llegar a injuriarme groseramente e injuriar a todos los míos en sus sueños, fantasías diurnas y ocurrencias, en tanto que intencionadamente nunca me manifestaba sino el mayor respeto. Cuando en las sesiones del tratamiento me comunicaba tales injurias, su actitud era la de un hombre desesperado: "¿Cómo es posible que usted consienta dejarse injuriar por un hombre despreciable como yo? Debe usted arrojarme de su casa. No merezco otra cosa". En estas ocasiones solía levantarse del diván y andar de un lado a otro por el cuarto, conducta que al principio motivó con fina sensibilidad, manifestando que le era imposible seguir cómodamente tendido mientras decía aquellas enormidades. Pero no tardó en hallar por sí mismo la explicación exacta, esto es, que se levantaba para alejarse de mí temeroso de que le golpeara. Cuando permanecía sentado, se conducía como alguien que trata de eludir, poseído de verdadero pánico, una violenta corrección: se llevaba las manos a la cabeza, se tapaba la cara con los brazos, se echaba hacia atrás con el rostro dolorosamente contraído, etc. Recordaba que su padre era fácilmente irritable y que en su violencia no sabía a veces hasta dónde podía llegar. En tan dolorosa escuela adquirió poco a poco la convicción que le faltaba y que cualquier otro sujeto, no interesado personalmente, hubiera adquirido en el acto, quedando entonces también abierto el camino para la solución de la idea de las ratas. En este punto culminante de la cura surgió una gran cantidad de material, retenido hasta entonces, que permitió ya una visión total del caso.

Como ya hube de anunciar, la exposición de este material ha de ser extremadamente abreviada y sintética. El primer enigma que se nos planteaba era el de por qué las dos intervenciones del capitán, el relato del tormento de las ratas y la invitación a devolver el dinero al teniente Z., habían producido tan intensa excitación al sujeto y provocado en él reacciones patológicas tan violentas. Era de suponer que nos hallábamos aquí ante un caso de "sensibilidad de complejo" y que tales relatos habían herido puntos hiperestésicos de su inconsciente. Así había sucedido, en efecto. Como siempre que entraba en contacto con la vida militar, el sujeto se hallaba en plena identificación inconsciente con su padre, el cual había servido en el Ejército varios años y solía relatar muchas anécdotas de aquella época. El azar, que ayuda en la producción de síntomas como el sentido literal de una palabra en los chistes, permitió que una de las pequeñas aventuras del padre tuviera con la invitación del capitán un elemento común. El padre había perdido en una ocasión, jugando a las cartas (*Spielratte*), una pequeña suma que le estaba confiada en su calidad de suboficial, y lo hubiera pasado mal si un camarada no se la hubiera prestado. Cuando abandonó el Ejército y llegó a una posición acomodada, buscó al bondadoso camarada para devolverle aquel dinero, pero no pudo encontrarle. Nuestro paciente no sabía a punto fijo si llegó a efectuar la restitución deseada. El recuerdo de esta falta juvenil de su padre le era penoso, ya que su inconsciente estaba lleno de dudas hostiles sobre las cualidades del mismo. Las palabras del capitán: "Tienes que devolver al teniente Z. las 3,80 coronas", sonaron en sus oídos como una alusión a aquella deuda no pagada de su padre.

En cambio, la noticia de que la empleada de la oficina postal de Z. había suplido el dinero, expresando halagadoramente su confianza en él, aunque no le conocía[20], intensificó su identificación con su padre en otro sector. Pensó entonces que la linda hija del fondista de la pequeña localidad en la que se hallaba la oficina de Correos se había mostrado muy amable con los jóvenes oficiales, y se propuso volver allí, al terminar las maniobras, para probar su suerte con la preciosa muchacha. Mas ahora aquella joven hallaba una rival en la empleada de Correos. El sujeto podía, pues, como su padre en la época anterior a su matrimonio, vacilar entre dos muchachas sin saber a cuál de ellas habría de dedicar sus atenciones al término de su servicio militar. Observamos ahora, de repente, que su singular indecisión de si debía encaminarse hacia Viena o volver a la localidad donde se hallaba la oficina de Correos y sus constantes tentativas de apearse del tren y tomar otro en dirección contraria no son tan disparatadas como al principio nos parecieron. Para su pensamiento consciente, la atracción de la localidad en la que se halla la oficina de Correos aparecía motivada por la necesidad de cumplir allí, con ayuda del teniente Z., su juramento. En realidad, lo que le atraía a dicho lugar era la empleada postal, de la cual el teniente Z. era tan sólo un fácil sustitutivo, ya que se había alojado en la misma localidad y se había ocupado personalmente del servicio postal militar. Cuando luego supo el paciente que el encargado de tal servicio no había sido el teniente Z., sino el teniente B., incluyó también a este en su combinación y pudo entonces repetir en

---

[20] No olvidemos que el sujeto había averiguado esta circunstancia antes de que el capitán le invitara equivocadamente a devolver al teniente Z. el importe satisfecho por el envío postal. Es este el detalle fundamental cuya represión sumió al sujeto en tan honda confusión y me impidió a mí, durante mucho tiempo, descubrir el sentido de sus ideas obsesivas.

sus delirios relativos a los dos oficiales sus vacilaciones entre las dos muchachas que juzgaba favorables a su persona.

En la aclaración de los efectos producidos por el relato que el capitán le hizo del tormento de las ratas, habremos de seguir más de cerca el curso del análisis. Surgió primeramente una extraordinaria cantidad de material asociativo, sin que de momento se hiciera más transparente la situación del producto obsesivo. La idea del tormento de las ratas había excitado toda una serie de instintos y despertado una multitud de recuerdos, adquiriendo así las ratas, en el breve intervalo entre el relato del capitán y su advertencia de que debía devolver el dinero, toda una serie de significaciones simbólicas a las cuales fueron agregándose otras muchas en lo sucesivo. Mi exposición de todo esto no puede ser sino muy incompleta. El tormento de las ratas despertó, ante todo, el erotismo anal, que había desempeñado un importante papel en la infancia del sujeto, habiendo sido mantenido a través de años enteros por el prurito causado por las lombrices. Las ratas adquirieron así la significación de "dinero", relación que se mostró en la asociación *Raten* (plazos) a *Ratten* (ratas). El sujeto llegó a hacer de las ratas una verdadera voluta para su uso personal. Por ejemplo, cuando interrogado por él le manifesté el montante de mis honorarios por cada sesión del tratamiento, la asociación que a mis palabras surgió en él fue: "Tantos florines, tantas ratas", asociación que sólo seis meses después llegó a comunicarme. A este lenguaje quedó traducido paulatinamente todo el complejo económico enlazado a la herencia de su padre. Esto es, todas las ideas pertenecientes a tal complejo fueron incorporadas a la obsesión con ayuda de la asociación "ratas-plazos" y sometidas a lo inconsciente. Esta significación crematística de las ratas se apoyaba además en la invitación del capitán a devolver el importe del envío postal con ayuda de la asociación *Spielratte*, partiendo de la cual hallamos el acceso a la falta juvenil del padre.

La rata le era conocida, además, como portadora de peligrosas infecciones y podía ser, por lo tanto, utilizada como símbolo del miedo, tan justificado durante el servicio militar, a la *infección sifilítica*, detrás del cual se escondían toda clase de dudas sobre la conducta del padre durante su vida en el Ejército. En otro sentido, el mismo pene era también portador de la infección sifilítica y, de este modo, la rata se convertía en órgano genital, significación a la que todavía podía aspirar por otra distinta circunstancia. El pene, y especialmente el de un niño pequeño, puede ser descrito como un *gusano*, y en el relato del capitán las ratas pasaban por el ano como en los años infantiles del sujeto sus parásitos intestinales. De este modo, la significación peneana de las ratas reposaba de nuevo en el erotismo anal. La rata es, además, un animal repugnante que se alimenta de excrementos y vive en las alcantarillas por las que corren los detritus[21]. Es un tanto superfluo indicar de qué amplia difusión se hizo capaz el delirio de las ratas por medio de este nuevo significado. La asociación "tantas ratas-tantos florines" podía considerarse, por ejemplo, como la exacta definición de un oficio femenino que a él le repugnaba en extremo. En cambio, no es quizá indiferente que la sustitución del pene por la rata en el relato del capitán provocase en él la idea de una situación de comercio sexual *per anum*, que referida a su padre y a la mujer amada había de parecerle singularmente repulsiva. El hecho de que tal situación surgiera de nuevo en la amenaza obsesiva que emergió en él después de la invitación del capitán a que devolviera las 3,80 coronas al teniente Z., nos recuerda claramente cierta injuria muy usada entre los eslavos del Sur y

---

[21] Aquellos que se nieguen a aceptar estos saltos de la fantasía neurótica, habrán de recordar los caprichos análogos en los que se complace a veces la fantasía de los artistas, por ejemplo, *las Diableries érotiques* de Le Poitevin.

que podemos encontrar reproducida en la *Anthropophyteia* de F. S. Krauss. Todo este material y alguno más se interpoló con la asociación encubridora referente al matrimonio (*heiraten*) en el contexto referente a las ratas.

El hecho de que el relato del tormento de las ratas hubo de despertar en nuestro paciente todos los impulsos egoístas y sádicos prematuramente reprimidos queda testimoniado por su propio relato y por su mímica al desarrollarlo. Mas, a pesar de todo este rico material, la significación de su idea obsesiva no quedó aclarada hasta que un día emergió entre sus asociaciones "la mujer de las ratas", del *Pequeño Eyolf*, de Ibsen, haciendo ya inevitable la conclusión de que en muchas de las formas de sus delirios obsesivos las ratas tenían también la significación de niños[22]. Al investigar la génesis de esta nueva significación, tropezamos en el acto con las raíces más antiguas e importantes. En una visita a la tumba de su padre había visto cruzar rápidamente por encima de ella un animal al que creyó una rata[23]. En el acto supuso que salía de la tumba de su padre y acababa de saciar su hambre en el cadáver. De la representación de la rata es inseparable el detalle de que roe y muerde con dientes agudos. Pero la rata no se muestra sucia, glotona y agresiva, sin castigo, pues, como el sujeto había presenciado muchas veces con horror, es cruelmente perseguida y muerta por el hombre. Muchas veces había

---

[22] *La mujer de las ratas*, de Ibsen, procede seguramente de la leyenda del cazador de ratas de Hamelin, el cual se llevaba tras de sí a las ratas y las ahogaba metiéndose en el río, y luego raptó por el mismo procedimiento a todos los niños de la localidad. También el pequeño Eyolf se arroja al agua bajo el hechizo de la mujer de las ratas. En las leyendas, las ratas no son presentadas como animales repugnantes, sino más bien inquietantes y se las convierte en representación de las almas de los muertos.

[23] Seguramente alguna comadreja de las que tantas hay en el cementerio central de Viena.

sentido compasión de aquellas pobres ratas. Pero él mismo había sido un animalito sucio y repugnante que mordía a los demás en sus accesos de furor y era violentamente castigado por ello. Hallaba así realmente su pareja en la rata. El destino le lanzó de este modo, en el relato del capitán, una palabra estímulo de un complejo y el sujeto no dejó de reaccionar a ella con su idea obsesiva.

Así, pues, las ratas eran niños, según sus primeras y más importantes experiencias. Y en este punto comunicó algo que había mantenido alejado durante mucho tiempo del contexto, pero que ahora aclaró por completo el interés que debían de inspirarle los niños. La mujer a la que durante tantos años amaba sin poder decidirse a casarse con ella había sufrido la extirpación de ambos ovarios y estaba condenada, en consecuencia, a la esterilidad. Tal era realmente la causa de su indecisión, pues le gustaban extraordinariamente los niños.

Sólo entonces se nos hizo posible desentrañar el proceso impenetrable de la formación de su idea obsesiva. Con ayuda de las teorías sexuales infantiles y del simbolismo que ya nos es conocido desde la interpretación de los sueños logramos traducirlo todo con pleno sentido. Cuando en aquel descanso a cuyo término el sujeto echó de menos sus gafas, le relató el capitán el tormento de las ratas y se sintió tan sólo impresionado por el carácter cruelmente libidinoso de la situación imaginada. Pero en el acto se estableció la relación con aquella escena infantil en la que él mismo había mordido a alguien. Sustituyó al padre por el capitán capaz de defender tales castigos e hizo recaer sobre sí mismo, que por entonces se había rebelado contra la crueldad de su padre, una parte del rencor emergente. La idea incidentalmente surgida de que tal cosa pudiera suceder a la persona de su afecto habría de traducirse por el siguiente impulso optativo: "A ti es a quien debía sucederte algo semejante", impulso orientado contra el capitán, pero, detrás de él, ya contra su padre. Cuando luego, día y medio después[24], le entregó el capitán el paquete postal a él dirigido y le advirtió que debía devolver al teniente Z. las 3,80 coronas del reembolso, el sujeto sabía ya que su cruel superior se equivocaba y que sólo a la empleada de Correos debía agradecer el adelanto. Estuvo a punto de producirse en él una respuesta burlona y agresiva contra el capitán: "Sí; se las devolveré cuando las ranas críen pelo", respuesta que, naturalmente, hubo de retener. Pero surgiendo del complejo paterno estimulado entretanto y del recuerdo de la repetida escena infantil, la respuesta que se formó fue la siguiente: "Sí, devolveré al teniente Z. el dinero cuando mi padre o mi novia tengan hijos". O esta otra: "Tan cierto es que le devolveré el dinero, como que mi padre y mi novia pueden tener hijos". Esto es, una afirmación burlona enlazada a una condición absurda e irrealizable[25].

Pero, de este modo, había cometido ya el crimen de burlarse de las dos personas que le eran más queridas: su padre y su amada; tal crimen exigía un castigo y este consistió en imponerse un juramento imposible de cumplir y que obedecía estrictamente a la invitación errónea de su superior: "Ahora tienes realmente que devolver al teniente Z. el dinero". Poseído por una obediencia convulsiva, reprimió su perfecto conocimiento de que el capitán fundaba su invitación en una premisa errónea: "Sí, tienes que devolver al teniente Z. el dinero, como te lo ha mandado la persona que representa a tu padre. Tu padre

---

[24] No aquella misma noche, como al principio dijo el sujeto. Es imposible que los lentes encargados a Viena llegaran tan pronto. El paciente abrevia en su recuerdo el intervalo porque durante él se establecieron las asociaciones decisivas y porque reprime su encuentro de aquel día con el oficial que le comunicó la bondadosa conducta de la empleada de Correos.

[25] Así, pues, también en el lenguaje de la neurosis obsesiva, como en el del sueño, el absurdo significa burla.

no puede equivocarse". Tampoco un rey puede equivocarse y cuando interpela a un súbdito con un título que no le corresponde, es que se lo otorga ya para siempre.

Su conciencia no llega a tener sino muy vaga noticia de este proceso, pero la rebelión contra el mandato del capitán y su transformación en lo contrario se hallan también representados en ella. Primero: No debes devolver el dinero, pues si no sucederá... (El castigo de las ratas). Y luego, el juramento antitético como castigo a la rebelión.

Representémonos aún la constelación en la cual tuvo lugar la formación de la gran idea obsesiva. El sujeto se hallaba libidinosamente predispuesto por su larga abstinencia y por la amable acogida que siempre dispensan las mujeres a los jóvenes oficiales; además, al salir de maniobras, se hallaba un tanto disgustado con su amada. Tal intensificación de la libido le inclinó a reanudar su antigua pugna contra la autoridad de su padre y llegó incluso a pensar en la satisfacción sexual con otras mujeres. Las dudas en cuanto a las cualidades de su padre y la indecisión en cuanto al valor de la mujer amada quedaron también intensificadas. En tal estado de ánimo se dejó arrastrar a injuriar a ambos y luego se castigó por ello. Cuando, al terminar las maniobras, vaciló durante tanto tiempo entre salir para Viena o quedarse y cumplir su juramento, no hizo sino representar con ello en un solo conflicto los dos que desde siempre entrañaba: el de si debía o no obedecer a su padre y el de si había de permanecer o no fiel a su amada[26].

---

[26] Es quizá interesante hacer resaltar que la obediencia al padre coincide aquí de nuevo con el desvío hacia la mujer amada. Si el sujeto se queda y devuelve al teniente Z. el dinero, habrá cumplido la penitencia que hubo de imponerse por su delito contra el padre, pero al mismo tiempo habrá abandonado a su amada siguiendo la atracción de otro imán. En tal conflicto vence la mujer querida, aunque ciertamente con el apoyo de la razón normal.

Una palabra todavía sobre la interpretación del contenido de la sanción: "Si no, sufrirán los dos el tormento de las ratas". Tal sanción reposa en dos teorías sexuales infantiles de las que ya hemos hablado en otro lugar. La primera de estas teorías es la de que los niños son paridos por el ano, y la segunda deduce lógicamente de tal posibilidad que los hombres pueden tener también niños como las mujeres. Según las reglas técnicas de la interpretación de los sueños el hecho de surgir por el ano puede ser representado por el hecho contrario de penetrar en el ano (como en el castigo de las ratas).

No es posible esperar, para tan graves ideas obsesivas, soluciones más sencillas, ni tampoco lograrlas por medios distintos. Con la solución que el análisis nos procuró quedó desvanecido el delirio de las ratas.

II
Observaciones teóricas

a) Algunos caracteres generales de los productos obsesivos[27]

En el año 1896 definimos las representaciones obsesivas como "reproches transformados que retornaban de la represión y se referían siempre a un acto sexual ejecutado con placer en los años infantiles". Esta definición nos parece hoy discutible en cuanto a su forma, aunque integra elementos exactos. Tendía demasiado a la unidad y tomaba como modelo el proceso de los neuróticos obsesivos mismos, los cuales, con su peculiar tendencia a la indeterminación, consideran unitariamente como "representaciones obsesivas" los más diversos productos psíquicos. Es realmente más correcto hablar de un "pensamiento obsesivo" y hacer resaltar que los productos obsesivos pueden equivaler a muy diversos actos psíquicos, pudiendo ser determinados como deseos, tentaciones, impulsos, reflexiones, dudas, mandatos y prohibiciones. Los enfermos entrañan en general una tendencia a desvanecer tal determinación y a presentar como representación obsesiva el contenido despojado de su índice de afecto. En una de las primeras sesiones del tratamiento nos ofreció nuestro paciente un ejemplo de tal elaboración de un deseo encaminado a rebajarlo a la calidad de mera "asociación mental".

---

[27] Algunos de los puntos tratados en este apartado y en el siguiente han sido ya citados en la literatura de la neurosis obsesiva, como puede comprobarse en la obra fundamental sobre esta enfermedad publicada en 1904 por L. Löwenfeld, bajo el título de *Die psychischen Zwangerscheinungen*.

Ha de reconocerse también que hasta ahora no ha podido ser estudiada con algún detenimiento la fenomenología del pensamiento obsesivo. En la defensa secundaria que el enfermo desarrolla contra las "representaciones obsesivas" que han penetrado en su conciencia, surgen productos que merecen un nombre especial. Recuérdense, por ejemplo, las series de ideas que ocupan a nuestro paciente durante su regreso de las maniobras. No son reflexiones puramente razonables que el sujeto opone a sus ideas obsesivas, sino algo como productos mixtos de ambas formas del pensamiento. Toman ciertas premisas de la obsesión por ellas combatida y se sitúan (con los medios de la razón) en el terreno del pensamiento patológico. A mi juicio, tales productos merecen el nombre de *delirios*. Un ejemplo que los lectores deberán interpolar en el lugar correspondiente del historial clínico, aclarará por completo tal diferenciación. Cuando nuestro paciente desarrolló durante toda una temporada los insensatos manejos que en su lugar describimos, prolongando el estudio hasta altas horas de la noche, abriendo la puerta de su cuarto al dar las doce para facilitar la entrada al espíritu de su padre, situándose luego ante el espejo y contemplando en él sus genitales, intentó apartar de sí aquella obsesión pensando en lo que diría su padre si realmente se hallase aún en vida. Pero este argumento no tuvo eficacia ninguna mientras fue expuesto en esta forma razonable. La obsesión cesó tan sólo cuando el sujeto integró la misma idea en la forma de una amenaza delirante, diciéndose que si prolongaba tales insensateces le sucedería a su padre algo malo en el más allá.

El valor de la diferenciación —justificada, desde luego— entre defensa primaria y secundaria queda, sin embargo, inesperadamente disminuido por el descubrimiento de que *los enfermos no conocen el texto verbal de sus propias representaciones obsesivas*. Esta afirmación parece paradójica, pero tiene pleno sentido. En efecto, durante el curso de un psicoanálisis se intensifica no sólo la valentía de los enfermos, sino también la de su enfermedad, la cual se aventura a exteriorizaciones más precisas. Sucede como si el paciente, que hasta entonces rehuía con miedo la percepción de sus productos patológicos, les dedicase ahora su atención y los experimentase más clara y detalladamente[28].

Por dos caminos especiales podemos llegar además a un conocimiento más preciso de los productos obsesivos. En primer lugar, nos percatamos de que los sueños pueden ofrecernos el texto auténtico del producto obsesivo, el cual, sólo mutilado y deformado como en un telegrama mal redactado, se nos ha dado a conocer en la vida despierta. Tales textos aparecen en el sueño como manifestaciones orales, contra la regla general de que las palabras contenidas en los sueños proceden siempre de las pronunciadas u oídas por el sujeto durante el día. En segundo lugar, la investigación analítica de un historial patológico nos lleva a la convicción de que, frecuentemente, varias ideas obsesivas sucesivas, pero de texto literal diferente, son en el fondo una sola y la misma. La idea obsesiva ha sido afortunadamente rechazada una primera vez y retorna luego deformada, no siendo ya reconocida y pudiendo ofrecer así mayor resistencia a la defensa. Pero la forma exacta es la primitiva, la cual muestra muchas veces sin velo alguno su sentido. Cuando, al cabo de penosa labor, conseguimos aclarar una idea obsesiva incomprensible, no es raro oír decir al enfermo que, antes de la emergencia de la idea obsesiva propiamente dicha, surgió en él una ocurrencia, una tentación o un deseo, como las que ahora le exponemos, pero que desaparecieron en seguida de su imaginación. Desgraciadamente, la exposición de los ejemplos de este género

---

[28] En algunos enfermos el desvío de la atención llega hasta tal punto que no les es posible indicar el contenido de sus representaciones obsesivas ni describir un acto obsesivo que han llevado a cabo innumerables veces.

integrados en el historial de nuestro sujeto exigiría un lugar del que no disponemos en el presente estudio.

Así, pues, la "representación obsesiva" que pudiéramos calificar de "oficial" integra en la deformación sufrida, con respecto a su texto primitivo, las huellas de la defensa primaria. Su deformación la hace viable, pues el pensamiento consciente se ve obligado a interpretarla erróneamente en forma análoga a cómo interpreta el contenido manifiesto del sueño, el cual constituye el producto de una transacción y una deformación y queda interpretado erróneamente por el pensamiento despierto.

Tal interpretación errónea por parte del pensamiento consciente puede comprobarse no sólo en las ideas obsesivas mismas, sino también en los productos de la defensa secundaria (por ejemplo, en las fórmulas protectoras), hecho del que podemos exponer aquí dos acabados ejemplos: Nuestro paciente usaba como fórmula defensiva la palabra *áber* (pero), rápidamente pronunciada y acompañada de un ademán de repulsa, y en una de las sesiones del tratamiento manifestó luego que dicha fórmula había sufrido en los últimos tiempos una variación, pues no decía ya *áber*, sino *abér*. Interrogado por mí sobre el motivo de aquella transformación, indicó que la *e* átona de la segunda sílaba no le ofrecía la menor garantía contra la temida aparición de algo ajeno y contradictorio, razón por la cual había decidido acentuarla. Esta explicación, correspondiente en un todo al estilo de la neurosis obsesiva, se demostró, sin embargo, inexacta, constituyendo, cuando más, una racionalización. En realidad, al pronunciar *abér* lo que hacía era asimilar dicha palabra a la de *Abwehr* (defensa), cuya significación psicoanalítica le era conocida por nuestras conversaciones teóricas sobre el tratamiento. Así, pues, el tratamiento había quedado aprovechado de un modo abusivo y delirante para robustecer una fórmula de defensa. Otra vez me habló de su palabra mágica principal, formada por él, para protegerse contra las tentaciones, con las iniciales de las oraciones más eficaces, y a la que añadía un fervoroso "amén". Pero no me es posible transcribir aquí dicha palabra, pues cuando el paciente me la reveló, observé en el acto que no era sino un anagrama del nombre de la señora de sus pensamientos. Tal nombre contenía una *s* que el sujeto situaba al final e inmediatamente delante del "amén" agregado, formando así la palabra *Samen* (semilla, semen). Podemos, pues, decir que había reunido su semen con la mujer amada, esto es, que se había masturbado pensando en ella. Pero él mismo no había observado tan evidente relación y la defensa se había dejado burlar por lo reprimido. Es este, además, un excelente ejemplo de aquella regla según la cual los elementos que han de ser rechazados acaban por penetrar en aquello por lo que son rechazados.

Una vez sentado que las ideas obsesivas han experimentado una deformación, lo mismo que las ideas oníricas antes de pasar a ser el contenido del sueño, habrá de interesarnos averiguar la técnica de tal deformación y nada se opondría a que expusiéramos aquí los distintos medios de la misma en una serie de ideas obsesivas traducidas e interpretadas. Pero tampoco podemos dar sino algunas muestras. No todas las ideas obsesivas de nuestro paciente eran tan complicadas y tan difíciles de interpretar como la del tormento de las ratas. En otras se había empleado una técnica muy sencilla, la de la deformación por omisión —la elipsis— que tan excelente ayuda presta en la producción de los chistes y que también aquí cumplió su deber como medio defensivo contra la comprensión.

Una de sus ideas obsesivas más antiguas (equivalente a una advertencia o una admonición) era, por ejemplo, la siguiente: *Si me caso con la mujer a la que amo, le sucederá a mi padre una desgracia (en el más allá)*. Si interpolamos ahora los elementos intermedios omitidos, descubiertos en el análisis, obtendremos el proceso mental siguiente: Si mi padre viviera, mi propósito de casarme con esa mujer le haría encolerizarse tanto como en aquella pretérita escena infantil, de manera que también yo me enfurecería de nuevo contra él, y le desearía terribles males que la omnipotencia de mis deseos haría caer irremediablemente sobre él.

He aquí otro caso de elaboración elíptica de una advertencia o una prohibición ascética. Tenía una sobrinita a la cual quería mucho. Un día surgió en él la idea siguiente: *Si te permites realizar una vez más el coito, le sucederá a la pequeña Ella una desgracia (se morirá)*. Interpolando lo omitido, resulta el proceso siguiente: En todo coito, incluso con personal venal, has de pensar que, si te casas, el comercio sexual con tu mujer no tendrá jamás por consecuencia el nacimiento de un hijo (a causa de la esterilidad de su amada). Esto te dolerá tanto que te hará envidiar a tu hermana por su pequeña Ella, y tu envidia acarreará la muerte de la niña.

La elipsis, como técnica deformante, parece ser típica de la neurosis obsesiva y por mi parte la he hallado también en las ideas obsesivas de otros pacientes. Recuerdo, sobre todo, un caso de duda especialmente transparente e interesante por presentar cierta analogía con la estructura de la representación de las ratas. Se trataba de una señora que padecía, sobre todo, de actos obsesivos. Paseaba con su marido por la ciudad de Nuremberg y entró con él en una tienda en la que compró diversos objetos para su hija; entre ellos un peine. El marido, a quien aquellas compras aburrían, le indicó haber visto antes, en el escaparate de un anticuario, unas monedas que le interesaban. Iría, pues, a comprarlas y volvería luego a recogerla en aquella tienda. Su mujer encontró demasiado prolongada su ausencia, y luego, al preguntarle a su retorno dónde se había demorado y decir él que precisamente en la tienda del anticuario, se vio asaltada por la duda atormentadora de si no había poseído, desde siempre, aquel mismo peine que había comprado para su hija. Naturalmente, la sujeto no pudo descubrir la sencilla relación existente entre tal idea obsesiva y la prolongada ausencia de su marido, pero nosotros vemos, en el acto, que se trata de una duda desplazada y podemos completar su proceso mental inconsciente en la siguiente forma: Si he de creer que no has estado más que en la tienda del anticuario también puedo creer que poseo hace ya muchos años este peine que acabo de comprar. Nos hallamos, pues, ante una equiparación irónica y burlona, análoga al proceso mental de nuestro paciente ante la advertencia del capitán: Sí, tan cierto es que devolveré el dinero al teniente Z. como que mi padre y mi amada pueden tener hijos. En la señora de nuestro ejemplo, la duda dependía de sus celos inconscientes, los cuales la hacían suponer que su marido había aprovechado el intervalo para una visita galante.

Por esta vez no emprenderemos el estudio psicológico del pensamiento obsesivo, aunque nos proporcionaría seguramente valiosos resultados y contribuiría al esclarecimiento de nuestros conocimientos de la esencia de lo consciente y lo inconsciente más que el estudio de la histeria y de los fenómenos hipnóticos. Sería muy de desear que los filósofos y los psicólogos que desarrollan ingeniosas teorías sobre lo inconsciente, basándose en lo que sólo de oídas saben, o en sus propias definiciones convencionales, estudiaran directamente los fenómenos del pensamiento obsesivo, estudio del que extraerían impresiones decisivas. Pudiera incluso exigírseles tal estudio previo si no fuera mucho más penoso que los métodos de trabajo a los que en general se atienen. Por mi parte me limitaré a indicar que aun en la neurosis obsesiva surgen ocasionalmente en la conciencia, y en forma pura y no deformada, los procesos anímicos inconscientes, que tal interrupción puede tener su punto de partida en los más distintos estadios del proceso mental inconsciente y que las representaciones obsesivas pueden ser reconocidas casi todas, en el momento de la irrupción, como productos existentes desde mucho tiempo atrás. De aquí el singular fenómeno de que al investigar la primera emergencia de una idea obsesiva en un sujeto neurótico se vea el mismo obligado a desplazarla cada vez más atrás en el curso del análisis, hallando siempre de nuevo primeras motivaciones de la misma.

b) Algunas singularidades psíquicas de los neuróticos obsesivos y su relación con la realidad, la superstición y la muerte

Me propongo estudiar aquí algunos caracteres anímicos de los enfermos de neurosis obsesiva, que no parecen importantes de por sí, pero que nos facilitan la comprensión de algo muy importante. Tales caracteres mostraban intenso relieve en mi paciente, pero sé muy bien que no deben ser atribuidos a su individualidad, sino a su padecimiento, y que son peculiares de un modo totalmente típico a otros neuróticos obsesivos.

Nuestro paciente se mostraba supersticioso en alto grado, aunque era un hombre de aguda inteligencia y amplia cultura y afirmaba a veces no hacer el menor caso de semejantes tonterías. Era, pues, supersticioso, y al mismo tiempo no lo era, diferenciándose así, distintamente, de los supersticiosos incultos que se sienten perfectamente de acuerdo con sus absurdas creencias. Parecía comprender que su superstición dependía de su pensamiento obsesivo, aunque a veces se mostraba totalmente identificado con ella. Esta conducta tan contradictoria y oscilante sólo me pareció admitir una determinada explicación. No vacilé, pues, en suponer que el sujeto poseía, con respecto a tales cuestiones, dos convicciones distintas y opuestas, y no tan sólo una opinión indeterminada. Oscilaba, pues, entre tales dos convicciones, y su decisión dependía en absoluto de su actitud del momento ante su neurosis. En cuanto llegaba a dominar una obsesión, se burlaba de su credulidad y nada le sucedía que pudiera preocuparle supersticiosamente, pero en cuanto volvía a hallarse bajo el dominio de una obsesión no solucionada aún —o lo que es lo mismo, de una resistencia—, comenzaba a ocurrirle toda clase de singulares accidentes casuales que apoyaban su convicción supersticiosa.

De todos modos, la superstición de nuestro paciente era la de un hombre culto que prescindía de vejeces tales como el miedo a los viernes, al número trece, etc., etc. Pero creía en los presagios y en los sueños proféticos, tropezaba siempre con aquellas personas en las que momentos antes había pensado sin saber por qué, y recibía cartas de otras a las que había recordado horas antes, después de mucho tiempo de no haberse ocupado para nada de ellas. Con todo ello, era lo suficientemente honrado, o, mejor dicho, lo bastante fiel a sus convicciones oficiales para no olvidar aquellos otros casos en los que no se habían confirmado presentimientos muy intensos, como una vez que salió de veraneo con la seguridad de que no volvería vivo a Viena. Reconocía, también, que la inmensa mayoría de los presagios se referían a cosas carentes de importancia para su persona, y que cuando encontraba a algún conocido en el que sólo momentos antes había pensado, después de un largo olvido, tal encuentro no tenía luego consecuencia ninguna singular, y confesaba que todo lo importante de su vida había ocurrido sin que presagio alguno lo anunciara, por ejemplo, la muerte de su padre. Pero todos estos argumentos no modificaban en nada la discordia de sus convicciones, y demostraban tan sólo el carácter obsesivo de su superstición, deducibles ya de sus oscilaciones de sentido idéntico a las de la resistencia.

No estaba yo, naturalmente, en situación de explicar racionalmente todas sus maravillosas historias pretéritas, pero en cuanto a las sucedidas durante el curso del tratamiento pude demostrarle que él mismo colaboraba en la fabricación de tales milagros, y logré hacerle ver los medios que en tal labor utilizaba. Tales medios eran la visión y la lectura indirectas, el olvido y, ante todo, los errores mnémicos. Al final, él mismo me ayudó a descubrir los pequeños trucos con los que producía tales milagros. Como interesantísima raíz infantil de su fe en los presentimientos y los presagios, descubrimos en una ocasión el recuerdo de que su madre, cuando se trataba de fijar la fecha de algo futuro, solía decir: "Tal día o tal otro no podré, porque tendré que guardar cama". Y, en efecto, siempre pasaba acostada tales fechas.

Es indudable que el sujeto sentía la necesidad de hallar en sus vivencias tales puntos de apoyo de su superstición y que por tal motivo observaba tan atentamente las corrientes casualidades inexplicables de la vida cotidiana y cuando aquellas no bastaban, ayudaba al azar con su actividad inconsciente. En muchos otros neuróticos he vuelto a hallar tal necesidad y sospecho su existencia en casi todos. Me parece claramente explicable por el mismo carácter psicológico de la neurosis obsesiva. Como ya hemos explicado antes, en esta perturbación la represión no se produce por medio de la amnesia, sino de la destrucción de las relaciones causales mediante la supresión de los afectos. Estas relaciones reprimidas parecen conservar una cierta energía admonitoria —a la que en otro lugar hemos comparado a una percepción endopsíquica— pudiendo así ser incorporadas al mundo exterior, o sea, proyectadas en él como testimonio de lo psíquico reprimido.

Otra necesidad anímica común a los neuróticos obsesivos, que entraña una cierta afinidad con la anterior y cuya investigación nos adentra muy profundamente en la investigación de los instintos, es la necesidad de la inseguridad o de la duda. La creación de la inseguridad es uno de los métodos que la neurosis emplea para extraer al enfermo de la realidad y aislarle del mundo, tendencia integrada en toda perturbación psiconeurótica. Los enfermos realizan un esfuerzo evidente para eludir toda seguridad y poder permanecer en duda. Esta tendencia llega a exteriorizarse a veces en una antipatía a los relojes, los cuales aseguran por lo menos la determinación de la hora, y en hábiles manejos inconscientes encaminados a inutilizar tales instrumentos que hacen imposible la duda. Nuestro paciente mostraba especial destreza en eludir todas aquellas informaciones que pudieran llevarle a una solución de su conflicto. Así, desconocía en absoluto las circunstancias más importantes de la vida de su amada y pretendía ignorar el nombre del médico que la había operado y si la operación se había limitado a un solo ovario o había comprendido ambos.

La predilección que los neuróticos obsesivos muestran por la inseguridad y la duda constituye para ellos un motivo para adherir preferentemente sus pensamientos a aquellos temas en los que la inseguridad es generalmente humana y en los que nuestros conocimientos o nuestro juicio permanecen necesariamente expuestos a la duda. Tales temas son, ante todo, la paternidad, la duración de la vida, la supervivencia en el más allá y la memoria, a la que solemos dar fe sin poseer la menor garantía de su exactitud.

La neurosis obsesiva utiliza ampliamente tal inseguridad de la memoria para la producción de síntomas. No tardaremos en ver cuál es el papel que la duración de la vida y la supervivencia en el más allá desempeñan en el pensamiento de los enfermos. Antes, y como transición adecuada, examinaremos todavía aquel rasgo supersticioso de nuestro paciente que seguramente habrá despertado singular extrañeza en el lector al hallarlo mencionado en páginas anteriores.

Me refiero a la omnipotencia por él pretendida de sus ideas y sus sentimientos y de sus buenos y malos deseos. No es, ciertamente, pequeña la tentación de considerar semejante idea como un delirio que traspasa los límites de la neurosis obsesiva; mas por mi parte he vuelto a hallar idéntica convicción en otro neurótico obsesivo, restablecido por completo hace largo tiempo y que se conduce normalmente, y en realidad todos los neuróticos obsesivos se comportan como si compartieran tal convencimiento. Trataremos, pues, de aclarar semejante exageración. Suponiendo, por lo tanto, que en tal creencia se manifiesta honradamente un trozo de la primitiva manía infantil de grandezas, preguntamos a nuestro paciente en qué basaba su convicción, y el sujeto nos respondió, acogiéndose a dos sucesos de su vida. Cuando fue por segunda vez a aquel balneario en el cual había encontrado antes un primer alivio a su dolencia, pidió la misma habitación que la primera vez había ocupado y cuya situación había favorecido sus entrevistas con una de las enfermeras. Pero le dijeron que aquella habitación estaba ya ocupada por un anciano profesor, y ante aquella noticia que disminuía tan considerablemente sus esperanzas de alivio, reaccionó con las palabras siguientes: "¡Así lo parta un rayo!" Quince días después, despertó de madrugada con la sensación de tener cerca de sí un cadáver, y al levantarse luego supo que el profesor había muerto efectivamente fulminado por el rayo y que su cadáver había sido traído a la habitación a la hora misma en que él había despertado. El otro suceso se refería a una muchacha mayor que él y de intensas necesidades sexuales que en una ocasión le había hecho claramente la corte, llegando incluso a preguntarle si no la podía querer un poco. El sujeto le había respondido negativamente, y pocos días después supo que aquella muchacha se había tirado por un balcón. Se reprochó entonces su huraña conducta, diciéndose que había estado en sus manos conservar aquella vida con sólo demostrar a la muchacha un poco de afecto. De este modo fue como llegó a adquirir la convicción de la omnipotencia de su amor y su odio. Sin negar la omnipotencia del amor, haremos resaltar que en ambos casos se trata de la muerte y aceptaremos la explicación, inmediata ya, de que si nuestro paciente se ve obligado, como otros neuróticos obsesivos, a exagerar el efecto de sus sentimientos hostiles sobre el mundo exterior es porque gran parte del efecto psíquico interno de los mismos escapa a su conocimiento consciente. Su amor —o más bien su odio— es realmente poderoso, pues crea precisamente aquellas ideas obsesivas cuya procedencia no comprende el sujeto y contra las cuales se defiende en vano.

Nuestro paciente mostraba una relación peculiarísima con el tema de la muerte. Condolía cordialmente todas las muertes e iba a todos los entierros, hasta el punto de que sus hermanos se burlaban de él diciéndole que era como los cuervos, pero, además, mataba de continuo en su fantasía a sus conocidos para poder exteriorizar a los supervivientes su cordial condolencia. La muerte de una hermana mayor, acaecida entre sus tres y cuatro años, desempeñó en sus fantasías papel importantísimo y se hallaba íntimamente relacionada con sus maldades infantiles de aquellos años. Sabemos también cuán precozmente le preocupó la idea de la muerte de su padre y debemos considerar su enfermedad misma como una reacción a tal suceso, obsesivamente deseado quince años antes. La singular extensión de sus temores obsesivos al más allá, no es sino una compensación de aquellos deseos de muerte contra su padre. Emergió cuando la tristeza causada por la muerte de su padre quedó renovada año y medio después, y tendía, en contra de la realidad y el deseo que se había exteriorizado antes en toda clase de fantasías, a negar y anular la muerte de su padre. La expresión "en el más allá", aparece traducida frecuentemente por el mismo sujeto en las palabras "si mi padre viviera".

Pero también la conducta de otros muchos neuróticos obsesivos a los que el destino no ha impuesto un primer encuentro con el fenómeno de la muerte en años tan tempranos es, sin embargo, muy análoga a la de nuestro paciente. Sus pensamientos se ocupan incesantemente con la duración de la vida y la posible muerte de otras personas, y sus tendencias supersticiosas no tuvieron en un principio otro contenido ni tienen quizá, en general, otra procedencia. Pero, ante todo, precisan la posibilidad de la muerte para resolver los conflictos que ellos dejan sin resolver. Su carácter esencial es el de ser incapaces de toda decisión, sobre todo, en las cuestiones amorosas. Aplazan indefinidamente toda resolución y, penetrados constantemente por la duda de por qué persona o por qué medidas contra una persona han de decidirse, tienen su modelo en aquel antiguo tribunal alemán, cuyos pleitos terminaban siempre porque las partes litigantes morían antes que hubieran obtenido una sentencia. De este modo, en todo conflicto vital acechaba la muerte de una persona importante y casi siempre querida por ellos, sea de su padre o su madre, de un rival o de alguno de los objetos amorosos entre los que oscila su inclinación. Pero con este estudio del complejo de la muerte en la neurosis obsesiva penetramos ya en la vida instintiva de los neuróticos obsesivos, de la que ahora vamos a ocuparnos.

c) La vida instintiva y la derivación de la obsesión y la duda

Si queremos llegar al conocimiento de las fuerzas psíquicas cuya pugna ha generado esta neurosis, habremos de volver sobre aquello que el análisis de nuestro paciente nos descubrió en cuanto a los motivos de su enfermedad en la edad adulta y en la infancia. El sujeto enfermó a los veinte años, al ser situado ante la tentación de casarse con una mujer distinta de aquella a la que venía amando desde tanto tiempo atrás, y esquivó la resolución de tal conflicto retrasando, en cuanto de él dependía, el cumplimiento de las condiciones previas a su emergencia, para lo cual le proporcionó los medios la neurosis. La vacilación entre la mujer amada y la otra puede ser reducida al conflicto entre la influencia del padre y la fidelidad de su amada, esto es, a la elección entre el padre y el objeto sexual, tal y como, según sus recuerdos y sus asociaciones obsesivas, se había desarrollado ya en su temprana infancia. Además, en todos los detalles de su vida se transparentaba claramente que, tanto en cuanto a su amada como en cuanto a su padre, existía en él una pugna entre el amor y el odio. Sus fantasías vengativas y los fenómenos obsesivos, tales como la obsesión de comprender o el acto de quitar una piedra del camino y volverla a poner, testimonian la existencia de dicha pugna, normalmente comprensible hasta cierto grado, ya que la mujer amada le había dado motivos de hostilidad con su primera repulsa y su frialdad ulterior. Pero también en sus relaciones con su padre dominaba tal dualidad, según nos reveló la traducción de sus ideas obsesivas, y también el padre debía de haberle dado en su infancia motivos de hostilidad, como el análisis demostró luego casi indudablemente. Su relación con la mujer amada, mixta de cariño y de hostilidad, caía en su mayor parte bajo su percepción consciente. Cuanto más, se engañaba en cuanto a la magnitud y a la exteriorización de sus sentimientos negativos. En cambio, su hostilidad contra el padre, que en tiempos había sido intensamente consciente, yacía ahora reprimida desde mucho tiempo atrás y sólo contra su más intensa resistencia pudo ser llevada de nuevo a la conciencia. En la represión del odio infantil contra el padre hemos de ver el proceso que obligó a entrar todo el suceder ulterior en el cuadro de la neurosis.

Estos conflictos sentimentales de nuestro paciente no son independientes entre sí, sino que se hallan soldados por parejas. El odio contra su amada hubo de sumarse a su adhesión al padre, e inversamente. Pero las dos corrientes contrapuestas subsistentes después de esta simplificación, o sea, la pugna entre el padre y la amada, y la antítesis de amor y odio existente en la relación del sujeto con cada una de tales personas, no tienen nada que ver una con otra, ni por su contenido ni por su génesis. El primero de ambos conflictos corresponde a la vacilación normal entre el hombre y la mujer como objetos de la elección amorosa, vacilación que es provocada en el niño por vez primera con la famosa pregunta habitual: ¿A quién quieres más, a papá o a mamá?, y que luego le acompaña a través de toda la vida, a pesar de todas las diferencias individuales en cuanto a la intensidad de los sentimientos y la fijación de los fines sexuales definitivos. Pero esta oposición pierde pronto, normalmente, su carácter de dilema, haciéndose posible la satisfacción simultánea de las exigencias desiguales de sus dos términos, aunque también en el hombre normal la mayor estimación de uno de los sexos suceda siempre a expensas del otro.

Más extraño nos parece el otro conflicto, esto es, el que se desarrolla entre el amor y el odio. Sabemos que un principio de enamoramiento es percibido muchas veces como odio, y que el amor que encuentra negada la satisfacción se torna fácilmente en odio, y los poetas nos aseguran que en estados tempestuosos del enamoramiento pueden subsistir yuxtapuestos —como en una competición— ambos sentimientos contradictorios. Pero nos asombra encontrar una yuxtaposición crónica de amor y odio, muy intensos ambos y orientados hacia la misma persona. Habríamos esperado que el amor hubiera dominado al odio o hubiese sido devorado por él. Realmente, una tal subsistencia de los contrarios sólo es posible bajo especiales condiciones psicológicas y con la colaboración de lo inconsciente. El amor no ha podido extinguir el odio, sino tan sólo rechazarlo a lo inconsciente, instancia psíquica en la cual se encuentra a salvo de la acción de la conciencia y puede subsistir sin mengua alguna e incluso crecer. En tales circunstancias el amor consciente suele alcanzar a su vez, por reacción, especial intensidad para poder llevar a cabo constantemente y sin descanso la tarea de mantener en la represión a su contrario. Esta singular constelación de la vida amorosa parece tener su condición en una disociación muy temprana, acaecida en el período prehistórico infantil, de los dos elementos antitéticos, con represión de uno de ellos, generalmente del odio[29].

La revisión de una serie de análisis de neuróticos obsesivos nos da la impresión de que esta relación dada en nuestro paciente entre el amor y el odio constituye uno de los caracteres más frecuentes y manifiestos de la neurosis obsesiva y, en consecuencia, uno de los más importantes. Pero, aunque habría de ser muy atractivo poder referir a la vida instintiva el problema de la "elección de neurosis", poseemos razones suficientes para eludir semejante tentación y hemos de recordar que en todas las neurosis descubrimos como substratos de los síntomas los mismos instintos reprimidos. Además, el odio que el amor mantiene reprimido en lo inconsciente desempeña también un importantísimo papel en la patogénesis de la histeria y de la paranoia. No conocemos lo bastante la esencia del amor para sentar aquí afirmaciones precisas. Sobre todo, la relación de su factor negativo con el componente sádico de la libido nos es aun totalmente desconocida. Sólo a título de información provisional observaremos que en los casos de odio inconsciente —por nosotros investigados— se demostró que el componente sádico del amor había integrado constitucionalmente una elevada intensidad, y, en consecuencia, había sido objeto de una represión prematura y demasiado fundamental, resultando así que los fenómenos neuróticos observados se derivaban, por un lado, del amor consciente intensificado por reacción, y por otro, del sadismo que continuaba actuando en lo inconsciente en calidad de odio.

Pero cualquiera que sea la forma en que haya de interpretarse esta singular relación del odio y el amor, su existencia

---

[29] Véanse, sobre este punto, nuestros comentarios a las primeras sesiones del tratamiento. Adición en 1923: Para esta constelación de sentimientos ha hallado luego, Bleuler, el nombre de "ambivalencia".

queda indudablemente demostrada por el análisis de nuestro paciente, y es muy satisfactorio ver cuán comprensibles se nos hacen los enigmáticos procesos de las neurosis obsesivas en cuanto los referimos a semejante factor. Si contra un amor intenso se alza un odio casi tan intenso como él, la consecuencia inmediata tiene que ser una parálisis parcial de la voluntad, una incapacidad de adoptar resolución alguna en cuanto a todos aquellos actos cuyo móvil haya de ser el amor. Pero, además, tal indecisión no permanece limitada por mucho tiempo a un solo grupo de actos, pues ¿qué actos de un enamorado no se relacionan con su motivo capital? A mayor abundamiento, la conducta sexual entraña un poder prototípico con el que actúa sobre las demás reacciones del hombre, modificándolas, y, por último, el carácter psicológico de la neurosis obsesiva tiende típicamente a hacer el mayor uso posible del mecanismo de *desplazamiento*. En consecuencia, la indecisión se extiende paulatinamente a toda la actividad del sujeto.

Con ello queda instaurado el régimen de la *obsesión* y de la *duda*, tal y como se nos muestra en la vida anímica de los neuróticos obsesivos. La duda corresponde a la percepción interna de la indecisión que se apodera del enfermo a consecuencia de la inhibición del amor por el odio en cuanto el mismo se propone realizar algún acto. Duda, en realidad, de su propio amor, que debía ser para él, subjetivamente, lo más seguro, y esta duda se difunde sobre todo lo demás desplazándose preferentemente sobre lo más nimio e indiferente. Aquel que duda de su amor tiene que dudar de todo lo demás, menos importante.

Es esta la misma duda que en las medidas de protección provoca la inseguridad del sujeto y le obliga a repetirlas una y otra vez para desvanecerla, consiguiendo al fin que tales actos de defensa resulten tan irrealizables como la resolución amorosa primitivamente inhibida. Al principio de mis investigaciones hube de aceptar otra derivación más general de la inseguridad de los neuróticos obsesivos, derivación que parecía adaptarse más fácilmente a lo normal. En efecto, cuando estamos redactando una carta y alguien nos dirige entretanto una o más preguntas, sentimos después una inseguridad justificada en cuanto a lo que hemos escrito mientras nos hablaban, y nos vemos obligados de releer la carta una vez terminada. Supuse, pues, que la inseguridad de los neuróticos obsesivos, por ejemplo, en sus oraciones, procedía de que mientras rezaban eran perturbados incesantemente por fantasías inconscientes. Esta hipótesis era ya exacta y resulta fácilmente conciliable con las afirmaciones que anteceden. Es cierto que la inseguridad de haber llevado a cabo una medida de protección procede de las fantasías inconscientes perturbadoras, pero tales fantasías contienen, además, precisamente, al impulso contradictorio que habría de ser rechazado por la oración. Así se evidencia en nuestro paciente en una ocasión en la cual la perturbación no permanece inconsciente, sino que es expresada en voz alta. Cuando quiere rezar, diciendo: "Dios la proteja", emerge de pronto de lo inconsciente un "no" hostil y el sujeto adivina que se trata de un trozo de una maldición. Si aquel "no" hubiera permanecido mudo, el sujeto habría continuado en estado de inseguridad y habría prolongado cada vez más sus rezos, pero en cuanto lo oyó suprimió aquellos en absoluto. Antes de hacerlo así, había probado, como otros neuróticos obsesivos, toda clase de métodos para evitar la intromisión del elemento contradictorio, abreviando sus oraciones o recitándolas rapidísimamente. Pero todas estas técnicas fracasan más tarde o más temprano y, en cuanto el impulso amoroso ha logrado realizar algo, después de desplazarse sobre un acto indiferente, es seguido por el impulso hostil que se esfuerza en anular su obra.

Cuando el neurótico obsesivo llega luego a darse cuenta de la inseguridad de la memoria, consigue extender, generalmente, con su auxilio la duda, incluso a los actos ya realizados, que carecieron de toda relación con el complejo del amor y el odio, y a todo su pasado. Recuérdese el ejemplo de aquella señora que acababa de comprar un peine para su hija y que al ser asaltada por una sospecha celosa contra su marido empezó a dudar, en el acto, de si aquel peine no venía ya siendo suyo desde siempre. Es como si dijera abiertamente: "Si puedo dudar de tu amor (y esta era tan sólo una proyección de sus dudas sobre su propio amor a su marido) puedo dudar de todo", revelándonos así el sentido oculto de la duda neurótica.

Pero la *obsesión* es una tentativa de compensar la duda y rectificar el insoportable estado de inhibición del que la misma testimonia. Cuando al fin y con ayuda del desplazamiento consigue el enfermo llevar a una resolución el propósito inhibido, tal propósito ha de ser obligadamente realizado. No es ya, desde luego, el original, pero la energía estancada no renuncia a la ocasión de hallar un exutorio en el acto sustitutivo. Se exterioriza, pues, en mandatos y prohibiciones, alternando el impulso amoroso y el hostil en la conquista del camino conducente a la derivación. La tensión que surge cuando el mandamiento obsesivo no debe ser ejecutado es intolerable, y el sujeto la percibe en forma de angustia intensísima. Pero el camino mismo que conduce a un acto sustitutivo desplazado sobre una minucia es tan ardientemente disputado que dicho acto sólo puede ser realizado, en la mayoría de los casos, como medida de protección y en íntimo contacto con uno de los impulsos que han de ser rechazados.

Una especie de *regresión* sustituye, además, la resolución definitiva por actos preparatorios: el pensamiento reemplaza a la acción, y en cualquier estadio previo mental de la misma se impone, con poder obsesivo, en lugar del acto sustitutivo. Según que esta regresión del acto al pensamiento sea más o menos marcada, el caso de neurosis obsesiva toma el carácter de pensamiento obsesivo (representación obsesiva) o de acción obsesiva en sentido estricto. Estos actos obsesivos propiamente dichos sólo se hacen posibles por cumplirse en ellos una especie de reconciliación de los dos impulsos contrapuestos, mediante la formación de productos transaccionales. Los actos obsesivos se aproximan, en efecto, cada vez más, y con mayor precisión cuanto más se prolonga la enfermedad a los actos sexuales infantiles semejantes al onanismo. El sujeto llega así a realizar, en esta forma de la neurosis, actos amorosos, pero sólo con la ayuda de una nueva regresión y no ya orientados hacia una persona, hacia el objeto del amor y el odio, sino actos autoe-róticos, como en la infancia.

La regresión primera desde la acción al pensamiento es favorecida por otro de los factores participantes en la génesis de la neurosis. En los historiales de los enfermos hallamos regularmente la emergencia precoz y la represión prematura del instinto sexual visual y de saber, el cual regula también en nuestro paciente toda una parte de su actividad sexual infantil.

Hemos apuntado ya la participación de los componentes sádicos en la génesis de la neurosis obsesiva. En aquellos sujetos en cuya constitución predomina el instinto de saber, el síntoma capital de la neurosis es siempre la cavilación obsesiva. La acti-vidad mental misma queda sexualizada, pues el placer sexual, referido habitualmente al contenido del pensamiento, pasa a recaer sobre el proceso intelectual, y la satisfacción alcanzada al llegar a un resultado mental es sentida como satisfacción sexual. Esta relación del instinto del saber con los procesos mentales le hace especialmente apropiado para atraer sobre el pensamiento, en las diversas formas de la neurosis obsesiva en las que participa, la energía que se esfuerza inútilmente en abrirse paso hasta la acción, allí donde se ofrece la posibilidad de una distinta clase de satisfacción. De este modo, el acto sustitutivo puede ser sustituido a su vez, con ayuda del instinto de saber, por actos mentales preparatorios. El aplazamiento de la acción encuentra pronto un sustitutivo en la demora en el pensamiento y todo el proceso queda transportado, con todas sus peculiaridades, a un nuevo terreno.

Con ayuda de las deducciones que anteceden podemos acaso aventurarnos ya a determinar el carácter psicológico, durante tanto tiempo buscado, que presta a los productos de la neurosis obsesiva su calidad obsesiva: se hacen obsesivos aquellos procesos mentales que, a consecuencia de la inhibición antitética en el extremo motor de los sistemas mentales, son emprendidos con un desarrollo cualitativo y cuantitativo de energía destinado tan sólo habitualmente a la acción, esto es, aquellos *pensamientos que han de representar, regresivamente, actos*. No creo que haya de tropezar con graves contradicciones la hipótesis de que, habitualmente y por razones económicas, el pensamiento es impulsado por medio de desplazamientos de energía más pequeños que los consagrados a los actos destinados a la derivación y a la modificación del mundo exterior.

Aquello que irrumpe con energía sobrada en la conciencia como idea obsesiva ha de quedar luego garantizado contra la acción destructora del pensamiento consciente. Sabemos ya que tal protección es conseguida por medio de la *deformación* que la idea obsesiva ha experimentado antes de hacerse consciente. Pero no es este el único medio. Sólo muy raras veces se omite alejar a la idea obsesiva de la situación que presidió su génesis y en la cual sería fácilmente accesible a la comprensión, a pesar de su deformación. Con tal propósito es creado, por un lado, un *intervalo* entre la situación patógena y la idea obsesiva consecutiva, intervalo que induce en error a la investigación causal del pensamiento consciente; y por otro, el contenido de la idea obsesiva queda desligado de sus relaciones particulares por medio de una *generalización*.

La obsesión de comprensión de nuestro paciente nos ofrece un ejemplo de este orden, y otro quizá mejor una enferma que se prohibió llevar joya ninguna, aunque la motivación se refería a una sola joya que la sujeto había envidiado a su madre y esperaba heredar de ella. Por último, la idea obsesiva queda también protegida contra la labor de solución consciente por su expresión verbal indeterminada o equívoca. Tal expresión verbal, mal interpretada, puede quedar incorporada entonces a los delirios, y los sucesivos desarrollos o sustituciones de la obsesión se enlazarían al error de interpretación y no al texto auténtico. Pero puede observarse que tales delirios tienden constantemente a establecer nuevas relaciones con el contenido y el texto verbal de la obsesión no acogidos en el pensamiento consciente.

Para una única observación volveremos aún sobre la vida instintiva de la neurosis obsesiva. Nuestro paciente demostró ser también un *olfativo*. Según sus propias manifestaciones, durante su infancia conocía a las personas por su olor, como un perro, y las percepciones olfativas tenían todavía actualmente para él mayor significación que para los demás. También en otros enfermos, neuróticos obsesivos o histéricos, he observado algo análogo y he aprendido a tener en cuenta el papel desempeñado en la génesis de las neurosis por un placer olfativo sexual reprimido en la infancia. En general, puede plantearse la cuestión de si la disminución sufrida por el sentido del olfato al alejar el hombre su rostro del suelo y la consecutiva represión orgánicamente condicionada del placer olfativo no participan considerablemente en la capacitación del hombre para las enfermedades neuróticas. Ello nos explicaría cómo es que el incremento de la civilización exige represiones cada vez más extensas de la vida sexual. Sabido es qué íntima relación existe en la organización zoológica entre el instinto sexual y la función del órgano del olfato.

Para terminar, expresaré la esperanza de que mis comunicaciones, incompletas en todos sentidos, impulsarán a otros investigadores a profundizar en el estudio de la neurosis obsesiva con ánimo de lograr nuevos descubrimientos. A mi juicio lo característico de esta neurosis, aquello que la distingue de la histeria, no ha de buscarse en la vida instintiva, sino en las circunstancias psicológicas. No puedo abandonar a mi paciente sin hacer constar mi impresión de que se hallaba como disociado en tres personalidades, una inconsciente y dos preconscientes, entre las cuales podía oscilar su conciencia. Su inconsciente integraba los impulsos violentos y perversos tempranamente reprimidos. En su estado normal era un hombre bondadoso, alegre, reflexivo, inteligente y despejado, pero en una tercera organización psíquica rendía culto a la superstición y a la ascesis, de manera que podía entrañar dos convicciones y dos concepciones del universo. Esta personalidad preconsciente entrañaba, sobre todo, los productos de la reacción a sus deseos reprimidos y no era difícil prever que, de haberse prolongado la enfermedad, hubiera acabado por devorar a la personalidad normal. Actualmente se me ha ofrecido la ocasión de investigar tales fenómenos en una paciente gravemente enferma de neurosis obsesiva y análogamente disociada en una personalidad tolerante y serena y otra sombría y ascética. La sujeto presenta la primera de tales personalidades como su *yo* oficial, pero vive dominada por la segunda. Ambas organizaciones psíquicas tienen acceso a su conciencia, y detrás de su personalidad ascética se oculta su inconsciente, totalmente desconocido para ella y compuesto de antiquísimos deseos hace largo tiempo reprimidos[30].

---

[30] *Adición en 1923:* El paciente al cual el análisis que antecede devolvió por entero la salud psíquica murió luego en la guerra europea, como tantos otros hombres jóvenes de futuro prometedor.

II

OBSERVACIONES PSICOANALÍTICAS SOBRE UN CASO DE PARANOIA (*DEMENTIA PARANOIDES*) AUTOBIOGRÁFICAMENTE DESCRITO (CASO «SCHREBER»)

Los médicos que no ejercemos nuestra profesión en establecimientos de carácter público tropezamos con grandes dificultades para la investigación analítica de la paranoia. No podemos admitir en nuestra consulta a tales enfermos ni, en todo caso, retenerlos por mucho tiempo, pues no aplicamos nuestro tratamiento sino cuando esperamos obtener con él algún efecto terapéutico. En consecuencia, sólo en casos excepcionales he podido lograr una visión algo profunda de la estructura de la paranoia, bien porque la inseguridad del diagnóstico, no siempre fácil, justificara una tentativa analítica, o porque los mismos familiares del enfermo hubieron de pedirme que le sometiera a tratamiento durante algún tiempo, a pesar de la seguridad del diagnóstico. Por lo demás, veo, naturalmente, numerosos enfermos paranoicos y dementes que me ilustran sobre su enfermedad tanto como a los demás psiquíatras. Pero ello no basta, en general, para deducir conclusiones psicoanalíticas.

La investigación psicoanalítica de la paranoia sería totalmente imposible si los enfermos no presentaran la peculiaridad de revelar espontáneamente, aunque alterado por la deformación, aquello que los demás neuróticos ocultan como su más íntimo secreto. Dado que los paranoicos no pueden ser obligados a vencer sus resistencias internas y sólo dicen lo que quieren decir, resulta factible sustituir en esta enfermedad el conocimiento personal del enfermo por la descripción escrita o impresa de su historial patológico. No creo, por lo tanto, inadecuado enlazar interpretaciones analíticas al historial patológico de un paranoico (*dementia paranoides*) al que jamás he visto, pero que ha escrito y publicado la historia de su enfermedad.

Tratase del doctor en Derecho Daniel Pablo Schreber, magistrado de los Tribunales de Sajonia, cuyas *Memorias de un neurótico* aparecieron en 1903, despertando, si mis informes son exactos, gran interés entre los psiquíatras. Es posible que el doctor Schreber viva todavía, y encontrándose ya muy alejado de los delirios que en 1903 describía, no le sean gratas estas observaciones sobre su libro. Pero en cuanto su personalidad actual se conserva idéntica a la anterior ha de serme lícito invocar aquellos argumentos que él mismo, "hombre de inteligencia superior, entendimiento singularmente agudo y precisas dotes de observación"[31], oponía a los esfuerzos realizados para hacerle desistir de la publicación de sus memorias: "No se me ocultan los inconvenientes que parecen oponerse a la publicación de mi libro. El mayor de ellos estriba en la consideración debida a personas que viven todavía. Mas, por otro lado, creo muy conveniente para la ciencia y para el conocimiento de ciertas verdades religiosas hacer posible aún durante mi vida la observación de mi cuerpo y de mis destinos por personas peritas. Ante esta reflexión se desvanecen todas las consideraciones personales". En otro lugar de su libro manifiesta haberse decidido a publicarlo aun cuando su médico, el doctor Flechsig, de Leipzig, le llevara ante los tribunales. En este punto atribuye a Flechsig una serena comprensividad que ahora puedo yo atribuirle a él: "Espero —escribe— que el interés científico de mis memorias venza en el doctor Flechsig posibles susceptibilidades personales".

---

[31] Tal es la descripción, no del todo justificada seguramente, que el propio Schreber hace de su personalidad intelectual en sus *Memorias* (pág. 35).

Aunque en las páginas que siguen citaré textualmente aquellos pasajes de las *Memorias* que apoyan mis interpretaciones, ruego, sin embargo, al lector que repase primero, siquiera sea ligeramente, el libro de Schreber.

I

HISTORIAL PATOLÓGICO

El doctor Schreber escribe: "Dos veces he estado enfermo de los nervios y ambas a consecuencia de un exceso de trabajo intelectual. La primera siendo magistrado en Chemnitz, a consecuencia de la actividad desplegada en unas elecciones al Parlamento, y la segunda a causa de la extraordinaria labor que hube de desarrollar al hacerme cargo del puesto de presidente del Tribunal de Dresden".

La primera enfermedad se inició en el otoño de 1884 y curó por completo a fines de 1885. Flechsig, en cuya clínica pasó el paciente seis meses, diagnosticó su enfermedad, en un certificado ulterior, como un grave acceso de hipocondría. El doctor Schreber asegura que esta enfermedad transcurrió "sin incidente alguno de carácter metafísico".

Ni las memorias del sujeto ni los certificados de los médicos en ellas transcritos nos informan suficientemente sobre su historia anterior ni sobre las circunstancias particulares de su vida. No me es siquiera posible indicar cuál era su edad al enfermar por primera vez, si bien el alto cargo que ya ocupaba en la magistratura antes de su segunda enfermedad puede servirnos para fijar aproximadamente un *mínimum*. Averiguamos que en la época de su "hipocondría" el doctor Schreber estaba casado hacía ya mucho tiempo. Él mismo nos lo dice: "Más intensa aún fue la gratitud de mi mujer que veía en el profesor Flechsig al hombre que le había devuelto a su marido y tuvo así, durante muchos años, su retrato, encima de su mesa de trabajo". Y más adelante: "Una vez curado de mi primera enfermedad viví al lado de mi mujer ocho años felicísimos, ricos también en distinciones externas, y sólo turbados por haberse malogrado repetidamente durante ellos nuestra esperanza de lograr descendencia".

En junio de 1893 le fue anunciado su próximo nombramiento de presidente del Tribunal de Dresden, cargo que ocupó el día primero de octubre del mismo año. En este intervalo[32] tuvo varios sueños a los que sólo ulteriormente hubo de conceder importancia. Soñó repetidas veces que sufría una recaída en su antigua enfermedad neurótica, circunstancia que le apenaba tanto durante el sueño como luego, al despertar, le regocijaba verla desvanecida. Además, una mañana, en estado de duermevela, tuvo "la idea de que debía de ser muy agradable ser una mujer en el momento del coito", idea que luego, con plena conciencia, rechazó indignado.

Su segunda enfermedad se inició a finales de octubre de 1893 con tenaces insomnios que le hicieron ingresar de nuevo en la clínica de Flechsig. Pero esta vez empeoró rápidamente en ella. Un certificado ulterior expedido por el director del sanatorio Sonnenstein describe el desarrollo de su dolencia: «Al principio de su estancia en la clínica del doctor Flechsig, el enfermo manifestaba, sobre todo, ideas hipocondríacas, quejándose, por ejemplo, de que padecía reblandecimiento cerebral y afirmando que no tardaría en morir. Pero ya se mezclaban en el cuadro patológico algunas ideas de persecución fundadas en alucinaciones sensoriales que al principio parecieron emerger aisladas en tanto se presentaba en el sujeto una intensa hiperestesia y una gran sensibilidad a la luz y al ruido. Más tarde, se acumularon ya las alucinaciones visuales y auditivas hasta dominar por completo toda su sensibilidad y todo su pensamiento. Se creía muerto y putrefacto, o enfermo de la peste, se lamentaba de que su cuerpo

---

[32] Antes, por lo tanto, del exceso de trabajo al que atribuye su enfermedad.

era sometido a repugnantes manipulaciones, y sufría, según manifiesta todavía actualmente, espantosos tormentos que soportaba por una causa sagrada. Las sugestiones patológicas absorbían al enfermo tan por completo que permanecía horas enteras ensimismado e inmóvil (estupor alucinatorio), inaccesible a toda otra impresión, y, por otro lado, le atormentaban de tal modo que deseaba la muerte; intentó ahogarse repetidamente en el baño y pedía de continuo "el ácido prúsico que le estaba destinado". Poco a poco, sus delirios fueron tomando un carácter místico y religioso; hablaba directamente con Dios, los demonios le hostigaban, veía "apariciones milagrosas", oía "música divina" y creía, por último, "vivir en otro mundo".»

Agregamos que insultaba a diversas personas por las cuales se creía perseguido y perjudicado, pero, ante todo, a su médico anterior, Flechsig, al que calificaba de "asesino de almas" y del que se burlaba llamándole repetidamente "el pequeño Flechsig", acentuando intensamente la primera palabra. Se había trasladado desde Leipzig a la clínica Sonnenstein, de Pirna, en junio de 1894, y permaneció en ella hasta la estructuración definitiva de su estado. En el curso de los años siguientes se transformó el cuadro clínico en una forma que el doctor Weber, director del establecimiento, describe así:

"Sin entrar más minuciosamente en los detalles del curso de la enfermedad, nos limitaremos a indicar cómo en el desarrollo ulterior de la psicosis aguda inicial, que hubo de ser diagnosticada como una demencia alucinatoria, fue surgiendo cada vez más marcadamente o, por decirlo así, cristalizando, el cuadro clínico paranoico que hoy presenta el enfermo". Había edificado, en efecto, por un lado, un artificioso sistema de delirios que merece nuestro mayor interés, y por otro, había reconstruido su personalidad hasta el punto de mostrarse perfectamente capacitado para volver a la vida normal, presentando tan sólo algunos trastornos aislados.

El doctor Weber manifiesta en un certificado expedido en el año de 1899: "En la actualidad, el doctor Schreber, aparte de algunos síntomas psicomotores que incluso el observador más superficial ha de reconocer patológicos, no muestra signo alguno de demencia ni inhibición psíquica y tampoco su inteligencia aparece visiblemente disminuida. Reflexiona bien, su memoria es excelente, dispone de un considerable acervo de conocimientos, no sólo en cuestiones jurídicas, sino también en muchos otros sectores, y puede exponerlos en procesos mentales perfectamente ordenados. Se interesa por la política, la ciencia, el arte, etc., y se ocupa continuamente de tales materias, sin que el observador ignorante de su enfermedad pueda reconocer en sus palabras sobre tales temas signo alguno de perturbación. Pero, con todo, el paciente se halla invadido por representaciones patológicamente condicionadas que han formado un sistema total, se hallan más o menos fijadas y no parecen accesibles a una rectificación por la aprehensión objetiva y el enjuiciamiento de las circunstancias reales".

El enfermo, aliviado hasta este punto, se consideraba ya capaz de volver a la vida activa e inició las gestiones necesarias para anular la declaración de su incapacidad y poder salir de la clínica. El doctor Weber se oponía a estos deseos y certificaba en contra de ellos, pero en su informe de 1900 no pudo ya por menos de describir favorablemente la conducta y el estado de su paciente: "El que suscribe ha tenido, durante nueve meses, ocasión continuada de conversar diariamente, durante el almuerzo en la mesa redonda de la clínica, con el Dr. Schreber sobre toda clase de cuestiones. Cualquiera que sea el tema de la conversación y aparte, claro está, de sus ideas delirantes, el doctor Schreber revela, tanto en cuestiones políticas como en las referentes a la administración de justicia, al arte y a la literatura, un intenso interés, profundos conocimientos, buena memoria, excelente juicio y sanas ideas morales. También en la conversación superficial con las señoras presentes se muestra amable y cortés e incluso al tratar en forma humorística ciertas cuestiones revela siempre exquisito tacto, sin que jamás haya llevado a la conversación de la mesa cuestiones más bien propias de la visita médica". Incluso en un asunto de orden económico que atañía a los intereses de toda su familia intervino por entonces con pericia profesional y de un modo perfectamente adecuado.

En los repetidos escritos que el doctor Schreber dirigió en esta época a los tribunales en demanda de su libertad, no negaba en absoluto su perturbación ni ocultaba su intención de dar a la publicidad sus memorias. Muy al contrario, acentuaba el valor de sus meditaciones en cuanto a la vida religiosa y la imposibilidad de sustituirla por las doctrinas científicas modernas. Pero al mismo tiempo, aducía la absoluta inocuidad de todos aquellos actos a los cuales se veía obligado por el contenido de su delirio. El ingenio y la extremada lógica de aquel hombre, sobre el cual pesaba un diagnóstico de paranoia, acabaron por darle la victoria. En julio de 1902 fue anulada su incapacitación, y al año siguiente aparecieron sus memorias, si bien previamente sometidas a la censura oficial y con lamentables mutilaciones.

En la sentencia que devolvió al doctor Schreber la libertad aparece sintetizada, en breves frases, el contenido de su sistema delirante: "Se consideraba llamado a redimir al mundo y devolverle la bienaventuranza perdida. Pero sólo podría conseguirlo después de haberse transformado en mujer".

El certificado expedido por el doctor Weber en 1899 integra una minuciosa descripción del delirio en su forma definitiva: «El sistema delirante del paciente culmina en la convicción de hallarse llamado a redimir al mundo y devolver a la humanidad la bienaventuranza perdida. Afirma haber tenido conocimiento de tal destino por revelación divina, como las que recibían los profetas. Precisamente los nervios sobreexcitados, como los suyos lo habían estado durante tanto tiempo, tenían la cualidad de atraer a Dios; pero sus revelaciones entrañaban cosas que no era posible expresar, o sólo muy difícilmente, en el lenguaje humano, porque se hallaban fuera de toda experiencia humana, y sólo a él le habían sido comunicadas. El detalle más importante de su misión redentora era que había de *convertirse primeramente en mujer*. No era que él quisiese transformarse en mujer; se trataba de algo más coercitivo, de una "necesidad" fundada en el orden universal, y a la cual no podía él escapar, aunque personalmente le hubiera sido mucho más grato seguir siendo hombre y poder conservar así su elevada posición social. Pero la única manera de volver a conquistar el más allá para él mismo y para la humanidad entera era por medio de su transformación en mujer, transformación que se realizaría en él por un milagro divino, y al cabo de varios años o incluso decenios. Tenía la convicción de ser objeto exclusivo de milagros divinos, y con ello el hombre más singular que nunca había vivido sobre la tierra. Desde hacía muchos años experimentaba a cada hora y a cada minuto tales milagros en su propio cuerpo, y los comprobaba también por las voces que con él hablaban. En los primeros años de su enfermedad había sufrido, en distintos órganos de su cuerpo, modificaciones que habrían acarreado la muerte a cualquier otro individuo. Había vivido mucho tiempo sin estómago, sin intestinos, casi sin pulmones, con el tubo digestivo desgarrado, sin vejiga o con las costillas destrozadas, y algunas veces, al comer, se había tragado su propia laringe, etc. Pero divinos milagros ("rayos") habían reconstruido, siempre de nuevo, lo destruido, razón por la cual, mientras siguiera siendo un hombre, sería inmortal. Tales fenómenos amenazadores habían desaparecido tiempo atrás, surgiendo, en cambio, en primer término, su "femineidad", resultado de un proceso evolutivo que había de precisar decenios enteros —si no siglos— para llegar a su definitivo perfeccionamiento, y cuyo fin no presenciaría seguramente ninguno de los hombres actualmente en vida. Experimentaba la sensación de que su cuerpo integraba ya "nervios femeninos", de los cuales surgirían, por medio de la fecundación inmediata de Dios, nuevos hombres. Sólo entonces podría morir de muerte natural, después de haber conquistado de nuevo para sí y para todos los demás hombres la bienaventuranza. A veces le hablaban, además del sol, los árboles y los pájaros, que eran algo como "restos encantados de antiguas almas humanas". Le hablaban en lenguaje humano, y por todas partes sucedían cosas maravillosas en torno suyo.»

El interés del psiquíatra práctico en cuanto a tales productos delirantes queda generalmente agotado una vez que logra determinar la función del delirio y su influencia sobre la vida del paciente. Su asombro no constituye el principio de su comprensión. El psicoanalítico, en cambio, aporta de su conocimiento de la psiconeurosis la sospecha de que también tales productos mentales, tan apartados del pensamiento habitual de los hombres y tan singulares, tienen su punto de partida en los impulsos más comprensibles y corrientes de la vida anímica, y quisiera llegar a conocer los motivos de semejante transformación y los caminos por los que la misma ha sido llevada a cabo. Guiado por esta intención, profundizará de buen grado en la historia evolutiva y en los detalles del delirio.

a) El certificado médico señala como los dos puntos capitales la *misión redentora* y la *transformación en mujer*. El delirio de redención es una fantasía con la cual estamos ya familiarizados, pues constituye frecuentemente el nódulo de la paranoia religiosa. Pero el complemento de que la redención ha de tener como premisa la transformación del sujeto en una mujer es inhabitual y harto extraño en sí, pues se aparta considerablemente del mito histórico que la fantasía del enfermo quiere reproducir. Nos inclinaremos quizá a suponer, con el certificado médico, que la ambición de desempeñar el papel redentor es el único móvil del complejo de delirios, no siendo la transformación en mujer más que un medio para tal fin. Aunque así se nos presenta luego en la forma definitiva del delirio, el estudio de las *Memorias* nos impone una interpretación distinta. Averiguamos, en efecto, que la transformación en mujer fue el delirio primario, siendo juzgada en un principio como una persecución y un grave daño, y que sólo de un modo secundario quedó enlazada con la misión redentora. Vemos también, indudablemente, que al principio había de tener lugar para un fin sexual y no al servicio de elevados propósitos. Nos hallamos, pues, ante una manía persecutoria sexual transformada ulteriormente en una manía religiosa de grandezas. El perseguidor era primero el médico del sujeto, el doctor Flechsig, sustituido luego por el mismo Dios.

Transcribiré aquí, en toda su extensión, los pasajes de las *Memorias* que así lo prueban:

"De este modo, se tejió contra mí una conspiración (aproximadamente en marzo o abril de 1894) que se proponía, una vez reconocida o supuesta la incurabilidad de mi enfermedad nerviosa, entregarme a un hombre de manera que mi alma quedara esclavizada al mismo y mi cuerpo —interpretando erróneamente la tendencia antes mencionada en la que reposa el orden universal— quedase transformado en un cuerpo femenino, sometido a aquel hombre[33] para que lo gozase sexualmente y abandonado luego a la muerte y a la putrefacción".

"En todo ello, y desde el punto de vista humano, que por entonces me dominaba aun preferentemente, era natural que yo viese siempre y únicamente mi verdadero enemigo en el profesor Flechsig o en su alma (más tarde se agregó a ella el alma de v. W., de la que más adelante trataremos) y considerase la omnipoten-

---

[33] De este y otros pasajes de las *Memorias* resulta que tal individuo no era otro que el mismo doctor Flechsig.

cia divina como mi aliada natural, a la que recurrí en situación desesperada contra el profesor Flechsig y a la que por lo tanto creía deber apoyar con todos los medios imaginables y hasta con el sacrificio de mi propio ser. El hecho de que el mismo Dios pudiera ser cómplice cuando no instigador del asesinato de mi alma y de la entrega de mi cuerpo prostituido, es una idea que se me ocurrió mucho más tarde, pues, en realidad, sólo emergió claramente en mi conciencia al escribir las presentes líneas".

"Todas las tentativas de asesinar mi alma, despojarme de mi virilidad para fines contrarios al orden universal (esto es, para la satisfacción de los deseos sexuales de un hombre) y arruinar mi inteligencia, han fracasado. Del combate, tan desigual en apariencia, de un hombre solo y débil con Dios mismo, he salido vencedor, aunque al cabo de amargos sufrimientos y privaciones, y he vencido porque tenía en mi favor el orden universal".

En una nota describe luego la modificación ulterior del delirio de la transformación en mujer y de sus relaciones con Dios: "Más tarde explicaremos cómo mi transformación en mujer puede servir también para un fin conforme con el orden universal e incluso contener quizá la verdadera solución del conflicto".

Estas manifestaciones son decisivas para la interpretación del delirio de transformación en mujer y para la inteligencia general del caso. Añadiremos que las voces que el paciente oía no interpretaban nunca sino como una afrenta sexual la transformación en mujer y se burlaban del enfermo por ella. "Los rayos de Dios creían poder burlarse de mí por la inminente pérdida de mi virilidad y mi transformación en "Miss Schreber": "¡Vaya un señor magistrado que se deja...!" "¿No le dará a usted vergüenza presentarse luego ante su mujer?"

La naturaleza primaria de la fantasía de transformación en mujer y su independencia inicial de la idea de redención quedan testimoniadas además por la "idea" antes mencionada, emergida en estado de duermevela, según la cual debía ser muy hermoso ser una mujer en el momento del coito. Esta fantasía se hizo consciente en el período de incubación de la enfermedad y todavía antes de los efectos del exceso de trabajo en Dresden.

El mismo Schreber señalaba el mes de noviembre de 1895 como el período durante el cual se estableció la relación de la fantasía de transformación con la idea de redención, iniciándose así una reconciliación del sujeto con aquella primera idea. "Se me hizo ahora claramente consciente que el orden universal exigía, me placiese o no, mi "desvirilización" y que razonablemente no me quedaba otro camino que familiarizarme con la idea de mi transformación en mujer. Como consecuencia de la "desvirilización" sólo podía pensarse en una fecundación por los rayos divinos, encaminada a la creación de nuevos hombres".

La transformación en una mujer fue el germen primero del producto delirante y resultó también el único elemento que sobrevivió al restablecimiento del sujeto y el único que supo conservar su puesto en la actividad real del restablecido: "Lo único que a los ojos de otros hombres puede pasar por irrazonable es el hecho, ya mencionado por los señores peritos, de que a veces se me encuentra ante el espejo, o en algún otro lugar, adornado con preseas femeninas (lazos, cadenas, etc.), y semidesnudo el torso. Pero esto sucede únicamente hallándome solo, y nunca, siempre que me es posible evitarlo, a la vista de otras personas". El señor magistrado confesaba tales jugueteos en una época (julio 1901) en la que encontraba la siguiente acertada expresión para definir su salud, prácticamente recobrada: "Ahora ya sé que las personas que veo ante mí no son "hombres hechos a la ligera", sino verdaderos hombres, y que, por lo tanto, debo conducirme con ellos como un hombre razonable ha de conducirse en su trato con los demás". En contraste con esta perduración de su fantasía de "desvirilización", el enfermo no llevó a cabo en favor del reconocimiento de su misión redentora más que la publicación de sus *Memorias*.

b) La actitud de nuestro paciente con respecto a Dios es tan singular y tan llena de circunstancias contradictorias que hace falta gran confianza para conservar la esperanza de hallar aún, en su "demencia", un "método". Habremos, pues, de intentar orientarnos, con ayuda de sus *Memorias*, sobre su sistema teológico-psicológico y exponer, en su relación aparente (delirante), sus opiniones sobre *los nervios, la bienaventuranza, la jerarquía divina* y *las cualidades de Dios*. En todos los trozos de su teoría hallamos una mezcla singular de ingenio y vulgaridad y de elementos originales y prestados.

El alma humana está contenida en los *nervios* del cuerpo, que debemos representarnos como elementos de extraordinaria sutileza, comparables a finas hebras de seda. Algunos de estos nervios son adecuados para la recepción de las percepciones sensoriales, otros (*los nervios del entendimiento*) producen todo lo psíquico; cada uno de ellos *representa la total individualidad espiritual del hombre*, y su mayor o menor número influye tan sólo en el período de tiempo durante el cual pueden ser retenidas las impresiones.

En tanto que los hombres se componen de cuerpo y nervios, Dios es, desde un principio, sólo nervio. El número de los nervios divinos no es, como el de los nervios humanos, limitado, sino infinito o eterno. Los nervios divinos poseen todas las propiedades de los humanos, pero en grado enormemente más intenso. En su capacidad de crear, esto es, de transformarse en todas las cosas posibles del mundo creado, se llaman *rayos*. Entre Dios y el cielo estrellado o el Sol existe una íntima relación.

Después de la Creación, Dios se retiró a inmensa distancia del mundo y lo abandonó en general a sus leyes propias, limitándose a elevar hasta sí las almas de los muertos. Sólo excepcionalmente condescendía a ponerse en relación con algunos hombres de suprema inteligencia o intervenir con un milagro en los destinos del mundo. Conforme al orden universal, sólo después de la muerte se establece una relación regular entre Dios y las almas de los hombres. Cuando un hombre muere, las partes de su alma (nervios) son sometidas a un procedimiento de purificación para ser luego incorporadas nuevamente a Dios como la "antesala del cielo". Fórmase así un giro eterno de las cosas conforme en un todo al orden universal. Cuando Dios crea algo, se despoja de una parte de sí mismo, pues da a una parte de sus nervios una forma distinta. Pero la pérdida que así experimenta en apariencia queda compensada cuando, al cabo de siglos y milenios, los nervios, bienaventurados ya de los hombres muertos, le son de nuevo incorporados como "antesala del cielo".

Las almas, acentuadas por el proceso de purificación, gozan de bienaventuranza. "Su conciencia de sí mismas se ha debilitado entretanto y quedan fundidas, con otras almas, en unidades superiores. Almas importantes, como la de un Goethe o un Bismarck, conservan la conciencia de su identidad a través de muchos siglos hasta que pueden desintegrarse en complejos de almas superiores (tales como los "rayos de Jehová" en la antigua religión judía y los "rayos de Zoroastro" en la religión persa). Durante la purificación, las almas aprenden el lenguaje en el que Dios mismo habla, el "lenguaje fundamental", que es "un alemán algo anticuado, pero muy expresivo y caracterizado por una gran riqueza de eufemismos".

Dios mismo no es un ser simple. "Por encima de la "antesala del cielo" flotaba Dios, el cual, para distinguirlo de estos "reinos anteriores de Dios", es llamado también el "reino posterior de Dios". Los reinos posteriores de Dios se hallaban sometidos (y se hallan aun actualmente) a una singular división en dos partes, según la cual se distinguía un Dios inferior (Arimán) y un Dios superior (Ormuz)". Sobre la significación de esta división en dos partes Schreber nos dice tan sólo que el Dios inferior favorecía preferentemente a los pueblos de raza morena (a los semitas) y el superior a los pueblos rubios (a los arios). Pero tampoco es posible exigir a un hombre un conocimiento más detallado de tan elevadas cuestiones. Sin embargo, todavía averiguamos que "el Dios inferior y el superior —no obstante, la unidad de la omnipotencia divina— han de ser considerados como seres distintos, cada uno de los cuales, y también en su relación entre sí, posee su egoísmo particular y su particular instinto de conservación, e intenta, por lo tanto, de continuo, desplazar al otro". Los dos seres divinos se condujeron efectivamente de muy distinto modo con el desgraciado Schreber durante el período agudo de su enfermedad.

Schreber había sido, durante su época de salud, un escéptico en materia religiosa y nunca había llegado a creer firmemente en la existencia de un Dios personal, circunstancia de la que él mismo extrae luego un argumento favorable a la plena realidad de su delirio[34]. Pero cuando averiguamos lo que sigue sobre las cualidades de carácter del Dios de nuestro paciente, no podemos menos de pensar que la evolución en él provocada a este respecto por la enfermedad paranoica no fue ciertamente nada fundamental y que en el nuevo redentor perdura gran parte del antiguo escéptico.

El orden universal presenta, en efecto, una falta, a consecuencia de la cual queda amenazada incluso la existencia misma de Dios. Por circunstancias que permanecen inexpli-

---

[34] "La hipótesis de que pudiera tratarse de meras alucinaciones sensoriales me parece psicológicamente imposible. Pues la alucinación, de hallarse en relaciones con Dios o con las almas de los difuntos, puede sólo surgir en hombres que han llevado ya a su estado de nerviosidad patológica una firme creencia en Dios y en la inmortalidad del alma, y según queda expuesto al principio de este capítulo, no ha sido tal mi caso".

cadas, cuando *los nervios de los hombres vivos* llegan a un *alto grado de excitación*, ejercen tan intensa atracción sobre los nervios divinos, que al mismo Dios le es imposible sustraerse a ella, quedando así amenazada su propia existencia. Este caso, extraordinariamente raro, se dio con Schreber y le ocasionó terribles sufrimientos, pues la imperiosa atracción que sus nervios sobreexcitados ejercían sobre los divinos despertó el instinto de conservación de Dios, y resultó que Dios se hallaba muy lejos de la perfección que las religiones le atribuyen. A través de todo el libro de Schreber resuena, así, la amarga acusación de que Dios habituado tan sólo al trato con los muertos, no comprende a los vivos.

(Pág. 55): "Domina aquí un error fundamental que desde entonces se extiende a través de toda mi vida, y consiste en que, según las normas del orden universal, Dios no conoce a los hombres vivos ni necesita realmente conocerlos, ya que, conforme a tales normas, sólo con los cadáveres ha de tratar".

(Pág. 141): "Este hecho... depende nuevamente de que Dios no sabe tratar con los vivos, hallándose acostumbrado tan sólo a tratar con los cadáveres o, en todo caso, con los hombres dormidos y mientras sueñan".

(Pág. 246): "*Incredibile scriptu*, nos inclinaríamos a añadir y, sin embargo, todo ello es exacto, aunque los hombres hallarán incomprensible la idea de tan absoluta incapacidad de Dios para juzgar acertadamente a los vivos. Yo mismo he necesitado mucho tiempo para acostumbrarme a ella, aun después de haberla comprobado en innumerables observaciones directas".

Sólo a consecuencia de este desconocimiento divino de los hombres vivos pudo suceder que Dios mismo fuera el instigador de la conspiración urdida contra Schreber y que le creyera loco y le impusiera las más penosas pruebas. Para escapar a aquel juicio condenatorio de Dios, se sometió el sujeto a una penosa "obligación de pensar". "Cada vez que suspendía mi actividad mental, Dios creía extinguidas instantáneamente mis facultades intelectuales, iniciada la esperada ruina de mi razón (la locura) y conseguida así la deseada posibilidad de alejarse".

Una de las cosas que más indignación despiertan en nuestro paciente es la conducta de Dios en la cuestión de la necesidad o las ganas de defecar. El pasaje es tan característico que habremos de citarlo íntegro. Para su mejor comprensión, adelantaremos que tanto los milagros como las voces emanan de Dios, esto es, de los rayos divinos.

(Pág. 255): "A causa de su significación característica, habré de dedicar aún a la interrogante antes citada: "¿Por qué no c… usted?" algunas observaciones, por indecente que sea el tema. Como todas las demás funciones de mi cuerpo, también las ganas de defecar son estimuladas en mí por un milagro. Ello sucede siendo impulsados los excrementos hacia adelante, y luego, a veces, nuevamente hacia atrás, en los intestinos, o cuando ya he realizado el acto de la defecación y no queda material suficiente, ensuciando los escasos restos del contenido intestinal aún subsistente los bordes de mi orificio anal. Tratase, en todo ello, de un milagro del Dios superior, milagro que se repite cotidianamente varias docenas de veces cuando menos y con el cual se enlaza la idea, incomprensible para los hombres y sólo explicable por el absoluto desconocimiento en que Dios está de las circunstancias orgánicas de los vivos, de que el acto de defecar es, en cierto modo, lo último, esto es, que con el estímulo milagroso de las ganas de defecar queda conseguida la destrucción de la razón y lograda la posibilidad de una retirada definitiva de los rayos. A mi juicio, para llegar a comprender la génesis de esta idea, hemos de pensar en la existencia de una interpretación errónea de la significación simbólica del acto de la excreción, interpretación consistente en suponer que aquel que ha llegado a entrar, como yo, en íntima relación con los rayos divinos, tiene derecho, en cierto modo, a c… en el mundo entero".

"Se exterioriza, aquí, además, toda la perfidia de la conspiración urdida en contra mía[35]. Cada vez que las ganas de defecar son milagrosamente estimuladas en mí, quedan estimulados, simultáneamente, los nervios de alguna de las personas que me rodean para obligarla a ocupar el retrete e impedirme realizar el acto de la excreción. Es este un fenómeno que he observado regularmente innumerables veces (millares de veces) durante los últimos años, siendo, por lo tanto, imposible que se trate de una mera coincidencia casual. La pregunta que entonces se me dirige: "¿Por qué no c... usted?" es contestada en la forma siguiente: "Porque soy así de tonto". La pluma se resiste a transcribir el formidable disparate en que Dios incurre, llevado por su desconocimiento de la naturaleza humana, al suponer que pueda haber un hombre que de puro tonto no pueda c..., cosa que hasta el último animal hace. Cuando, al fin y al cabo, realizo el acto de la defecación, para lo cual me sirvo generalmente de un cubo, ya que siempre encuentro ocupado el retrete, dicho acto me produce siempre una intensa voluptuosidad espiritual. El alivio de la presión provocada por los excrementos contenidos en los intestinos se refleja muy agradablemente en los nervios de la voluptuosidad e igualmente sucede en el acto de la micción. Por este motivo, siempre y sin excepción alguna hasta ahora, todos los rayos han estado unidos en los actos de la defecación y la micción, razón por la cual, cuando me dispongo a realizar tan naturales funciones se intenta siempre, aunque inútilmente en la mayoría de los casos, impedírmelo con el milagro contrario[36]".

---

[35] El paciente trata de mitigar en una nota la dureza de la palabra "perfidia", remitiendo al lector a una justificación de la conducta de Dios, de la que más adelante trataremos.

[36] Compárese esta confesión del placer que el paciente encuentra en la excreción, placer que conocemos como uno de los componentes autoeróticos de la

El singularísimo Dios de Schreber es incapaz de extraer lección ninguna de la experiencia. (Pág. 186): "Una cierta propiedad concomitante a la esencia de Dios parece impedir que el mismo extraiga de estos hechos enseñanza ninguna para lo futuro". Continúa, pues, imponiendo durante años enteros, sin la menor modificación, las mismas pruebas, los mismos milagros y las mismas voces al individuo por él perseguido, aunque el mismo acabe por aprender a eludirlos y burlarse de él".

(Pág. 333): "De todo ello se deduce que una vez que sus milagros han dejado de ejercer sobre mí su anterior afecto, Dios ha llegado a parecerme ridículo e infantil. De este modo, mi propia y legítima defensa me ha llevado alguna vez a burlarme de él en voz alta..."

Esta rebelión contra Dios encuentra, sin embargo, en Schreber, una corriente antitética, expresada en muchos pasajes de sus memorias. (Pág. 333): "Sin embargo, he de hacer constar que se trata tan sólo de un episodio aislado que terminará con mi muerte, y, por lo tanto, sólo yo entre los hombres tengo derecho a burlarme de Dios. Para los demás, Dios ha de continuar siendo el Creador todopoderoso del cielo y de la tierra, la Causa primera de todas las cosas y el Salvador de su vida futura, y aunque algunas de las ideas religiosas actuales precisan ser rectificadas, merece su adoración y su mayor respeto". El sujeto intenta, pues, repetidamente, una justificación de la conducta de Dios a su respecto, basándola, tan ingeniosamente como en todas las teodiceas, bien en la naturaleza general de las almas, bien en la necesidad en que Dios se ve de defenderse o en la influencia maléfica del alma del doctor Flechsig. Pero, en general, la enfermedad es considerada como una lucha

---

sexualidad infantil, con las manifestaciones de Juanito en el *Análisis de la fobia de un niño de cinco años. (Cf.* Tomo XV de esta versión).

del hombre Schreber contra Dios, lucha en la cual alcanza el hombre la victoria por tener en favor suyo el orden universal.

De los certificados médicos podría deducirse fácilmente que el caso de Schreber no era más que una forma corriente de la fantasía redentora. El interesado sería, así, el hijo de Dios, encargado de la misión de salvar al mundo de su miseria o de su inminente ruina, etc. No he querido, pues, dejar de exponer las peculiaridades de la relación del paciente con su Dios. La importancia que dicha relación integra para el resto de la humanidad sólo raras veces es mencionada en las *Memorias* y únicamente al final de la cristalización del delirio. Consiste, sencillamente, en que ningún muerto podrá alcanzar la bienaventuranza en tanto que la persona de Schreber continúe atrayendo la parte principal de los rayos divinos. Tampoco la evidente identificación del sujeto con Jesucristo surgió hasta muy tarde (págs. 338 y 431).

Ninguna tentativa de explicación que no tenga en cuenta estas peculiaridades de su idea de Dios y esta mezcla de adoración y rebelión puede aspirar a ser exacta. Examinaremos ahora un tema íntimamente relacionado con Dios: el de la *bienaventuranza*.

La bienaventuranza es, para Schreber, "la vida ultraterrena" que las almas de los hombres alcanzan por su purificación después de la muerte. El sujeto la describe como un goce ininterrumpido, enlazado a la visión de Dios. Tal concepción no entraña, ciertamente, nada original. En cambio, sí nos sorprende la distinción que hace Schreber entre una bienaventuranza masculina y otra femenina: "La bienaventuranza masculina es más elevada que la femenina, la cual consiste, predominantemente, en una continua sensación de voluptuosidad". Otros pasajes proclaman la coincidencia de la bienaventuranza y la voluptuosidad sin hacer ya referencia alguna a las diferencias sexuales ni a la presencia de Dios como uno de los elementos de la bienaventuranza. Por ejemplo (pág. 51): "...con la naturaleza de los nervios de Dios, por efecto de los cuales la bienaventuranza consiste, si no exclusivamente, por lo menos en parte, en una intensa sensación de voluptuosidad..." Y más adelante (pág. 281): "La voluptuosidad debe ser interpretada como una parte de bienaventuranza anticipada en cierto modo al hombre y a otras criaturas vivas". Así, pues, la bienaventuranza celestial consistiría esencialmente en una continuación y una intensificación de la voluptuosidad terrena.

Esta concepción de la bienaventuranza no es uno de los fragmentos del delirio de Schreber procedentes de los primeros estadios de su enfermedad y eliminados luego como incompatibles. Todavía en sus escritos de 1901 acentúa el enfermo, como uno de sus grandes descubrimientos, el que "la voluptuosidad se halla en íntima relación, ignorada hasta ahora por los demás hombres, con la bienaventuranza de las almas de los muertos".

Averiguaremos también que esta "íntima relación" es la base en la que el enfermo funda su esperanza de una reconciliación final con Dios y un término de sus padecimientos. Los rayos divinos pierden su ánimo hostil en cuanto logran la seguridad de hallar en su cuerpo una voluptuosidad espiritual. El mismo Dios exige hallar en él la voluptuosidad y amenaza con retirar sus rayos si el sujeto descuida su cultivo y no puede ofrecerle la que de él demanda (pág. 320).

Tan sorprendente sexualización de la bienaventuranza celestial nos produce la impresión de que el concepto schreberiano de la bienaventuranza ha nacido con la condensación de las dos significaciones capitales de la palabra alemana *selig* ('difunto'" y 'sensualmente dichoso'), y nos procura además la ocasión de someter a una prueba la relación de nuestro paciente con el erotismo en general y con las cuestiones del goce sexual, pues nosotros, los psicoanalíticos, sustentamos hasta ahora la opinión de que las raíces de toda enfermedad nerviosa y psíquica se hallan predominantemente en la vida sexual, opinión a la que hemos llegado unos por experiencia empírica y otros, además, por especulaciones teóricas.

Según las muestras del delirio de Schreber examinadas hasta ahora, podemos rechazar ya la posibilidad de que precisamente esta enfermedad paranoica pudiera demostrarse como el caso negativo durante tanto tiempo buscado, en el cual la sexualidad desempeñaría tan sólo un papel insignificante. En efecto, el mismo Schreber se expresa innumerables veces como si compartiera nuestras teorías, pues habla siempre simultáneamente de la "nerviosidad" y del erotismo como si fuesen conceptos inseparables.

Antes de su enfermedad, el magistrado Schreber era un hombre de severas costumbres. (Pág. 281): "Pocos hombres habrá —afirma él mismo, y no vemos razón ninguna para desconfiar aquí de sus declaraciones— que hayan sido educados en principios morales tan severos y hayan adaptado luego a ellos tan estrictamente su vida, sobre todo en cuanto a la sexualidad, ni que se hayan refrenado tanto en este orden de cosas". Pero después de los graves conflictos anímicos que se exteriorizaron en los fenómenos de la enfermedad, quedó totalmente modificada su actitud ante el erotismo. Llegó, en efecto, a descubrir que el cultivo de la voluptuosidad era para él un deber, y que sólo cumpliéndolo podía dar solución favorable al conflicto en él surgido. Según le aseguraban sus voces, la voluptuosidad se había hecho "temerosa de Dios", y por su parte sólo lamentaba no poder dedicarse durante todo el día a su cultivo[37].

---

[37] (Pág. 179): "La atracción perdió su efecto doloroso para los nervios correspondientes en cuanto al penetrar en mi cuerpo hallaron en él la sensación de voluptuosidad anímica y participaron de ella. Encontraban así una comprensión de la bienaventuranza celestial que habían perdido, y que consistía también en un goce de orden voluptuoso".

Tales fueron las modificaciones que la enfermedad impuso a Schreber conforme a las dos direcciones principales de su delirio. Partidario, antes, de la ascesis sexual, y escéptico en cuanto a la existencia de Dios, la enfermedad le convirtió en un hombre creyente y entregado a la voluptuosidad. Pero lo mismo que su nueva fe era harto singular, también la parte de goce sexual por él conquistada entrañaba un carácter totalmente inhabitual. No era ya la libertad sexual masculina, sino un sentimiento sexual femenino, pues adoptaba una actitud femenina ante Dios, considerándose como su esposa[38].

Ningún otro fragmento de su delirio es tratado tan minuciosamente por el sujeto como su transformación en mujer. Los nervios por él aspirados adquieren en su cuerpo el carácter de nervios femeninos de la voluptuosidad y le prestan un aspecto más o menos femenino, dando sobre todo a su piel la tersura y la suavidad peculiares del sexo femenino (página 87). Le basta ejercer una ligera presión en cualquier lugar de su cuerpo para sentir debajo de su piel dichos nervios como conjunto de hebras o cuerdecillas sutilísimas, especialmente en el pecho, o sea, en el lugar correspondiente a los senos femeninos (pág. 277). "Por medio de una presión ejercida sobre tales nervios consigo proporcionarme, sobre todo cuando al mismo tiempo pienso en algo femenino, una sensación de voluptuosidad correspondiente a la femenina". Sabe seguramente que tales nervios son, por su origen, antiguos nervios divinos que al ser transferidos a su cuerpo no

---

[38] Nota a la pág. 4 del prólogo: "En mi propio cuerpo sucedió algo como la encarnación de Jesucristo en el de una virgen; esto es, en el de una mujer a la que jamás había tenido acceso hombre ninguno. Durante la época que pasé en la clínica de Flechsig, se formó por dos veces en mi cuerpo un órgano sexual femenino, y sentí dentro de mí movimientos como los primeros del feto humano. Un milagro divino había hecho penetrar en mi cuerpo los nervios de Dios correspondientes a la semilla masculina, teniendo así efecto una fecundación".

han perdido su calidad de tales (página 279). Por medio de la "imaginación visual" le es posible procurarse y procurar a los "rayos" la impresión de que su cuerpo se halla provisto de senos femeninos y órganos genitales del mismo sexo. "Tanto me he acostumbrado imaginar que mi cuerpo posee un trasero femenino —*honny soit qui mal y pense*— que siempre experimento tal impresión al inclinarme para coger algo". Llega incluso a afirmar decididamente que todo aquel que le viera desnudo de medio cuerpo arriba, sobre todo si la ilusión era auxiliada por algún adorno femenino, habría de experimentar la impresión de tener ante sí un *busto de mujer* (pág. 280). Pide ser reconocido por los médicos para que comprueben cómo todo su cuerpo está provisto, de pies a cabeza, de nervios de la voluptuosidad, cosa que a su juicio sólo sucede en el cuerpo de la mujer, mientras que el hombre sólo posee tales nervios en los órganos genitales y en las regiones inmediatas a los mismos (pág. 274). La voluptuosidad anímica que la acumulación de tales nervios desarrolla en él es tan intensa que, hallándose acostado, sólo precisa un pequeño esfuerzo de imaginación para obtener un goce sexual que le procura una idea muy precisa del placer sexual de la mujer en el coito (pág. 263).

Recordando el sueño que el sujeto tuvo durante el período de incubación de la enfermedad y antes de su traslado a Dresden, habremos de concluir que el delirio de su transformación en mujer no es más que la realización del contenido de aquel sueño. Por entonces, el sujeto hubo de rechazar con viril indignación tal idea, y también luego, en su enfermedad, se resistió al principio contra su realización, viendo en su transformación en mujer un atropello del que sus perseguidores querían hacerle objeto. Pero luego llegó un período (noviembre de 1895) en el cual comenzó a reconciliarse con aquella transformación, relacionándola con elevados designios de Dios. "Desde entonces he incluido, con plena conciencia, en mi programa, el cultivo de la femineidad" (página 177 y 178).

Poco después llegó ya la íntima convicción de que Dios mismo demandaba, para su propia satisfacción, su transformación en mujer:

(Pág. 281): "Pero en cuanto me hallo a solas con Dios —si me es permitido expresarme así— se me impone la necesidad de procurar, por todos los medios posibles y tanto con los mandatos de mi razón como con mis facultades imaginativas, que los rayos divinos reciban de mí, si no continuamente, por ser ello imposible al hombre, por lo menos a determinadas horas del día, la impresión de una mujer arrebatada por sensaciones voluptuosas".

"Por otro lado, Dios exige un *goce continuo* conforme a las condiciones que el orden universal impone a las almas, y mi misión es ofrecérselo bajo la forma de un intenso desarrollo de voluptuosidad espiritual. Si ello me produce, además, un placer sexual, creo tener derecho a considerarlo como una pequeña compensación de los tremendos padecimientos y privaciones que desde hace muchos años vienen siéndome impuestos".

(Pág. 284): "Basándome en todos estos descubrimientos, creo poder afirmar que Dios no se decidiría nunca a retirarse de mí, lo cual empeoraría considerablemente mi estado físico y me haría, además, entregarme sin la menor resistencia a desempeñar el papel de una mujer que cohabitase conmigo mismo y a fijar de continuo mis ojos en el cuerpo de la mujer y contemplar constantemente imágenes femeninas, etc".

Los dos fragmentos capitales del delirio de Schreber, su transformación en mujer y su preferente situación ante Dios, aparecen enlazados en su sistema por su actitud femenina con respecto a Dios. Se nos impone, pues, la labor de establecer entre ambos fragmentos una relación *genética* esencial, pues, si no, habríamos llegado, con nuestras explicaciones del delirio de Schreber, a la situación ridícula que Kant describe en su famosa comparación de la *Crítica de la razón pura*, esto es, a la del hombre que sostiene la vasija mientras que el otro ordeña al macho cabrío.

II
Tentativas de interpretación

Por dos lados podemos intentar aproximarnos a la comprensión de este historial patológico paranoico y descubrir en él los complejos y las fuerzas instintivas de la vida anímica que nos son ya familiares; partiendo de las manifestaciones delirantes del sujeto mismo y de los motivos de su enfermedad.

El primer camino nos tentaría una vez que C. G. Jung nos ha dado el brillante ejemplo de la interpretación de un caso grave de demencia precoz con manifestaciones sintomáticas extraordinariamente apartadas de lo normal[39]. También la inteligencia y la franqueza del paciente habrían de hacernos más fácil la solución por este camino. No pocas veces nos proporciona él mismo la clave agregando, como incidentalmente, a una manifestación delirante, una explicación, una cita o un ejemplo, o rebatiendo una analogía en él mismo emergente. En este último caso nos bastará prescindir del disfraz negativo, como estamos habituados a hacerlo en la técnica psicoanalítica, y considerar el ejemplo como lo auténtico y la cita o la confirmación como su fuente de origen para tener ante nosotros la traducción deseada del lenguaje paranoico al vulgar. Expondremos detalladamente un acabado ejemplo de esta técnica. Schreber se lamenta de las molestias que le causan los "pájaros encantados" o "pájaros parlantes", a los que adscribe toda una serie de singulares cualidades (págs. 208-214). Según él, están constituidos por restos de antiguas "antesalas

---

[39] C. G. Jung: *Über die Psychologie der Dementia praecox.* 1907.

del cielo", esto es, de hombres que fueron bienaventurados, y son hostigados contra él, cargados de cadaverina. Poseen la facultad de recitar "frases aprendidas de memoria, pero cuyo sentido no comprenden". Cada vez que descargan sobre él la cadaverina de que vienen cargados, esto es, cada vez que le recitan las frases que les han enseñado, se desvanecen en su alma con las palabras "¡Maldito bribón!" o "Maldito", únicas cuyo sentido les es conocido. No comprenden el sentido de las palabras que pronuncian, pero poseen una sensibilidad natural para la homofonía de los sonidos, que tampoco necesita ser completa. Para ellos es indiferente que se diga:

> Santiago o Cartago,
> Chinesentum o Jesús Cristo,
> Abendrot (crepúsculo) o Atemnot (exhausto),
> Arimán o Ackermann (granjero). (Pág. 210).

Al leer esta descripción no podemos menos de pensar que con ella se alude a las muchachitas adolescentes, a las cuales se suele calificar, sin la menor galantería, de "gansitas" o atribuir "cabecitas de pájaro" y de las que se afirma que sólo deben repetir lo que a otros oyen, descubriendo, además, su incultura con el empleo equivocado de palabras extranjeras homófonas. El "¡Maldito bribón!", única cosa que dicen en serio, significaría entonces el comentario puesto por ellas al triunfo del joven que ha logrado impresionarlas. Y en efecto, varias páginas más allá tropezamos con unas cuantas frases de Schreber que confirman nuestra interpretación. "A muchas de estas almas de pájaros les di, humorísticamente, para diferenciarlas, nombres de muchachas, ya que por su curiosidad y su tendencia a la voluptuosidad podían ser comparadas a muchachitas apenas adolescentes. Tales nombres femeninos fueron luego aceptados en parte por los rayos divinos y empleados por ellos para designar a las almas de pájaros correspondientes". Esta fácil interpretación de los "pájaros encantados" nos procura además un valioso apoyo para la explicación de las enigmáticas "antesalas del cielo".

No se me oculta que al extender nuestra labor psicoanalítica más allá de los casos típicos de interpretación nos es preciso usar un tacto exquisito y una gran prudencia, y que el lector sólo nos acompaña en cuanto se lo permite la familiaridad que ha llegado a adquirir con la técnica analítica. Hemos, pues, de procurar que a nuestro mayor esfuerzo de penetración no corresponda una disminución de la seguridad y credibilidad de nuestras interpretaciones. En esta situación, unos investigadores extremarán la prudencia, y otros la osadía, y sólo después de muchos tanteos y de un profundo conocimiento del sujeto se hará posible fijar los límites del derecho a interpretar. En la investigación del caso de Schreber se me impone la mayor prudencia por el hecho de que la resistencia desarrollada contra la publicación de las *Memorias* logró, por lo menos, sustraer a nuestro conocimiento una parte harto considerable del material y seguramente la más importante para su inteligencia. Así, el capítulo tercero del libro comienza con un anuncio prometedor: "Me propongo exponer aquí algunos sucesos acaecidos a *otros miembros de mi familia*, los cuales se relacionan probablemente con el proyectado asesinato de mi alma y presentan todos ellos un sello más o menos enigmático, siendo difícilmente explicables con la sola ayuda de la experiencia humana". Pero poco después queda cortado con la frase siguiente: "La continuación del capítulo ha sido tachada por la censura, por considerarla impublicable". Habré, pues, de declararme satisfecho si consigo referir, con alguna seguridad, el nódulo del delirio a un origen en motivos conocidos y humanos.

Con tal propósito expondremos ahora un detalle del historial patológico del que no se hace mención alguna en los certificados médicos, aunque el paciente hubo de presentarlo siempre en primer término. Me refiero a las relaciones de Schreber con su primer médico, el profesor Flechsig, de Leipzig.

Sabemos ya que el caso de Schreber mostró al principio el sello peculiar de la manía persecutoria, conservándolo hasta el primer viraje de la enfermedad, cuando el sujeto se reconcilió ya con la idea de su transformación en mujer. A partir de este momento, las persecuciones van haciéndose cada vez más soportables, y el hecho de que la transformación en mujer responda a un fin obediente a las normas del orden universal mitiga el ultraje que en sí encierra. Pero el autor de todas las persecuciones es Flechsig, el cual continúa siendo luego su instigador durante todo el curso de la enfermedad[40].

Sobre el crimen de Flechsig y sobre los motivos que le impulsaron a cometerlo, el sujeto se expresa siempre con una indeterminación y una inaprehensibilidad que consideraremos testimonios de una elaboración delirante especialmente intensa, si se nos permite juzgar la paranoia conforme al modelo del sueño, infinitamente mejor conocido. Flechsig ha asesinado el alma del enfermo o ha intentado un acto equivalente a los esfuerzos realizados por los demonios para apoderarse de la misma, acto que tenía, quizá, sus precedentes en sucesos acaecidos entre miembros ya difuntos de las familias de Flechsig y de Schreber. Nos complacería averiguar algo más sobre el sentido de este asesinato del alma, pero de nuevo hallamos vedado el acceso a las fuentes (página 28): "No me es posible decir más sobre la naturaleza peculiar del asesinato del alma

---

[40] Prólogo, pág. 8: "Todavía, actualmente, las voces que hablan conmigo pronuncian todos los días su nombre, acusándole especialmente de aquellos años, aunque las relaciones personales que durante algún tiempo mantuvimos han pasado para mí, hace ya mucho tiempo, a un último término y no veo por qué había de recordarle constantemente y sobre todo con desagrado".

ni tampoco sobre la técnica del mismo. Únicamente podría añadir (sigue un pasaje impublicable)". A consecuencia de esta omisión no llegamos a averiguar a qué se alude realmente bajo el nombre de "asesinato del alma". Más adelante citaremos la única indicación que ha logrado escapar a la censura.

Sea como fuere, no tardó en iniciarse una evolución del delirio, que transformó las relaciones del enfermo con Dios sin modificar para nada las que mantenía con Flechsig. Si hasta entonces sólo en Flechsig había visto a su verdadero enemigo y había considerado a la omnipotencia divina como su más fiel aliada, a partir de este punto no pudo rechazar la idea de que el mismo Dios era cómplice, si no instigador, de la conspiración urdida contra él (pág. 59). Pero Flechsig continuó siendo el tentador a cuya influencia había sucumbido Dios (pág. 60). Había sabido escalar el cielo con toda su alma o, por lo menos, con una parte de la misma, y erigirse allí, sin haber tenido que pasar antes por la muerte y la purificación, en "jefe de los rayos" (pág. 56)[41]. El alma de Flechsig conservó tal categoría incluso cuando el enfermo se había trasladado ya de la clínica de Leipzig al sanatorio de Pierson. La influencia del nuevo ambiente se manifestó luego en el hecho de que el alma de v. W.[42], enfermero jefe de aquel sanatorio, fue a unirse a la del doctor Flechsig en los delirios del enfermo. El alma de Flechsig

---

[41] Según otra versión muy significativa, pero que el sujeto rechazó pronto, el profesor Flechsig se habría suicidado de un tiro, en Weisenburg (Alsacia), o en la cárcel de Leipzig. El paciente habría visto su entierro, advirtiendo, con extrañezas, que no avanzaba en la dirección que hubiera sido natural dada la situación de la clínica de la Universidad con respecto al cementerio. Otras veces se le apareció Flechsig acompañado por un policía o dialogando con su mujer, de la que se hacía llamar "El dios Flechsig", por lo cual su interlocutora le creía loco.

[42] De este v. W. le decían las voces que había declarado falsamente sobre él en una investigación, acusándole de onanismo. Como castigo le había sido impuesto ahora servir al paciente.

pasó entonces por una "disociación" que alcanzó extraordinaria importancia, pues durante cierto período llegó a dividirse en cuarenta o cincuenta almas parciales, dos de las cuales, las almas importantes, eran designadas por el sujeto como el "Flechsig superior" y el "Flechsig medio" (pág. 111). Idéntica conducta siguió el alma de v. W. —El enfermero jefe—. El enfermo se divertía mucho a veces viendo cómo tales dos almas disputaban entre sí a pesar de su alianza, pues el orgullo aristocrático de la de v. W. chocaba con la pedantería universitaria de la de Flechsig (pág. 113). En las primeras semanas de su estancia en el sanatorio Sonnenstein (verano de 1894), entró también en acción el alma del nuevo médico, el doctor Weber, y poco después se inició aquella evolución del delirio en la que el sujeto llegó a reconciliarse con la idea de su transformación en mujer.

Durante esta enfermedad, diagnosticada de hipocondría y que al parecer se mantuvo dentro de los límites de una neurosis, fue Flechsig el médico del sujeto. Schreber pasó por entonces seis meses en el sanatorio de la Universidad de Leipzig. Averiguamos que una vez restablecido conservó un excelente recuerdo de su médico: "Lo principal fue que al fin y al cabo curé por completo, después de un largo viaje de convalecencia, quedando muy agradecido al profesor Flechsig, al cual manifesté después mi gratitud satisfaciéndole cumplidos honorarios y haciéndole una visita". Es cierto que luego en sus *Memorias* no alaba ya Schreber sino con grandes restricciones su primer tratamiento por Flechsig, pero ello se explica fácilmente por el cambio ulterior de su actitud con respecto a él. La intensidad de su agradecimiento inicial al médico que le había curado se deduce claramente de la observación que continúa las palabras anteriormente transcritas: "Más cordial aún fue el agradecimiento de mi mujer que veía en el profesor Flechsig al hombre que le había devuelto a su marido y tuvo por tal razón, durante muchos años, su retrato encima de su mesa de escritorio" (pág. 36).

Siéndonos imposible averiguar la motivación de esta primera enfermedad, motivación cuyo conocimiento habría de sernos indispensable para la explicación de la segunda, mucho más grave, nos vemos obligados a penetrar ahora a la ventura en un terreno que nos es desconocido. Sabemos que en el período de incubación de la enfermedad —entre su nombramiento para Dresden y su toma de posesión, o sea, de junio a octubre de 1893— tuvo el sujeto varios sueños cuyo contenido era la recaída en su antigua enfermedad nerviosa. Además, hallándose una mañana en estado de duermevela, tuvo la sensación de que debía de ser muy hermoso ser una mujer en el momento del coito. Si relacionamos el contenido de aquellos sueños con el de esta fantasía habremos de deducir que con el recuerdo de la enfermedad despertó también el del médico y que la actitud femenina de la fantasía se refirió desde un principio al mismo. O quizá el sueño del retorno de la enfermedad tuviese en general el sentido de un deseo nostálgico: "Quisiera volver a ver a Flechsig". Nuestra ignorancia del contenido psíquico de la primera enfermedad nos impide avanzar por este camino. Es muy posible que de aquel estado subsistiese aún una adhesión cariñosa al médico la cual experimentase ahora, por razones desconocidas, una intensificación que la elevara a la categoría de inclinación erótica. Surgió en el acto, desde luego, una indignada repulsa de la fantasía femenina, impersonal aún —una verdadera "protesta viril", según el término, aunque no en el sentido de Alfred Adler—, pero en la grave psicosis que no tardó en emerger, tal fantasía femenina se impuso por completo, y basta rectificar un poco la indeterminación paranoica de las manifestaciones de Schreber para adivinar que el enfermo temía ser objeto de abusos sexuales por parte del médico mismo. La motivación de esta enfermedad fue, pues, un avance de la libido homosexual orientada, probablemente desde un principio, hacia el doctor Flechsig como objeto, y la resistencia contra este impulso libidinoso creó el conflicto del que surgieron los fenómenos patológicos.

Durante su última estancia en el sanatorio en Sonnenstein, cuando Dios empezó a guardar mayores consideraciones al enfermo, tuvo efecto una *razzia* de aquellas almas tan desagradablemente multiplicadas, a consecuencia de la cual la de Flechsig subsistió sólo en dos formas y la de v. W. en una. Esta última no tardó luego en desaparecer y los dos fragmentos subsistentes del alma de Flechsig, que iban perdiendo lentamente su inteligencia y su poder, fueron entonces designados por el enfermo como el "Flechsig posterior" y "el partido del según como sea". Por el prólogo de las *Memorias*, la *Carta abierta al doctor Flechsig*, sabemos que el alma de este último conservó hasta el final toda su importancia.

En esta singularísima carta, el sujeto expresa la convicción de que el médico que le trataba había tenido también las mismas visiones que él, habiendo sido objeto de iguales revelaciones sobre cosas metafísicas, y añade la advertencia de que, por su parte, no tiene la menor intención de poner en tela de juicio la honorabilidad del mismo. Idéntica declaración es repetida luego, con toda seriedad y máximo interés, en páginas ulteriores. Se ve claramente que el enfermo se esfuerza en separar el "alma Flechsig" del individuo vivo en igual nombre, esto es, en separar el Flechsig verdadero del que aparece en los delirios[43].

Del estudio de una serie de casos de manía persecutoria he extraído, y han extraído otros investigadores, la impresión de que la relación del enfermo con su perseguidor puede quedar

---

[43] "En consecuencia, he de reconocer posible que todo lo dicho en los primeros capítulos de mis memorias con respecto a sucesos relacionados con el nombre de Flechsig sólo se refiere al "alma Flechsig" que ha de distinguirse por entero del hombre del mismo nombre y cuya existencia aislada no es posible explicar naturalmente" (pág. 342).

explicada por medio de una sencilla fórmula. La persona a la que el delirio atribuye tan gran poder y tanta influencia, y en cuyas manos convergen todos los hilos de la conspiración, es siempre aquella misma que antes de la enfermedad integraba análoga importancia para la vida sentimental del enfermo, o una sustitución de ella, fácilmente reconocible como tal. La importancia sentimental es proyectada como poder exterior y, en cambio, el tono sentimental queda transformado en su contrario. La persona odiada y temida ahora por su persecución es siempre una persona amada o respetada antes por el enfermo. La persecución estatuida por el delirio serviría, ante todo, para justificar la mutación de los sentimientos del sujeto.

Observemos ahora desde este punto de vista las relaciones anteriores del enfermo con su médico y ulterior perseguidor, el doctor Flechsig. Sabemos ya que entre 1884 y 1885 padeció Schreber una primera enfermedad nerviosa, "que transcurrió sin incidente ninguno de carácter metafísico".

Haremos alto en este punto ante una poderosa ola de reproches y objeciones que nos amenaza. Todos aquellos que conocen la psiquiatría actual esperarían ya verla aparecer de un momento a otro.

¿No es acaso una ligereza, una indiscreción y una calumnia acusar de homosexualidad a un hombre de tan relevantes cualidades morales como el magistrado Schreber? No; el enfermo ha comunicado a sus contemporáneos la fantasía de su transformación en una mujer, sobreponiéndose, por altos intereses científicos, a toda consideración personal. Nos ha dado así pleno derecho a ocuparnos de tal fantasía, y su traducción al lenguaje médico no ha añadido cosa alguna al contenido de la misma. Sí; pero al obrar así estaba enfermo y su delirio de ir transformándose en mujer era una idea morbosa. No lo hemos olvidado. Precisamente lo único de que hemos de ocuparnos es de la significación y el origen de tal idea morbosa. Nos remitiremos a su propia diferenciación entre el hombre Flechsig y el "alma Flechsig". Nada le reprochamos; ni que entrañara impulsos homosexuales ni que se esforzara en reprimirlos. Los psiquíatras podían aprender mucho de este enfermo viendo cómo dentro de su delirio mismo se esfuerza en no confundir el mundo de lo inconsciente con el de la realidad.

Pero ¿acaso consta expresamente en alguna parte que la temida transformación en mujer hubiera de ser en beneficio de Flechsig? Claro que no, pero no es difícil comprender que en unas *Memorias* destinadas a la publicidad y en las que no se quería ofender al hombre "Flechsig", había de eludirse una acusación directa. Ahora bien, los rodeos que semejante consideración imponen no logran encubrir el verdadero sentido de la inculpación, la cual se hace transparente con toda claridad repetidas veces. Por ejemplo, en el pasaje siguiente: "De este modo se tramó contra mí un complot (aproximadamente en marzo o abril de 1894) encaminado, una vez reconocida o supuesta la incurabilidad de mi enfermedad nerviosa, a entregarme a un hombre, de manera que mi alma quedase esclavizada por el mismo, y mi cuerpo, transformado antes en un cuerpo femenino, entregado como tal a dicho hombre para que lo gozase". Parece superfluo hacer constar que nunca se nombra a persona ninguna por la que pudiéramos sustituir a Flechsig. Al final de la estancia del sujeto en la clínica de Leipzig, surge en él el temor de ser "entregado a los enfermeros" para que abusen de él sexualmente. Su actitud femenina con respecto a Dios, abiertamente reconocida en la evolución ulterior del delirio, desvanece toda posible duda sobre el papel atribuido inicialmente al médico. Otro de los reproches dirigidos a Flechsig resuena distintamente a través de todo el libro. Flechsig habría intentado asesinar su alma. Hemos visto ya que tampoco el enfermo sabe claramente en qué habría de consistir tal asesinato, pero también que se halla relacionado con detalles íntimos impublicables (capítulo tercero). Un único guion nos permite aquí seguir adelante: El sujeto intenta aclarar la idea del asesinato del alma por medio de alusiones al *Fausto*, de Goethe; al *Manfredo*, de Byron y al *Freichütz* de Weber, y uno de estos ejemplos retorna luego en otro pasaje. En efecto, al tratar de la disociación de Dios en dos personas, Schreber identifica al Dios inferior y al Dios superior con Arimán y Ormuz, respectivamente (pág. 19), y poco después escribe la siguiente observación: "Además, el nombre de Arimán aparece relacionado, por ejemplo, en el *Manfredo*, de Byron, con el asesinato de un alma". En el poema byroniano no hay nada análogo al pacto de Fausto con el demonio, ni el concepto de asesinato de un alma aparece una sola vez en él, pero su nódulo y su secreto es un incesto fraternal. En este punto se rompe ya el hilo que nos guiaba[44].

Reservándonos el derecho de volver, en el curso de este estudio, sobre otras posibles objeciones, consideraremos suficientemente justificada por ahora nuestra hipótesis de que la

---

[44] En apoyo de la observación que antecede, citaremos las palabras de Manfredo al demonio que quiere arrebatarle de la vida (escena final):

> "...my past power
> was purchased by no compact with thy crew".

No hay, pues, pacto ninguno con el demonio. Este terror de Schreber es seguramente tendencioso. No es difícil relacionar este contenido del Manfredo con el supuesto amor incestuoso del poeta hacia su hermanastra, y resulta harto singular que el otro drama de Byron, el magnífico *Caín*, se desarrolle dentro de la familia primordial, en la cual el incesto entre hermanos quedaba, naturalmente, exento de todo reproche. No queremos tampoco abandonar el tema del "asesinato del alma" sin recordar el siguiente pasaje (pág. 23): "Al principio era mencionado Flechsig como autor del asesinato del alma, pero ahora y desde hace ya algún tiempo se me quiere presentar a mí, invirtiendo los términos, como el culpable de tal delito".

base de la enfermedad de Schreber fue la brusca emergencia de un impulso homosexual. Con esta hipótesis armoniza un detalle del historial patológico, inexplicable en otra forma: El sujeto sufrió una nueva "recaída nerviosa", decisiva para el curso de su enfermedad, en una ocasión en que su mujer había decidido ausentarse por breve plazo para atender al cuidado de su propia salud, pues hasta entonces había permanecido a su lado todo el tiempo que el régimen interior del sanatorio lo permitía. A su vuelta, después de una ausencia de cuatro días, le encontró lamentablemente transformado, tanto, que él mismo no deseaba ya verla. "Pasé por entonces una noche decisiva para mi ruina espiritual, pues durante ella tuve un número extraordinario de poluciones (quizá media docena)" (pág. 44). No es difícil adivinar que sólo de la presencia de su mujer podía extraer el sujeto influencias contrarias a la atracción de los hombres que le rodeaban, y teniendo en cuenta que las poluciones no son jamás posibles en el adulto sin una participación anímica, habremos de añadir a las de aquella noche toda una serie de fantasías homosexuales que permanecieron inconscientes.

Ignorando todo detalle de la historia anterior a su enfermedad no podemos adivinar por qué tal explosión de la libido homosexual surgió en el paciente precisamente en el intervalo entre su nombramiento para Dresden y su traslado allí. En general, el hombre oscila durante toda su vida entre sentimientos heterosexuales y homosexuales, y la privación o el desencanto en uno de tales sectores le impulsa hacia el otro. Nada de esto conocemos en cuanto a Schreber, pero no queremos dejar de llamar la atención de nuestros lectores sobre un factor somático muy digno de tenerse en cuenta. Schreber tenía en esta época cincuenta y un años, encontrándose, por lo tanto, en aquella edad crítica para la vida sexual, en la cual, y después de una intensificación anterior, experimenta la función sexual de la mujer una regresión de cuya influencia no parece tampoco estar excluido el hombre. Hay, pues, también para el hombre una edad climatérica con su disposición consecutiva a la enfermedad[45].

Imagino muy bien cuán aventurada ha de parecer la hipótesis de que un sentimiento de simpatía hacia un médico pueda aparecer de pronto, altamente intensificado, ocho años después, y provocar una perturbación anímica tan grave. Pero, a mi juicio, no tenemos derecho a rechazar una tal hipótesis sólo por su inverosimilitud interna y sin comprobar antes hasta dónde puede conducirnos. La inverosimilitud puede ser tan sólo provisional y proceder de que la hipótesis de que se trate no se halle aún integrada en proceso lógico ninguno, siendo tan sólo la primera con que nos acercamos al problema. Para aquellos que no sepan mantener en suspenso su juicio y encuentren totalmente inaceptable nuestra hipótesis, señalaremos una posibilidad que la despoja por completo de su carácter desconcertante. La simpatía hacia el médico puede proceder fácilmente de un "proceso de transferencia" por el cual haya quedado desplazada sobre la persona, indiferente en realidad, del médico la carga de afecto dada en el enfermo en cuanto a otra persona verdaderamente importante para él, de manera que el médico aparezca elegido como sustituido o subrogado de alguien más próximo al sujeto. O más concretamente aún: la personalidad del médico hubo de recordar al enfermo la de su hermano o su padre, a los que de este modo volvió a encontrar en él, y entonces no tiene nada de extraño que en determinadas circunstancias vuelva luego a emerger en él la nostalgia

---

45 Debo el conocimiento de la edad de Schreber al iniciarse su enfermedad a una amable comunicación de uno de sus parientes, que me fue permitida por el doctor Stegmann, de Dresden. Pero en el presente estudio me ha limitado a utilizar los datos que era posible extraer del texto mismo de las *Memorias*.

de aquella persona sustitutiva y actúe con una violencia sólo explicable por su origen y por su significación primaria.

Para el mejor éxito de esta tentativa de explicación sería interesante saber si al enfermar el sujeto vivía aún su padre, si había tenido algún hermano y si el mismo se hallaba por entonces entre los vivos o entre los difuntos. Me satisfizo, pues, encontrar en las *Memorias*, después de una larga rebusca, un pasaje en el cual el enfermo resuelve tales dudas (pág. 442): "La memoria de mi padre y mi hermano me es tan sagrada como..." Así, pues, ambos habían muerto ya en la época de la segunda enfermedad y acaso cuando la primera.

No creo que debamos resistirnos más contra la hipótesis de que el motivo de la enfermedad fue la emergencia de una fantasía optativa femenina (homosexual pasiva) que tenía su objeto en la persona del médico. Contra tal fantasía se alzó, por parte de la personalidad de Schreber, una intensa resistencia, y la defensa, que quizá hubiera podido adoptar otras formas distintas, escogió, por razones que desconocemos, la del delirio persecutorio. El hombre añorado se convirtió en perseguidor y el contenido de la fantasía optativa en el de la persecución. Sospechamos que también en cuanto a otros casos de delirio persecutorio ha de demostrarse aplicable esta interpretación esquemática. Pero el de Schreber se distingue de los demás en su evolución y en las transformaciones que durante ella experimenta.

La primera de tales transformaciones consiste en la sustitución de Flechsig por la propia persona de Dios y, al principio, parece suponer una agudización del conflicto y un incremento de la persecución, ya intolerable, pero no tardamos en ver que, en realidad, prepara la segunda transformación y con ella la solución del conflicto. Si era totalmente imposible que el enfermo se reconciliara con la idea de verse convertido en mujer y prostituido al médico, la misión de ofrecer a Dios la voluptuosidad que él mismo busca no tropieza con la misma resistencia del *yo*. La transformación en mujer no es ya un ultraje, sino algo impuesto por la "ordenación del universo", entra en una magna continuidad cósmica y tiene por objeto una nueva creación de la humanidad desgraciada. "Hombres nuevos creados por el espíritu de Schreber" venerarán en aquel infeliz perseguido a su glorioso antepasado. Queda hallado así un expediente que satisface a las dos partes en conflicto. El *yo* es compensado por la manía de grandezas, y la fantasía optativa femenina se impone, habiéndose hecho aceptable. La lucha y la enfermedad pueden ya cesar. Sólo que la aprehensión de la realidad, robustecida entre tanto, obliga a desplazar a un lejano futuro la solución, esto es, a satisfacerse con una realización que pudiéramos denominar "asintótica", del deseo[46]. La transformación en mujer tendrá efecto en épocas muy lejanas y la personalidad del doctor Schreber permanecerá indestructible hasta entonces.

En los tratados de psiquiatría se habla frecuentemente de una transformación del delirio persecutorio en delirio de grandezas conforme a la trayectoria siguiente: El enfermo atacado primariamente por el delirio de ser perseguido por magnos poderes siente la necesidad de explicarse tal persecución y llegar así a suponer que él mismo es una elevada personalidad digna de tanto interés. La emergencia del delirio de grandezas queda así atribuida a un proceso al cual damos nosotros el nombre de "racionalización", utilizando un acertado término de E. Jones. Pero, a nuestro juicio, no es nada psicológico atribuir a una racionalización consecuencias tan intensamente afectivas, y queremos hacer constar, por lo tanto, que nuestra opinión es muy distinta de esta que mencionan los tratados

---

[46] "Sólo a título de posibilidad mencionaré una futura transformación en mujer, encaminada a hacer surgir de mi seno, fecundando por Dios, una numerosa descendencia" (pág. 230).

de psiquiatría. Ante todo, no afirmamos conocer la fuente del delirio de grandezas.

Volviendo al caso de Schreber, hemos de confesar que la explicación de la transformación de su manía tropieza con extraordinarias dificultades. ¿Por qué caminos y con qué medios tiene efecto la ascensión desde Flechsig hasta Dios? ¿De dónde extrae el sujeto el delirio de grandezas que tan afortunadamente facilita su reconciliación con las persecuciones, y permite al análisis la hipótesis de la fantasía optativa que ha de ser reprimida? Las *Memorias* nos proporcionan aquí un punto de apoyo al mostrarnos que "Flechsig" y "Dios" se hallan para el enfermo en una misma serie. Una fantasía le hace sorprender un diálogo en el que Flechsig se presenta a su mujer como el "dios Flechsig", haciendo que su interlocutora le tenga por loco. Más adelante nos llama la atención otro caso de los delirios del enfermo. Lo mismo que el perseguidor se divide a través de todo el delirio en dos personalidades, Flechsig y Dios, también el propio Flechsig se divide luego en dos, el Flechsig "superior" y el "medio", y Dios en el Dios "superior" y en "inferior". Y con respecto a Flechsig, la disociación va aún más allá en ulteriores estudios de la enfermedad. Tales disociaciones son muy características de la paranoia. La paranoia disocia como la histeria condensa. O, mejor dicho: la paranoia disocia de nuevo las condensaciones e identificaciones emprendidas en la fantasía inconsciente. Ahora bien, el hecho de que tal disociación se repita varias veces, como sucede en este caso, es, según C. G. Jung, un signo de la importancia de la persona de que se trata. Todas estas disociaciones de Flechsig y de Dios en varias personas significan, pues, lo mismo que la división del perseguidor en Flechsig y Dios. Son dobletes de la misma circunstancia importante, tales como los que Otto Rank ha descubierto en los mitos. Para la interpretación de todos estos detalles podemos apoyarnos en el hecho de la disociación del perseguidor en Flechsig y Dios y en la interpretación de la misma como una reacción paranoica a una identificación previa de ambos o a su pertenencia a la misma serie. En consecuencia, si el perseguidor Flechsig era al principio una persona amada, Dios no será tampoco más que el retorno de otra, también amada, pero probablemente más importante.

Continuando este proceso mental, que nos parece justificado, habremos de decirnos que tal otra persona sólo puede ser el propio padre del sujeto, con lo cual correspondería claramente a Flechsig el papel de hermano (probablemente mayor)[47]. La raíz de aquella fantasía femenina que tanta resistencia desencadenó en el enfermo sería, pues, la nostalgia, eróticamente intensificada, de su padre y de su hermano, nostalgia, que en cuanto a este último, quedó desplazada por transferencia sobre el médico Flechsig.

La introducción del padre en el delirio de Schreber sólo habrá de parecernos justificada en cuanto nos facilite la comprensión del caso y nos ayude a aclarar los detalles incomprensibles del mismo. Recordamos cuán singulares rasgos hallamos en el Dios schrebiano y en la actitud del sujeto con respecto a él, mezcla singular de violenta rebeldía y respetuosa veneración. Dios, sometido a la influencia maléfica de Flechsig, no era capaz de extraer enseñanza ninguna de la experiencia, no conocía a los hombres vivos, porque sólo sabía tratar con cadáveres, y exteriorizaba su poder en una serie de milagros harto singulares, pero estúpidos y pueriles.

Ahora bien, el padre del magistrado Schreber no había sido ningún hombre insignificante. La memoria del doctor Daniel Gottlieb Moritz Schreber es conservada aún hoy en día por numerosas sociedades sajonas que llevan su nombre. Médico

---

[47] Las *Memorias* no nos proporcionan dato alguno a este respecto.

muy competente y estimado, su labor en pro del desarrollo armónico de la juventud, de la colaboración de la educación familiar con la escolar y de la importancia de los cuidados corporales y el ejercicio físico para la conservación de la salud ejerció gran influencia sobre sus contemporáneos. De su fama como fundador de la gimnasia terapéutica en Alemania testimonia aún la difusión de las numerosas ediciones de su *Gimnasia médica*.

Nada tiene de extraño que un tal padre fuera elevado a la categoría de Dios en el cariñoso recuerdo de su hijo, al que fue arrancado tempranamente por la muerte. Para nuestro sentir existe, desde luego, un abismo que no puede ser cegado entre la personalidad de Dios y la de cualquier hombre, por extraordinario que sea. Pero hemos de recordar que no siempre fue así: los dioses de los antiguos pueblos se hallaban humanamente más cercanos a ellos. Entre los romanos, el emperador muerto era deificado en toda regla. Vespasiano, activo e inteligente, dijo al caer enfermo: "¡Ay de mí! Creo que voy a convertirme en Dios".

La actitud infantil del niño con respecto a su padre nos es ya conocida. Integra la misma reunión de sometimiento y rebeldía que hemos hallado en la relación de Schreber con su dios, y es el modelo indiscutible y fielmente copiado de esta última. El hecho de que el padre de Schreber fuera un médico muy estimado y, además, venerado seguramente por sus pacientes, nos explica las singulares características que el sujeto hace resaltar críticamente en su dios.

La más sangrienta burla de que puede hacerse objeto a un tal médico es afirmar que desconoce en absoluto a los vivos y sólo sabe tratar con cadáveres. En la naturaleza misma de Dios está el hacer milagros, pero también un médico los hace, en opinión de sus clientes, cuando lleva a cabo alguna curación extraordinaria. El hecho de que precisamente tales milagros, para los cuales ha proporcionado el material la hipocondría del enfermo, resulten luego tan inverosímiles, absurdos y, en parte, estúpidos, ha de hacernos recordar aquel principio de la interpretación onírica, según el cual el absurdo aparente en los sueños significa burla y desprecio. Idéntico papel representaría, pues, en la paranoia. Para otros reproches, por ejemplo, el de que Dios nos extrae de la experiencia enseñanza ninguna, podemos encontrar la explicación en aquella conducta infantil que devuelve en el acto y sin modificación alguna un reproche a la persona misma de quien emana, análogamente a como las voces citadas en las *Memorias* (pág. 23) hacen sospechar que la acusación del asesinato del alma, elevada contra Flechsig, fue, en un principio, una autoacusación.

Animados por las facilidades que la profesión paterna nos procura para la explicación de las singulares cualidades del Dios de Schreber, no aventuraremos ahora a interpretar la extraña disociación del ser divino. Como ya vimos, el mundo divino se compone de "los reinos anteriores de Dios", llamados también "antesalas del cielo", en los cuales moran las almas de los hombres muertos, y del Dios "superior" y el "infierno", que forman juntos "los reinos posteriores de Dios". Aunque sabemos que no ha de sernos posible solucionar una condensación aquí existente, aprovecharemos, de todos modos, el detalle antes descubierto de que los "pájaros encantados" —símbolos de adolescentes femeninas— proceden de las "antesalas del cielo" para interpretar los "reinos anteriores de Dios" y las "antesalas del cielo" como símbolos de la femineidad, y los "reinos posteriores de Dios" como símbolos de la virilidad. Si supiéramos seguramente que el difunto hermano de Schreber era mayor que él, podríamos ver en la disociación de Dios en un Dios inferior y otro superior la expresión del recuerdo de que después de la temprana muerte del padre ocupó, para el paciente, su puesto el hermano mayor.

Por último, queremos citar en este contexto al *Sol*, que tanta importancia hubo de adquirir, por medio de sus rayos, en la expresión del delirio. Schreber mantiene con el sol relaciones singularísimas. El Sol habla con él en lenguaje humano, dándosele a conocer así como un ser vivo o como órgano de un ser superior, oculto tras de él. Por uno de los certificados médicos averiguamos que el paciente le dirige, "a grandes gritos, insultos y amenazas"[48], ordenándole que se oculte ante él. El mismo paciente nos comunica que el Sol palidece a su presencia[49]. La participación del Sol en sus destinos se manifiesta en el hecho de mostrar importantes modificaciones en cuanto el mismo Schreber sufre alguna alteración, como sucedió, por ejemplo, durante las primeras semanas de su estancia en el sanatorio de Sonnenstein. Una de sus manifestaciones nos facilita la interpretación de este mito solar, revelándonos que identifica al Sol con Dios, y tan pronto con el Dios inferior (Arimán)[50] como con el superior (pág. 37): "Al día siguiente vi al Dios superior (Ormuz), pero esta vez no con mis ojos espirituales, sino con mis ojos físicos. Era el Sol; pero no el Sol en su apariencia habitual, familiar a todos los hombres, sino etc." Obra, pues, lógicamente, tratando al Sol como si fuese Dios mismo.

No puede hacérseme responsable de la monotonía de las soluciones psicoanalíticas si ahora afirmo que el Sol no es, nuevamente, más que un símbolo sublimado del padre. El simbolismo se sobrepone aquí al género gramatical, por lo menos en alemán, pues en la mayoría de los demás idiomas el

---

[48] "El Sol es una prostituta" (pág. 384).

[49] (Pág. 139, nota): "Por lo demás, también el Sol presenta ahora para mí un aspecto distinto al que mostraba en los tiempos anteriores a mi enfermedad. Sus rayos palidecen ante mí cuando hablo en voz alta vuelto hacia ellos. Puedo fijar tranquilamente mis ojos en él y sólo en muy pequeña medida me deslumbra, mientras que antes, en mi época de salud, me hubiera sido tan imposible como a cualquier otra persona mirarlo directamente minutos enteros".

[50] (Pág. 88): "Este es identificado ahora (desde julio de 1894) con el Sol por las voces que me hablan".

sol es del género masculino. Su compañera en este reflejo de la pareja parental es la "madre tierra". En la solución psicoanalítica de las fantasías patógenas de sujetos neuróticos, hallamos constantemente comprobada esta interpretación. Sólo una observación dedicaremos a su relación con los mitos cósmicos. Uno de mis pacientes, que había perdido tempranamente a su padre e intentaba buscarlo en todos los elementos elevados de la naturaleza, me hizo vislumbrar que el himno de Nietzsche, *A la aurora*, daba expresión a igual nostalgia. Otro enfermo, que contrajo su neurosis inmediatamente después de la muerte de su padre, y sufrió el primer acceso de angustia y vértigo en ocasión en que el Sol le iluminó con sus rayos cuando se hallaba cavando en su jardín con una pala, interpretó espontáneamente su acceso diciéndome que se había asustado al ser sorprendido por su padre mientras hundía en el cuerpo de su madre un instrumento agudo. Luego, al oponerle yo alguna tímida objeción, hizo más plausible su interpretación, comunicándome que ya en vida de su padre le había comparado con el Sol, aunque entonces tan sólo en sentido humorístico. En este enfermo, la actitud infantil ante el padre se impuso en dos distintas fases. Mientras el padre vivió se mantuvo en franca y abierta rebeldía contra él, e inmediatamente después de su muerte contrajo una neurosis basada en una total sumisión esclavizada a su voluntad póstuma.

Así, pues, también en el caso de Schreber nos encontramos en el terreno familiar del complejo del padre[51]. Si la lucha con Flechsig se presenta ante los mismos ojos del enfermo como un conflicto con Dios, nosotros habremos de ver en este último un conflicto con el padre amado, conflicto cuyos detalles, que

---

[51] Del mismo modo que la "fantasía optativa femenina" de Schreber es tan sólo una de las formas típicas del complejo nódulo infantil.

ignoramos, han determinado el contenido del delirio. No falta en él elemento ninguno del material que en tales casos es generalmente descubierto por el análisis. El padre aparece en estas vivencias infantiles como perturbador de la satisfacción sexual buscada por el niño, generalmente autoerótica. En el desenlace del delirio de Schreber, la tendencia sexual infantil alcanza un triunfo definitivo: la voluptuosidad se hace piadosa y Dios mismo (el padre) la exige al enfermo. La amenaza paterna más temida, la de la castración, procuró el material de la primera fantasía optativa de la transformación en mujer, rechazada al principio y aceptada luego. La alusión a una culpa, encubierta por el "asesinato del alma" como producto sustitutivo, resulta clarísima. El enfermero jefe es identificado con un antiguo vecino, el señor v. W., que, según las voces, le había acusado falsamente de onanismo. Las voces repiten el fundamento de la amenaza de castración diciendo: "Será usted castigado por haberse entregado a la voluptuosidad"[52]. Por último, la "obligación de pensar", a la que el enfermo se somete suponiendo que en cuanto suspendiera su actividad mental, Dios le creería idiota y se retiraría de él, es la reacción, que también nos es familiar por otros casos, contra la amenaza o el temor de que la actividad sexual, y especialmente el onanismo, puedan llevar a la locura[53]. Dada la enorme cantidad de ideas delirantes hipocondríacas que el enfermo desarrolla, debemos acaso dar gran importancia al hecho de

---

[52] (Pág. 206): «El hecho de que no era otro el fin deseado, me fue confirmado abiertamente por la siguiente frase pronunciada por el Dios superior y oída por mí infinitas veces: "Queremos destruir su razón".»

[53] Haremos constar que sólo nos inspirará confianza una teoría de la paranoia que consiga interpolar en el cuadro clínico total los síntomas concomitantes hipocondríacos. A mi juicio, la hipocondría es, en cuanto a la paranoia, lo que la neurosis de angustia en cuanto a la histeria.

que algunas de ellas coincidan literalmente con los temores hipocondríacos de los onanistas[54].

Alguien que desarrollara en la interpretación mayor osadía que yo o a quien sus relaciones con la familia de Schreber le hubieran proporcionado mayor número de datos sobre las personas que le rodearon, el ambiente en que vivió y los pequeños sucesos de su vida, lograría fácilmente referir muchos de los detalles de su delirio a sus fuentes respectivas, descubriendo así su sentido, a pesar de la censura a que fueron sometidas las *Memorias*. Por nuestra parte, nos vemos obligados a contentarnos con un vago esbozo del material infantil utilizado por la enfermedad paranoica para representar el conflicto actual.

Agregaremos aún algunas observaciones en cuanto a las bases del conflicto surgido en derredor de la fantasía optativa femenina. Sabemos que hemos de llevar a cabo la tarea de relacionar la aparición de una fantasía optativa con una *privación* sufrida en la vida real. Ahora bien, el mismo Schreber nos confiesa una tal privación. Su matrimonio, feliz en todos los demás aspectos, no le proporcionó descendencia, privándole del hijo que le hubiera consolado de la pérdida de su padre y de su hermano y sobre el cual hubiera podido derivar su insatisfecha ternura homosexual. Su raza iba a extinguirse y parece que el sujeto se hallaba orgulloso de su ascendencia y su familia (pág. 24): "Los Flechsig y los Schreber pertenecían ambos, según el término corriente, a la más alta nobleza celestial". Los Schreber,

---

[54] (Pág. 154): "En consecuencia, se intentó extraerme la médula, lo cual se consiguió por medio de unos "homúnculos" que fueron colocados sobre mis pies. Sobre estos "homúnculos" que muestran cierta afinidad con la aparición mencionada en el capítulo IV, comunicaré más tarde algunos datos. Por lo general eran dos, un pequeño Flechsig y un pequeño v. W., cuyas voces oía yo a mis pies". (v. W. es el mismo que le acusó de masturbarse). Schreber considera a los "homúnculos" como una de las apariciones más singulares y enigmáticas. Parecen ser el producto de una condensación de los niños con los espermatozoos.

especialmente, llevaban el título de "*margraves* de Turcia y de Tasmania", según una costumbre de las almas que las impulsa a adornarse con sonoros títulos mundanos[55], obedeciendo a una especie de vanidad personal. Napoleón el *Grande* se divorció de Josefina, después de dolorosas luchas internas, por mostrarse ella incapaz de darle un heredero que continuara la dinastía[56]. El doctor Schreber podía haber acariciado la fantasía de que si fuera mujer tendría seguramente hijos y encontró así el camino para retroceder hasta la actitud femenina infantil con respecto al padre. El delirio, continuamente desplazado luego en el futuro, de que el mundo sería poblado por su transformación en mujer con "hombres nuevos creados por el espíritu de Schreber" estaba, pues, destinado a compensar su falta de hijos. Si los "homúnculos", que Schreber mismo encuentra tan enigmáticos, son niños, encontraremos ya muy comprensible que aparezcan reunidos en gran número en su cabeza, pues son realmente los "hijos de su espíritu"[57].

---

[55] Luego de esta manifestación que conserva en el delirio el amable humorismo de los días de salud, el sujeto persigue las relaciones habidas entre las familias Flechsig y Schreber en siglos pasados, como un novio que no puede comprender cómo ha vivido tantos años sin conocer a su amada y trata de convencerse de que la ha conocido ya en épocas anteriores.

[56] A este respecto, hemos de citar una rectificación del paciente a los datos del certificado médico (pág. 436): "No he abrigado jamás la idea de una separación ni me he mostrado nunca indiferente con respecto a la subsistencia de mis lazos conyugales, como pudiera suponerse por ciertas manifestaciones del certificado, según las cuales solía yo indicar que mi mujer podía pedir la separación cuando quisiera".

[57] *Cf.* Nuestras observaciones sobre la representación de la descendencia del padre y sobre el nacimiento de Minerva en el historial clínico del *Hombre de las ratas*, incluido en el presente volumen.

III
El mecanismo paranoico

Hemos examinado hasta ahora el complejo paterno dominante en el caso de Schreber y la fantasía optativa central de la enfermedad. No hay en todo ello nada característico de la paranoia, nada que no podamos encontrar en otros casos de neurosis y no hayamos encontrado realmente en ellos. La peculiaridad de la paranoia (o de la demencia paranoide) reposa en algo distinto, en la forma singular de los síntomas, de la cual no habremos de hacer responsables a los complejos, sino al mecanismo de la producción de síntomas o al de la represión. Diríamos que el carácter paranoico está en que la reacción del sujeto como defensa contra una fantasía optativa homosexual haya consistido precisamente en un tal delirio persecutorio.

Será, pues, muy significativo que la experiencia nos invite a atribuir precisamente a la fantasía optativa homosexual una relación íntima y quizá constante con la forma patológica. Desconfiando de mi propia experiencia, he investigado, durante los últimos años, en cuanto a este punto y en unión de mis amigos los doctores C. G. Jung, de Zurich, S. Ferenczi, de Budapest, toda una serie de casos de la paranoia en hombres y mujeres de raza, profesión y posición social muy diferentes, cuyos historiales patológicos estudiamos, descubriendo, con sorpresa, cuán claramente dejaban ver todos ellos, en el punto central del conflicto patológico, la defensa contra el deseo homosexual, y cómo tales sujetos habían fracasado todos en el sojuzgamiento de su homosexualidad inconscientemente intensificada[58]. No esperábamos, de verdad, tan preciso descubrimiento. Justamente en la paranoia no es nada evidente la etiología sexual, resaltando, en cambio, en su motivación y sobre todo en cuanto al hombre, las contrariedades y las postergaciones sociales. Pero no hace falta profundizar gran cosa para reconocer que lo realmente eficaz en tales contrariedades de orden social es la participación de los componentes homosexuales de la vida sentimental. Mientras la actividad normal nos encubre la visión de las profundidades de la vida anímica, podemos dudar de que las relaciones sentimentales de un individuo con sus semejantes, en la vida social, integren, de hecho o genéticamente, relación alguna con el erotismo. Pero el delirio descubre regularmente tales relaciones y retrotrae los sentimientos sociales a sus raíces en deseos eróticos groseramente sexuales. Tampoco el doctor Schreber, cuyo delirio culmina en una evidente fantasía optativa homosexual, mostró en sus épocas de salud —según todos los informes— el menor indicio de homosexualidad en el sentido vulgar.

No creo superfluo, ni mucho menos, injustificado, intentar aquí la demostración de que nuestro actual conocimiento de los procesos anímicos, conquistado por medio del psicoanálisis, puede procurarnos ya la comprensión del papel desempeñado por el deseo homosexual en la paranoia. Investigaciones recientes han atraído nuestra atención sobre un estadio de la evolución de la libido, intermedio entre el autoerotismo y el amor objetivado. Tal estadio ha sido designado con el nombre de *narcisismo* y consistente en que el individuo en evolución, que va sintetizando en una unidad sus instintos sexuales entregados

---

[58] El análisis del paranoico J. B., llevado a cabo por A. Maeder (*Jahrbuch für Psychoanalyt. und Psychopath. Forschungen*, II, 1910) integra una nueva confirmación de tal teoría.

a una actividad autoerótica para llegar a un objeto amoroso, se toma en un principio a sí mismo; esto es, toma a su propio cuerpo como objeto amoroso antes de pasar a la elección de una tercera persona como tal. Esta fase de transición entre el autoerotismo y la elección del objeto es, quizá, normalmente indispensable. Según parece, muchas personas se estancan en ella durante un lapso insólitamente prolongado, y perdura, en gran parte, en los estadios ulteriores de la evolución. En el propio cuerpo elegido como objeto amoroso pueden ser ya los genitales el elemento principal. El curso ulterior de la evolución conduce a la elección de un objeto provisto de genitales idénticos a los propios, pasando, pues, por una elección homosexual de objeto antes de llegar a la heterosexualidad. En consecuencia, suponemos que los ulteriores homosexuales manifiestos no han logrado libertarse de la condición de que el objeto elegido posea genitales idénticos a los propios, conducta en cuya determinación ejerce intensa influencia aquella teoría sexual infantil según la cual los dos sexos poseen órganos genitales idénticos.

Una vez alcanzada la elección heterosexual de objeto, las tendencias homosexuales no desaparecen ni quedan en suspenso, sino que son simplemente desviadas del fin sexual y orientadas hacia otros nuevos. Se unen con elementos de los instintos del *yo* para constituir con ellos los instintos sociales, y representan así la aportación del erotismo a la amistad, a la camaradería, a la sociabilidad y al amor general a la humanidad. Por las relaciones sociales normales de los hombres no adivinaríamos nunca la magnitud de estas aportaciones procedentes de fuentes eróticas con inhibición de su fin sexual. A este contexto pertenece también el hecho de que precisamente los homosexuales manifiestos, y en primer término aquellos que rechazan toda actividad sexual, se caractericen por una intensa participación en los intereses generales de la humanidad, surgidos de la sublimación del erotismo.

En mis *Tres ensayos para una teoría sexual* he manifestado la opinión de que cada uno de los estadios de la evolución de la psicosexualidad integra una posibilidad de *fijación* y, con ella, de disposición a la neurosis. Aquellas personas que no han logrado salir por completo del estadio del narcisismo, integrando, por lo tanto, una fijación al mismo que puede actuar en calidad de disposición a la enfermedad, corren el peligro de que una crecida de la libido, que no encuentre otra derivación distinta, imponga a sus instintos sociales una sexualización y anule con ello las sublimaciones logradas en el curso de la evolución. A un tal resultado puede llevar todo aquello que provoque un retroceso de la libido, una regresión, esto es, tanto una intensificación colateral por desilusiones experimentadas cerca de la mujer, como un retroceso directo por fracaso de las relaciones sociales con los hombres o una intensificación general de la libido, demasiado poderosa para encontrar derivación por los caminos ya abiertos y que rompe, en consecuencia, los puntos débiles de los diques que trazan su curso. Habiendo descubierto en nuestros análisis que los paranoicos *intentan defenderse contra una tal sexualización de sus tendencias sociales*, se nos impone la hipótesis de que el punto débil de su evolución ha de buscarse en el camino que se extiende entre el autoerotismo, el narcisismo y la homosexualidad, lugar en el cual se hallaría localizada su disposición a la enfermedad, que acaso podamos determinar más precisamente aún. Habremos también de atribuir una análoga disposición a la *demencia precoz* de Kraepelin o *esquizofrenia* (según Bleuler), y esperamos lograr puntos de apoyo suficientes para fundamentar las diferencias existentes en la forma y el desenlace de ambas afecciones en diferencias correlativas de la fijación que genera la disposición.

Al considerar así la fantasía optativa homosexual de *amar al hombre* como el nódulo del conflicto dado en la paranoia masculina, no habremos de olvidar que para sentar definitivamente tan importante hipótesis considerábamos indispensable la investigación previa de un gran número de casos de todas las formas de la afección paranoica. Hemos, pues, de estar preparados a limitar eventualmente nuestra afirmación a un único tipo de la misma. De todos modos, resulta singular que todas las formas principales de la paranoia conocidas hasta ahora pueden ser consideradas como contradicciones a una única afirmación:

«*Yo* (un hombre) *le amo* (a un hombre)», e incluso agoten todas las formas posibles de dicha contradicción.

La afirmación «Yo le amo (al hombre)» queda contradicha:

a) Por el delirio persecutorio, el cual proclama:

«No le *amo*; le *odio*.» Esta contradicción, que en lo inconsciente no podía aparecer formulada de otro modo, puede no hacerse consciente en la misma forma en el sujeto paranoico. El mecanismo de la producción de síntomas de la paranoia exige que la percepción interior, el sentimiento, sea sustituida por una percepción exterior, y de este modo, la frase «Yo le odio» se transforma, por medio de una *proyección*, en esta otra: «*El me odia* (me persigue), lo cual me da derecho a odiarle.» El sentimiento impulsor inconsciente se muestra así como una consecuencia deducida de una percepción exterior:

«No le *amo*; le *odio*, porque *me persigue.*»

La observación no deja lugar ninguno a dudas en cuanto a que el perseguidor es el hombre anteriormente amado.

b) La *erotomanía* elige otro distinto punto de ataque para la contradicción, y sólo así nos resulta comprensible:

«Yo no le amo a *él*; amo a *ella*.»

Y el mismo incoercible impulso a la proyección impone a esta frase la transformación siguiente: «Advierto que *ella me ama.*»

«Yo no le amo a *él*; la amo a *ella*, porque *ella me ama*.» Muchos casos de erotomanía podían hacernos la impresión de fijaciones heterosexuales exageradas o deformadas si no observásemos que todos estos enamoramientos no se inician con la percepción interna de amar, sino con la de ser amado, procedente del exterior. Pero en esta forma de la paranoia puede hacerse consciente también la frase intermedia *«yo la amo»*, porque su oposición a la primera frase no es tan contradictoria ni tan inconciliable como la existente entre el amor y el odio. Siempre es, en efecto, posible amarla a ella además de amarle a él. De este modo, puede suceder que la frase sustituida proyección: «ella me ama» quede sustituida a su vez por la fórmula de lo inconsciente: «Yo la amo a *ella*.»

c) La tercera forma posible de contradicción estaría en los celos delirantes, cuyas formas características podemos estudiar en el hombre y en la mujer.

α) Delirio celoso de los alcohólicos: El papel que el alcohol desempeña en esta afección es perfectamente comprensible. Sabemos que el alcohol suprime las inhibiciones y anula las sublimaciones. El hombre es impulsado muchas veces hacia el alcohol por la desilusión experimentada con las mujeres, pero ello no quiere decir, generalmente, sino que busca la sociedad de los hombres reunidos en la taberna o en el bar, al de la cual extrae la satisfacción sentimental que en su hogar y con su mujer echa de menos. Si tales hombres son objeto entonces de una intensa carga libidinosa en su inconsciente, el sujeto se defenderá contra la misma por medio de la tercera clase de contradicción:

«No soy *yo* quien ama al hombre, es *ella* quien le ama.» Y acusará de infidelidad a su mujer con todos los hombres a los que él se siente inclinado a amar.

La deformación provocada por la proyección falta aquí por innecesaria, pues al cambiar el sujeto amante queda ya, de todos modos, expulsado del *yo* el proceso. El hecho de que la mujer ame a otros hombres continúa siendo una circunstancia de la percepción exterior. En cambio, el que uno mismo no ame, sino que odie, o no ame a esta persona, sino a aquella son hechos de la percepción interior.

ß) La paranoica celosa de las mujeres sigue análoga trayectoria.

«No soy *yo* quien ama a las mujeres; es él *quien las ama.*» A consecuencia de la intensificación de su narcisismo disponente y de su homosexualidad, la mujer celosa sospecha de infidelidad a su marido con todas las mujeres que a ella misma le agradan. En la elección de los objetos amorosos atribuidos al hombre se patentiza la influencia de la época en que tuvo lugar la fijación, pues muchas veces son personas ancianas, inadecuadas ya para el amor y en las que la sujeto encarna a sus guardadoras, criadas y amigas de la infancia o directamente a sus hermanas, en las que ya entonces veía competidoras.

Pudiera creerse que una frase compuesta únicamente de tres elementos, como la de *«yo le amo»*, sólo habría de permitir tres formas de contradicción. Los celos delirantes contradicen al sujeto, el delirio persecutorio al verbo, y la erotomanía al complemento. Pero también es posible una cuarta modalidad de la contradicción, consistente en la repulsa general de toda la frase:

«No amo en absoluto ni a nadie.» Y dado que el sujeto ha de hacer algún uso de su libido, tal aserto parece psicológicamente equivalente a este otro: «Sólo me amo a mí mismo.» Esta modalidad de la contradicción produciría, por lo tanto, el delirio de grandezas en el que vemos una *supervaloración sexual del propio yo* y que podemos situar al lado de la conocida supervaloración del objeto erótico.

El hecho de que en la mayor parte de las formas de la afección paranoica distintas del delirio de grandezas pueda descubrirse un cierto montante de este último, no deja de ser muy significativo para otro fragmento de la teoría de la paranoia. Tenemos derecho a suponer que el delirio de grandeza es, en general, infantil, quedando sacrificado luego a la sociedad en el curso ulterior de la evolución. Y, por otro lado, nada lo sojuzga con tanta intensidad como un enamoramiento que se apodere enérgicamente del individuo.

"Pues allí donde el amor despierta,
muere el *yo*, déspota sombrío"[59].

Después de estas consideraciones sobre la inesperada significación de la fantasía optativa homosexual en cuanto a la paranoia, tornaremos a aquellos dos factores en los cuales hallamos desde un principio lo característico de tal afección: el mecanismo de la *producción de síntomas* y el de la *represión*.

No tenemos al principio derecho alguno a suponer que tales dos mecanismos sean idénticos, de manera que la producción de síntomas siga el mismo camino que la represión, aunque en dirección opuesta. Tal identidad no es tampoco muy verosímil. Pero preferimos aplazar hasta después de la investigación toda afirmación a este respecto.

En la producción de síntomas de la paranoia resalta, en primer término, aquel proceso que designamos con el nombre de *proyección*. En él es reprimida una percepción interna y en sustitución suya emerge en la conciencia su propio contenido, pero deformado y como percepción externa. En el delirio persecutorio la deformación consiste en una transformación del afecto: aquello que había de ser sentido interiormente como amor es percibido como odio procedente del exterior. Nos inclinaríamos a ver en este singular proceso el rasgo más

---

[59] *Dschelaleden Rumí.*

importante de la paranoia si no recordásemos, en primer lugar, que la proyección no desempeña el mismo papel en todas las formas de dicha afección, y en segundo, que no sólo en ella surge en la vida anímica, sino también en otras circunstancias, e incluso participa regularmente en la determinación de nuestra actitud con respecto al mundo exterior. Aquel proceso normal en el que no buscamos en nosotros mismos, como habitualmente, las causas de ciertas impresiones sensoriales, sino que las desplazamos al exterior, merece también el nombre de proyección. Advertidos así de que la proyección plantea problemas psicológicos generales, nos decidiremos a aplazar su estudio y con él el del mecanismo de la producción de síntomas en la paranoia, y nos preguntaremos, en cambio, cuál es la idea que podemos formarnos del mecanismo de la represión en la paranoia. Anticiparemos que nuestra renuncia provisional aparece además justificada por el hecho de que la modalidad del proceso de represión se relaciona mucho más íntimamente con la evolución de la libido y de la disposición en ella dada que la modalidad de la producción de síntomas.

En psicoanálisis hemos hecho surgir, en general, de la represión los fenómenos patológicos. Examinando más de cerca el proceso así denominado por nosotros, veremos que es posible dividirlo en tres fases precisamente diferenciales:

1. —La primera fase consiste en la *fijación*, premisa y condición de toda "represión". El hecho de la fijación puede ser definido diciendo que un instinto, o una parte de un instinto, no sigue la evolución prevista como normal y permanece, a causa de tal inhibición evolutiva, en un estadio infantil. La corriente libidinosa de que se trate conduce, con respecto a los productos psíquicos ulteriores, como una corriente reprimida y perteneciente al sistema de lo inconsciente. Ya hemos dicho que tales fijaciones de los instintos integran la disposición a enfermedades ulteriores y podemos añadir que

entrañan también, ante todo, la determinación del desenlace de la tercera fase de la represión.

2. —La segunda fase de la represión es la represión propiamente dicha, a la que hasta ahora nos hemos referido preferentemente. Tiene su punto de partida en los sistemas del *yo* más desarrollados y capaces de conciencia y puede ser descrita como un "impulso secundario". Hace la impresión de ser un proceso esencialmente activo, en tanto que la fijación representa una demora propiamente pasiva. Sucumben a la represión las ramificaciones psíquicas de aquellos instintos primariamente retrasados cuando su intensificación provoca un conflicto entre ellos y el *yo* (o los instintos del *yo*), o aquellas tendencias psíquicas contra las cuales surge, por otras causas, una intensa repugnancia. Ahora bien, tal repugnancia no tendría por consecuencia la represión, si entre las tendencias ingratas destinadas a ser reprimidas y aquellas que ya lo están no se estableciera una relación. Allí donde así sucede la repulsa de los sistemas conscientes y la atracción de los sistemas inconscientes actúan en el mismo sentido favorable a la represión. Los dos casos aquí diferenciados pueden hallarse menos separados en realidad, distinguiéndose tan sólo por un más o menos en la aportación procurada por los instintos primariamente reprimidos.

3. —La tercera fase y la más importante en cuanto a los fenómenos patológicos es la del fracaso de la represión, con la *irrupción* y el *retorno de lo reprimido*. Esta irrupción tiene su punto de partida en el lugar de la fijación y su contenido es una regresión de la evolución de la libido hasta dicho lugar.

Ya hemos hablado de la multiplicidad de las fijaciones. Hay tantas como estadios de la evolución de la libido. Ahora debemos prepararnos a encontrar análoga diversidad en los mecanismos de la represión propiamente dicha y en los de la irrupción (o la producción de síntomas) y podemos ya suponer de antemano que habrá de sernos imposible referirlos todos exclusivamente a la evolución de la libido.

Fácilmente se advierte que con estas consideraciones rozamos el problema de la elección de neurosis, el cual no puede ser atacado sin antes llevar a cabo una labor previa de otro orden. Recordando haber tratado ya de la fijación y demorado, en cambio, el estudio de la producción de síntomas, nos limitaremos a examinar la posibilidad de extraer del análisis del caso de Schreber algunos datos sobre los mecanismos de la represión propiamente dicha que actúan en la paranoia.

En el período culminante de la enfermedad, surgió en Schreber, bajo la influencia de visiones que eran "en parte terroríficas y en parte de una magnificencia indescriptible" (página 73), la convicción de una futura catástrofe que había de acabar con el mundo. Sus voces le decían que se había perdido la obra realizada en un pasado de catorce mil años y que la Tierra no duraría ya más que otros doscientos doce y, en la última época de su estancia en la clínica de Flechsig, el enfermo creía ya cumplido dicho plazo. Se consideraba como el "único hombre verdadero superviviente" y las pocas formas humanas que aún veía, el médico, los enfermeros y los pacientes, eran tan sólo "hombres encantados y hechos a toda prisa". Pero también se le imponía a veces la corriente contraria y afirmaba haber leído en un periódico la noticia de su muerte (pág. 81), pues se había dividido en una segunda forma inferior y había muerto en ella, apaciblemente, una tarde. De todos modos, la otra faceta de su delirio, que mantenía subsistente el *yo* y sacrificada al mundo, demostró ser la más fuerte. Sobre la causa de la catástrofe que amenazaba al mundo, daba distintas explicaciones. Tan pronto pensaba en un retorno a los hielos perpetuos, provocado por la extinción del Sol, como en una destrucción por espantosos terremotos, adscribiéndose en este último caso el papel de autor responsable, como ya hubo de hacerlo otro "visionario" de nacionalidad portuguesa con ocasión del terremoto que asoló a Lisboa en 1755 (pág. 91). O también veía a Flechsig el culpable, por haber difundido el espanto entre los hombres con sus artes mágicas, haber destruido las bases de la religión y haber provocado una nerviosidad y una inmoralidad generales, a consecuencia de las cuales habían caído sobre los hombres terribles epidemias (pág. 91). En todo caso, el fin del mundo era una consecuencia del conflicto surgido entre Flechsig y él o, según lo mostró luego la etiología en la segunda fase del delirio, de su unión, indisoluble ya, con Dios y, en definitiva, siempre la consecuencia necesaria de su enfermedad. Años después, cuando el doctor Schreber pudo reintegrarse a la vida social y no consiguió descubrir en los libros ni en los utensilios que manejaba nada compatible con la hipótesis de que hubiera transcurrido un magno período de la historia de la humanidad, reconoció la imposibilidad de mantener su opinión (Pág. 85): "No puedo menos de reconocer que, *vistas las cosas desde fuera*, todo sigue lo mismo que antes. Pero más adelante examinaremos *si no se ha cumplido en ellas una profunda modificación interior*". No podía dudar de que el mundo se había hundido durante su enfermedad y que el que ahora veía ante sí no era ya el mismo.

No es raro hallar en otros historiales clínicos un análogo fin del mundo ocurrido durante el estadio tormentoso de la paranoia[60]. Aplicando nuestra hipótesis sobre la carga de libido y dejándonos guiar por la estimación de los demás hombres como "hombres hechos a la ligera", no nos es difícil encontrar

---

[60] Otra modalidad diferentemente motivada del "fin del mundo" surge en el cénit del éxtasis amoroso (el *Tristán e Isolde* wagneriano); pero en este caso no es el *yo*, sino el objeto único el que absorbe todas las cargas de libido de que había sido objeto el mundo exterior.

la explicación de estas catástrofes[61]. El enfermo ha retraído de las personas que le rodean y del mundo exterior en general la carga de la libido que hasta entonces había orientado hacia ellos, y así todo ha llegado a serle indiferente y ajeno, teniendo que ser explicado, por una racionalización secundaria, como "encantado y hecho a toda prisa". El fin del mundo es la proyección de esta catástrofe interior; su mundo subjetivo se ha hundido desde que él le ha retirado su amor[62].

Después de la maldición con la que Fausto se desliga del mundo, canta el coro de espíritus: "¡Ay! Con ímpetu poderoso has destruido el mundo bello. ¡Un semidiós lo ha derribado!... ¡Tú, el más grande de los hijos de la tierra, constrúyelo de nuevo, constrúyelo de nuevo, más esplendoroso, en tu corazón!"

Y el paranoico vuelve, en efecto, a construirlo, no precisamente con mayor magnificencia, pero al menos en forma que pueda volver a vivir en él. Lo reconstruye con la labor de su delirio. *El delirio, en el cual vemos el producto de la enfermedad, es, en realidad, la tentativa de curación, la reconstrucción.* Esta es conseguida mejor o peor después de la catástrofe, pero nunca completamente. El mundo ha sufrido "una profunda modificación interior", según las palabras del propio Schreber. Pero el hombre ha recobrado una relación con las personas y las cosas del mundo, relación a veces muy intensa, aunque de esperanzada y cariñosa se haya convertido acaso en hostil. Diremos, pues, que el proceso de represión propiamente dicho

---

[61] *Cf.* Abraham: "Die psychosexuellen Differenzen der Hysterie und der *Dementia praecox*", en *Zentralbl. f. Nervenh, und Psych.*, 1908. —Jung, *Zur Psychologie der «Dementia praecox.»*, 1907.

El breve estudio de Abraham integra casi todas las conclusiones esenciales deducidas en el presente trabajo sobre el caso de Schreber.

[62] Quizá no sólo la carga de libido, sino el interés en general, o sea, también las cargas emanadas del *yo*.

consiste acaso en que el sujeto retrae su libido de las personas y las cosas antes amadas. Tal proceso se desarrolla en silencio; no recibimos noticia alguna de él y nos vemos forzados a deducirlo de otros consecutivos. El que sí se hace advertir ruidosamente es el proceso de curación, que anula la represión y conduce de nuevo la libido a las personas de las que antes fue retirada. Este proceso curativo sigue, en la paranoia, el camino de la proyección. No era, por lo tanto, exacto decir que la sensación interiormente reprimida es proyectada al interior, pues ahora vemos más bien que lo interiormente reprimido retorna desde el exterior. La investigación fundamental del proceso de la proyección, antes aplazada, nos proporcionará ahora una definitiva certeza.

No nos contrariará comprobar que el conocimiento así logrado nos impone toda una serie de otras discusiones.

1) Una inmediata reflexión nos dice que la retracción de la libido no puede ser exclusiva de la paranoia ni tener siempre, dondequiera que se desarrolle, consecuencias tan funestas. Es muy posible que la retracción de la libido sea el mecanismo esencial y regular de toda represión; pero nada sabremos sobre este punto en tanto que no hayamos sometido a una investigación análoga las demás afecciones en que la represión interviene. Lo indudable es que en la vida anímica normal (y no sólo en la melancolía) llevamos continuamente a cabo tales procesos, en los que la libido es retirada de personas o cosas, sin que por ello enfermemos. Cuando Fausto se desliga del mundo, maldiciéndolo, no resulta de ello una paranoia u otra neurosis, sino un estado psíquico especial. En consecuencia, la retracción de la libido no puede constituir por sí sola el elemento patógeno en la paranoia, debiendo existir un carácter especial que diferencie la retracción paranoica de la libido de otras modalidades del mismo proceso. No es difícil suponer cuál pueda ser tal carácter. ¿Cuál es el empleo que recibe luego la libido retraída? Normalmente, buscamos en el acto una sustitución de la adherencia suprimida y hasta lograr tal sustitución conservamos la libido retraída flotando en la psique, en la que produce tensiones e influye sobre el estado de ánimo. En la histeria, el montante de libido retraída se transforma en inervaciones somáticas o en angustia. Pero en la paranoia tenemos un indicio clínico de que la libido retraída del objeto recibe un empleo especial. Recordamos que la mayor parte de los casos de paranoia integran cierto montante de delirio de grandezas y que el delirio de grandezas puede constituir por sí solo una paranoia. Deduciremos, pues, que en la paranoia la libido libertada es acumulada al *yo*, siendo utilizada para engrandecerlo. Con ello queda alcanzado nuevamente el estadio del narcisismo que nos es ya conocido por el estudio de la evolución de la libido, y en el cual era el propio *yo* el único objeto sexual. Basándonos en este dato clínico, supusimos que los paranoicos integraban una *fijación al narcisismo*, y concluimos que *el retroceso desde la homosexualidad sublimada hasta el narcisismo*, revela el alcance de la *regresión* característica de la paranoia.

2) En el historial clínico de Schreber (como en otros muchos) puede apoyarse una nueva objeción. Se dirá, en efecto, que el delirio persecutorio (contra Flechsig) surge evidentemente antes que la fantasía del fin del mundo, de manera que el supuesto retorno de lo reprimido precedería a la represión misma, lo cual resulta un contrasentido. Esta objeción nos obliga a descender de la consideración general al examen detallado de las circunstancias reales, mucho más complicadas ciertamente. Ha de reconocerse que una tal retracción de la libido puede ser, tanto parcial, limitándose a un único complejo, como general. La solución parcial sería la más frecuente y serviría de introducción a la general, ya que al principio puede ser motivada únicamente por influencias de la vida. El proceso puede luego limitarse a esta solución parcial o llegar a la general, la cual se anuncia entonces claramente con el delirio de grandeza. En el caso de Schreber, la retracción de la libido de la persona de Flechsig pudo ser el proceso primario, seguido, a poco, por el delirio que devuelve a Flechsig la libido (aunque con signo negativo como sello de la represión habida) y anula así la obra de la represión. Pero esta se lanza de nuevo al combate utilizando ahora medios más enérgicos. En cuanto al objeto en torno al cual se desarrolla la lucha, llega a ser el más importante del mundo exterior y quiere atraer a así, por un lado, toda la libido, mientras moviliza, por otro, contra él, todas las resistencias; podemos comparar dicha pugna con una batalla campal, en cuyo curso la victoria de la represión se manifiesta en la convicción de que el mundo ha quedado destruido, subsistiendo tan sólo el propio *yo*. Considerando las artificiosas construcciones que el delirio de Schreber edifica en el terreno religioso (la jerarquía de Dios, las almas purificadas, las antesalas del cielo, el Dios inferior y el superior) podemos estimar qué riqueza de sublimación quedó destruida por la catástrofe de la retracción general de la libido.

3) Una tercera reflexión sugerida por las consideraciones aquí desarrolladas plantea la cuestión de si hemos de considerar la retracción general de la libido del mundo exterior como suficientemente eficaz para explicar por sí sola el "fin del mundo", y si, en este caso, no bastarían las cargas del *yo* subsistentes para mantener la relación con el mundo exterior. Tendríamos entonces que hacer coincidir aquello que denominamos carga de libido (interés procedente de fuentes eróticas) con el interés en general, o admitir la posibilidad de que una amplia perturbación en la localización de la libido pueda provocar también una perturbación correlativa en las cargas del *yo*. Ahora bien, estos son problemas para cuya solución carecemos aún de datos bastantes. Otra cosa sería si pudiésemos partir de una teoría de los instintos suficientemente afirmada. Pero, en realidad, no disponemos de nada semejante. Consideramos el instinto como el concepto límite de lo somático frente a lo anímico; vemos en él el representante psíquico de poderes orgánicos y admitimos la distinción corriente entre instinto del *yo* e instinto sexual, el cual nos parece coincidir con la dualidad biológica del individuo, que tiende a su propia conservación tanto como a la de la especie. Pero todo lo demás son hipótesis que construimos —y abandonamos, llegado el caso, sin la menor contrariedad— para orientarnos en la confusión de los más obscuros procesos anímicos, esperando precisamente que la investigación psicoanalítica de los procesos psíquicos patológicos nos imponga determinadas conclusiones en cuanto a los problemas de la teoría de los instintos. Dada la novedad de tales investigaciones nuestra esperanza no ha podido cumplirse todavía. Pero no debemos perder de vista la posibilidad de que las perturbaciones de la libido influyan sobre las cargas del *yo*, ni tampoco la posibilidad inversa de una perturbación secundaria e inducida de los procesos de la libido por alteraciones anormales del *yo*. Es incluso verosímil que el carácter diferencial de la psicosis dependa de procesos de este género. Pero no es posible indicar todavía en qué medida puede aplicarse todo esto a la paranoia. Quisiéramos tan sólo hacer resaltar un único punto de vista. No es posible afirmar que el paranoico haya retraído por completo su interés del mundo exterior ni siquiera en el período culminante de la represión, como hemos de admitirlo en otras formas distintas de la psicosis alucinatoria (en la amencia de Meynert). El sujeto percibe el mundo exterior y se da cuenta de sus modificaciones que estimulan en él tentativas de explicación, (los hombres "apresuradamente hechos"), razón por la cual creo mucho más verosímil que la modificación de sus relaciones con el mundo exterior sólo o predominante por la desaparición del interés libidinoso puede explicarse.

4) Dadas las próximas relaciones de la paranoia con la demencia precoz, no podemos menos de preguntarnos cómo una tal explicación de la primera de dichas dolencias ha de influir en la interpretación de la segunda. A mi juicio, Kraepelin obró acertadamente al fundir en una nueva unidad clínica, con la categoría y otras formas, mucho de lo que antes se situaba bajo la rúbrica de la paranoia. Lo único que me parece inhábil es el nombre de demencia precoz, dado a tal nueva unidad. También contra la denominación de esquizofrenia dada por Bleuler al mismo ciclo de formas puede objetarse que sólo olvidando el sentido literal de dicha palabra puede parecer adecuada a tal empleo. Es prejuzgar demasiado utilizar como denominación un carácter teóricamente postulado que ni siquiera es exclusivo de la afección denominada ni puede ser considerado, desde otros puntos de vista, como el más importante. Pero, después de todo, la denominación que se dé a un cuadro clínico no es cosa esencial. Más importante nos parece mantener la paranoia como tipo clínico independiente, aunque su cuadro aparezca frecuentemente complicado por rasgos esquizofrénicos, pues desde el punto de vista de la teoría de la libido podría diferenciarse en una distinta localización de la fijación dispositiva y en un distinto mecanismo del retorno (de la producción de síntomas) de la demencia precoz, con la cual comparte el carácter principal de la represión propiamente dicha, la retracción de la libido con regresión al *yo*. Me parecería lo más adecuado designar la demencia precoz con el nombre de *parafrenia*, el cual, siendo en sí de contenido indeterminado, expresa sus relaciones con la paranoia y además recuerda la *hebefrenia* en ella surgida. No importaría que tal nombre hubiese sido propuesto antes para cosas distintas, ya que tales empleos no han llegado a imponerse.

Abraham ha expuesto minuciosamente cómo en la demencia precoz resalta con especial precisión la retracción de la libido del mundo exterior. De este hecho deducimos nosotros la represión por retracción de la libido. También consideramos la fase de las alucinaciones tormentosas como un estadio de la pugna de la represión contra una tentativa de curación que intenta conducir de nuevo la libido a sus objetos. En los delirios y en las estereotipias motoras de la enfermedad ha reconocido Jung, con extraordinaria agudeza analítica, los restos convulsivamente retenidos en las antiguas cargas de objeto. Esta tentativa de curación que el observador considera como la enfermedad misma no se sirve, como en la paranoia, de la proyección, sino del mecanismo alucinatorio (histérico). Es esta una de las grandes diferencias que separan a la demencia precoz de la paranoia y puede ser objeto de una explicación genética desde otro punto de vista. El desenlace de la demencia precoz, cuando la afección no se mantiene demasiado parcial, nos ofrece la segunda diferencia. Tal desenlace es, en general, menos feliz que el de la paranoia, pues la victoria no acaba por ser, como en esta última, de la reconstrucción, sino de la represión. La regresión no llega tan sólo hasta el narcisismo, que se manifiesta en el delirio de grandezas, sino el abandono total del amor objetivado y al retorno al autoerotismo infantil. La fijación dispositiva ha de ser, por lo tanto, muy anterior a la de la paranoia, correspondiendo al comienzo de la evolución que tiende desde el autoerotismo al amor a un objeto. No es tampoco nada verosímil que los impulsos homosexuales, que con tanta frecuencia y acaso regularmente hallamos en la paranoia, desempeñen un papel análogamente importante en la etiología de la demencia precoz, mucho más ilimitada.

Nuestras hipótesis sobre las fijaciones dispositivas en la paranoia y la parafrenia nos hacen comprensible que un caso pueda comenzar con síntomas paranoicos y evolucionar, sin embargo, hasta la demencia; que los fenómenos paranoicos y esquizofrénicos se combinen en proporciones cualesquiera y que un cuadro clínico como el de Schreber, que merece el nombre de *demencia paranoica*, presente, por la emergencia de la fantasía optativa y las alucinaciones, un carácter parafrénico, y por su motivación, el mecanismo de la proyección y su desenlace, un carácter paranoico. La evolución puede haber dejado tras de sí múltiples fijaciones que permitan sucesivamente la irrupción de la libido reprimida, facilitándole primeramente la última adquirida, y luego, en el curso ulterior de la enfermedad, la originaria y más próxima al punto de partida. Quisiéramos saber a qué circunstancias debe este caso su desenlace relativamente favorable, pues no nos decidimos a atribuirlo exclusivamente a algo tan casual como a la "mejoría de traslado" que apareció al abandonar el enfermo la clínica de Flechsig[63]. Pero nuestro insuficiente conocimiento de los detalles íntimos de este historial clínico nos impide decidir en tan interesante cuestión. Sospechamos tan sólo que el acento esencialmente positivo del complejo paterno y la probable serenidad afectuosa de las relaciones mantenidas en años ulteriores con un padre excelente hicieron posible la reconciliación del sujeto con la fantasía homosexual y en consecuencia el desenlace análogo a una curación.

No temiendo a la crítica ni a la autocrítica, no tengo motivo ninguno para eludir la mención de una analogía que quizá perjudicará a nuestra teoría de la libido en el juicio de muchos lectores. Los "rayos de Dios", producto compuesto por una condensación de rayos solares, fibras nerviosas y espermatozoos, no son propiamente más que las cargas de libido objetivamente representadas y proyectadas al exterior, y dan al delirio de Schreber una coincidencia singular con nuestra teoría. El hecho que el mundo haya de terminar porque el *yo* del enfermo

---

[63] *Cf.* Riklin: "Ueber Verstzungsbesserungen", en *Psychiatrich-Neurologische Wochenschrift*, 1905, números 16-18.

acapara todos los rayos; la ulterior preocupación angustiada del sujeto, durante el proceso reconstructivo, de que Dios pueda desligarse de él retirando sus rayos, y otros varios detalles del delirio de Schreber, parecen casi percepciones endopsíquicas de los procesos supuestos por nosotros para la inteligencia de la paranoia. Pero uno de nuestros amigos, especialista en la materia, puede testimoniar de que nuestra teoría de la paranoia es muy anterior a la lectura del libro de Schreber. El porvenir decidirá si la teoría integra más delirio del que yo quisiera, o el delirio más verdad de lo que otros creen hoy posible.

Por último, no quisiera terminar este trabajo, en el cual sólo ha de verse nuevamente un fragmento de una totalidad más importante, sin concretar los dos principios capitales a cuya demostración tiende nuestra teoría libidinosa de las neurosis y las psicosis: tales dos principios son que las neurosis surgen esencialmente del conflicto del *yo* con el instinto sexual, y que sus formas conservan las huellas de la evolución de la libido y del *yo*.

En el estudio del historial clínico de Schreber me he limitado, de propósito, a un mínimo de interpretación y confío en que todo lector familiarizado con el psicoanálisis habrá extraído del material comunicado más de lo que sobre él aparece dicho, no habiéndole sido difícil llegar a conclusiones que yo me he limitado a indicar. Una afortunada casualidad que ha atraído la atención de otros autores sobre la autobiografía de Schreber deja adivinar cuánto puede extraerse aún del contenido simbólico de las fantasías y las ideas delirantes del inteligente paranoico[64].

Un incremento casual de mi conocimiento, posterior a la publicación de mi trabajo sobre Schreber, me ha permitido penetrar mejor en una de sus afirmaciones delirantes y reconocer en ella multitud de relaciones mitológicas. Vimos ya las singulares relaciones que el enfermo mantenía con el Sol y las explicamos como un símbolo sublimado del padre. El Sol habla con él en lenguaje humano y se le da así a conocer como un ser vivo. El enfermo le injuria y le amenaza y asegura que sus rayos palidecen ante él cuando habla en voz alta vuelto hacia ellos. Después de su curación se vanagloria de que puede mirar al Sol sin ser deslumbrado por él, cosa que naturalmente no le hubiera sido posible antes.

A este privilegio delirante de poder mirar al Sol sin ser deslumbrado se enlaza el interés *mitológico*. En su obra *Cultos, mitos y religiones* escribe S. Reinach que los antiguos natura-

---

[64] *Cf.* Jung: "Wandlungen und Symbole der Libido", en *Jahrbuch f. Psychoanalyt. u. Psychopatol. Forschungen*, III (1911) y Spielrein. *Über den psychischen Inhalt eines Failles von Schizophrenie*, ibid (1911).

listas atribuían únicamente una tal facultad a las águilas, las cuales, como habitantes de las más altas capas atmosféricas, se hallaban íntimamente relacionadas con el cielo, el Sol y el rayo. Y las mismas fuentes nos informan también de que el águila somete a sus crías a una prueba antes de reconocerlas como legítimas. Si no consiguen mirar al Sol sin parpadear, son expulsadas del nido.

Sobre la significación de este mito zoológico no podemos abrigar la menor duda. Queda atribuida en él a los animales una costumbre humana. Lo que el águila hace así con sus crías es una ordalía, una prueba de legitimidad, tal y como las llevaban a cabo los más distintos pueblos antiguos. Así, los celtas que vivían en las márgenes del Rin confiaban a sus hijos recién nacidos a las aguas del río para convencerse de que eran realmente de su sangre, y los psylos, antiguos pobladores de Trípoli, que se jactaban de descender de una pareja de serpientes, ponían en contacto a sus hijos con tales reptiles. Los legítimos no eran mordidos o se reponían rápidamente de las consecuencias de la mordedura. La premisa de estas pruebas nos adentra profundamente en el pensamiento *totémico* de los pueblos primitivos. El tótem, el animal o la fuerza natural pensada en forma animista de los que la tribu cree descender, respeta a los pertenecientes a ella como a hijos suyos, y son adorados, y, eventualmente, respetados por ellos como sus antepasados. Hallamos aquí muchas cosas extraordinariamente apropiadas, a mi juicio, para facilitarnos una comprensión psicoanalítica de los orígenes de la religión.

El águila, que obliga a sus hijos a mirar al Sol y exige que no se muestren deslumbrados por su luz, se conduce, pues, como un descendiente del Sol que somete a sus hijos a una prueba de su legitimidad. Y cuando Schreber se jacta de que puede mirar al Sol sin ser castigado ni deslumbrado, vuelve a descubrir con ello la expresión mitológica de su relación filial con el Sol y nos confirma de nuevo en nuestra opinión de que su Sol es un símbolo del padre. Recordando que Schreber expresa libremente en su enfermedad el orgullo de su raza: ("Los Schreber pertenecen a la más alta nobleza celestial"), y que hemos hallado en su carencia de hijos un motivo humano de su fantasía optativa femenina, veremos ya claramente la relación de su privilegio delirante con los fundamentos de su enfermedad.

Este breve apéndice al análisis de un paranoico puede contribuir a demostrar cuán fundada es la afirmación de Jung de que las fuerzas productoras de mitos de la humanidad no se han extinguido, sino que crean hoy, en las neurosis, los mismos productos psíquicos que en las épocas más antiguas. Retorné aquí sobre una alusión ya hecha en otro lugar insistiendo en que lo mismo puede decirse de las energías productoras de las religiones. A mi juicio, no puede tardar en llegar el momento de ampliar un principio que nosotros los psicoanalíticos hemos sentado hace ya largo tiempo, agregando a su contenido individual ontogénico su complemento antropológico filogénico. Hemos dicho que en el sueño y en la neurosis volvemos a hallar al niño con todas las peculiaridades de su pensamiento y su vida afectiva. Agregaremos ahora que también encontramos en él al salvaje, al hombre primitivo, tal y como se nos muestra a la luz de la Arqueología y la Etnología.

III

HISTORIA DE UNA NEUROSIS INFANTIL (CASO DEL «HOMBRE DE LOS LOBOS»)

I

OBSERVACIONES PRELIMINARES

El caso clínico que nos disponemos exponer —aunque de nuevo tan sólo fragmentariamente— se caracteriza por toda una serie de particularidades que habremos de examinar previamente[65]. Trátase de un hombre joven que enfermó a los dieciocho años, inmediatamente después de una infección blenorrágica, y que al ser sometido, varios años después, al tratamiento psicoanalítico, se mostraba totalmente incapacitado. Durante los diez años anteriores a su enfermedad, su vida había sido aproximadamente normal y había llevado a cabo sus estudios de segunda enseñanza sin grandes trastornos. Pero su infancia había sido dominada por una grave perturbación neurótica que se inició en él, poco antes de cumplir los cuatro años, como una histeria de angustia (zoofobia), la cual se transformó luego en una neurosis obsesiva de contenido religioso y alcanzó con sus ramificaciones hasta los diez años del sujeto.

---

[65] Escribí el presente historial clínico recién terminado el tratamiento del caso, en el invierno de 1914 a 1915, y bajo la impresión de las alteraciones que en los resultados psicoanalíticos intentaban introducir C. G. Jung y Alfred Adler. Se enlaza, pues, al ensayo publicado en el *Anuario de psicoanálisis* de 1914 titulado "Historia del movimiento psicoanalítico" (tomo XII de esta edición), y completa, con la revisión objetiva del material analítico, la polémica esencialmente personal en dicho ensayo integrada. Destinado originalmente al volumen siguiente del *Anuario*, hube de decidirme a publicarlo aparte, ante de la demora indefinida que a la publicación del mismo imponía la guerra europea. Mucho de lo que en este trabajo había de ser tratado por vez primera hube de exponerlo entretanto en mi *Introducción al psicoanálisis* (volúmenes IV y V de estas *Obras Completas*). Reproduzco aquí, sin modificación alguna de importancia, el texto primitivo, añadiendo tan sólo algunos complementos que van entre paréntesis '( )'.

En el presente ensayo nos ocuparemos tan sólo de esta neurosis infantil. A pesar de haber sido expresamente autorizados por el paciente, hemos rehusado publicar el historial completo de su enfermedad, su tratamiento y su curación, considerándolo técnicamente irrealizable e inadmisible desde el punto de vista social. Con ello desaparece también toda posibilidad de mostrar la conexión de su enfermedad infantil con su ulterior dolencia definitiva, sobre la cual podemos sólo indicar que el sujeto pasó, a causa de ella, años enteros en sanatorios alemanes, en los cuales se calificó su estado de "locura maniaco-depresiva". Este diagnóstico hubiera sido exacto aplicado al padre del paciente, cuya vida, intensamente activa, hubo de ser perturbada por repetidos accesos de grave depresión. Pero en el hijo no me fue posible observar, en varios años de tratamiento, cambio alguno de estado de ánimo que por su intensidad o las condiciones de su aparición pudiera justificarlo. A mi juicio, este caso, como muchos otros diversamente diagnosticados por la psiquiatría clínica, debe ser considerado como un estado consecutivo de una neurosis obsesiva llegada espontáneamente a una curación incompleta.

Mi exposición se referirá, pues, tan sólo a una neurosis infantil analizada, no durante su curso, sino quince años después, circunstancia que tiene sus ventajas y sus inconvenientes. El análisis llevado a cabo en el sujeto neurótico infantil parecerá, desde luego, más digno de confianza, pero no puede ser muy rico en contenido. Hemos de prestar al niño demasiadas palabras y demasiados pensamientos, a pesar de lo cual no lograremos quizá que la conciencia penetre hasta los estratos psíquicos más profundos. El análisis de una enfermedad infantil por medio del recuerdo que de ella conserva el sujeto adulto y maduro ya intelectualmente no presenta tales limitaciones, pero habremos de tener en cuenta la deformación y la rectificación que el propio pasado experimenta al ser contemplado desde años posteriores. El primer caso proporciona quizá resultados más convenientes, pero el segundo es mucho más instructivo.

De todos modos, podemos afirmar que los análisis de neurosis infantiles integran un alto interés teórico. Aportan a la exacta comprensión de las neurosis de los adultos tanto como los sueños infantiles a la interpretación de los sueños ulteriores. Mas no porque sean más transparentes ni más pobres en elementos. La dificultad de infundirse en la vida anímica infantil hace que supongan una ardua tarea para el médico. Pero la falta de las estratificaciones ulteriores permite que lo esencial de la neurosis se transparente sin dificultad. La resistencia contra los resultados del psicoanálisis ha tomado actualmente una nueva forma. Hasta ahora, nuestros adversarios se contentaban con negar la realidad de los hechos afirmados por el análisis, claro está que sin tomarse el trabajo de comprobarla. Este procedimiento parece ahora irse agotando lentamente. Y es sustituido por el de reconocer los hechos, pero interpretándolos de manera que supriman las conclusiones que de ellos se deducen, eludiendo así una vez más las novedades contra las cuales se alza la resistencia. Pero el estudio de las neurosis infantiles prueba la inanidad de semejantes tentativas de interpretación tendenciosa. Muestra la participación predominante de las fuerzas instintivas libidinosas —tan discutidas— en la estructuración de la neurosis y revela la ausencia de las remotas tendencias culturales, de las que nada sabe aún el niño y que, por lo tanto, nada pueden significar para él.

Otro rasgo que recomienda a nuestra atención el análisis que aquí vamos a exponer se relaciona con la gravedad de la dolencia y la duración de su tratamiento. Los análisis que consiguen en breve plazo un desenlace favorable pueden ser muy halagüeños para el amor propio del terapeuta y demostrar a las claras la importancia terapéutica del psicoanálisis; pero, en cambio, no favorecen en lo más mínimo el progreso de nuestros conocimientos científicos, pues nada nuevo nos enseñan. Nos han llevado tan rápidamente a un resultado favorable porque ya sabíamos de antemano lo que era necesario hacer para alcanzarlo. Sólo aquellos análisis que nos oponen dificultades especiales y cuya realización nos lleva mucho tiempo pueden enseñarnos algo nuevo. Únicamente en estos casos conseguimos descender a los estratos más profundos y primitivos de la evolución anímica y extraer de ellos la solución de los problemas que plantean las estructuras ulteriores. Nos decimos entonces que sólo aquellos análisis que tan profundamente penetran merecen en rigor el nombre de tales. Claro está que su único caso no nos instruye sobre todo lo que quisiéramos saber. O, mejor dicho, podría instruirnos sobre todo ello si nos fuera posible aprehenderlo todo sin que la limitación de nuestra propia percepción nos obligara a contentarnos con poco.

El presente caso no dejó nada que desear en cuanto a tales dificultades fructíferas. Los primeros años de tratamiento apenas consiguieron modificación alguna. Una afortunada constelación permitió, sin embargo, que todas las circunstancias externas hicieran posible la continuación de la tentativa terapéutica. En circunstancias menos favorables hubiera sido necesario suspender el tratamiento al cabo de algún tiempo. En cuanto a la actitud del médico, puedo sólo decir que en tales casos debe mantenerse tan ajeno al tiempo como lo es lo inconsciente y saber renunciar a todo efecto terapéutico inmediato, si quiere descubrir y conseguir positivamente algo. Asimismo, pocos casos exigen por parte del enfermo y de sus familiares tan gran medida de paciencia, docilidad, comprensión y confianza. Pero el analítico ha de decirse que los resultados conquistados después de tan largo trabajo, en uno de estos casos, habrán de permitirle abreviar esencialmente la duración de otro tratamiento ulterior de un caso análogamente grave y dominar así progresivamente, luego de haberse sometido a ella una primera vez, la indiferencia de lo inconsciente en cuanto al tiempo.

El paciente del cual nos disponemos a tratar permaneció durante mucho tiempo atrincherado en una actitud de indiferente docilidad. Su clara inteligencia se hallaba como secuestrada por las fuerzas instintivas que regían su conducta en la escasa vida exterior de que aún era capaz. Fue necesaria una larga educación para moverle a participar independientemente en la labor analítica, y cuando a consecuencia de este esfuerzo surgieron las primeras liberaciones, desvió por completo su atención de la tarea para evitar nuevas modificaciones y mantenerse cómodamente en la situación creada. Su temor a una existencia independiente y responsable era tan grande que compensaba todas las molestias de su enfermedad. Sólo encontramos un camino para dominarlo. Hube de esperar hasta que la ligazón a mi persona llegó a ser lo bastante intensa para compensarlo y entonces puse en juego este factor contra el otro. Decidí, no sin calcular antes la oportunidad, que el tratamiento había de terminar dentro de un plazo determinado, cualquiera que fuese la fase a la que hubiera llegado. Estaba decidido a observar estrictamente dicho plazo y el paciente acabó por advertir la seriedad de mi propósito. Bajo la presión inexorable de semejante apremio cedieron su resistencia y su fijación a la enfermedad y el análisis proporcionó entonces, en un plazo desproporcionadamente breve, todo el material que permitió la solución de sus inhibiciones y la supresión de sus síntomas. De esta última época del análisis, en la cual desapareció temporalmente la resistencia y el enfermo producía la impresión de una lucidez que generalmente sólo se consigue en la hipnosis, proceden todas las aclaraciones que me permitieron llegar a la comprensión de su neurosis infantil.

De este modo, el curso del tratamiento ilustró el principio, ha largo tiempo sentado por la técnica analítica, de que la longitud del camino que el análisis haya de recorrer con el paciente y la magnitud del material que por este camino haya de ser dominado no significan gran cosa en comparación con la resistencia que haya de surgir durante tal labor, y sólo han de tenerse en cuenta en tanto son proporcionales a la misma. Sucede en esto lo que ahora, en tiempo de guerra, cuando un ejército necesita semanas y meses enteros para avanzar una distancia que en tiempo de paz puede recorrerse en pocas horas de tren, y que poco tiempo antes ha sido recorrido efectivamente por el ejército contrario en unos cuantos días.

Una tercera peculiaridad del análisis que aquí nos proponemos exponer ha dificultado también considerablemente mi decisión de publicarlo. Sus resultados han coincidido con nuestros conocimientos anteriores o se han enlazado perfectamente a ellos. Pero algunos detalles me han parecido tan singulares e inverosímiles que me han asaltado escrúpulos de exigir a otros su admisión. En consecuencia, he invitado al paciente a someter a una severa crítica sus recuerdos, mas, por su parte, no encontró en ellos nada inverosímil. Los lectores pueden estar seguros, por lo menos, de que sólo expongo aquello que surgió ante mí como vivencia independiente y no influida por mi expectativa. Por lo tanto, sólo me queda remitirme a la sabia afirmación de que entre el cielo y la tierra hay muchas más cosas de las que nuestra filosofía supone. Quien supiera excluir más fundamentalmente aún sus propias convicciones descubriría seguramente más de tales cosas.

II
Exposición general

No me es posible exponer el historial de mi paciente en forma puramente histórica ni tampoco en forma puramente pragmática; no puedo desarrollar exclusivamente una historia del tratamiento ni tampoco una historia de la enfermedad, sino que me veo obligado a combinar ambas entre sí. Como es sabido, no hemos hallado aún medio alguno de que la exposición de un análisis refleje y lleve al ánimo del lector la convicción de él resultante. Tampoco un acta detallada del curso de las sesiones del tratamiento resolvería tal problema, y, además, la técnica psicoanalítica excluye su redacción ante el enfermo. En consecuencia, no publicamos estos análisis para convencer a quienes hasta ahora se han mostrado opuestos a nuestras teorías, sino para procurar nuevos datos a aquellos investigadores a quienes una labor directa con los enfermos ha llevado ya a una convicción.

Empezaré por describir el ambiente en que el sujeto vivió de niño y comunicar aquella parte de su historia infantil que me fue dado averiguar desde un principio sin gran esfuerzo y que luego no logró en varios años complemento ni aclaración ningunos.

Sus padres se habían casado jóvenes y fueron felices hasta que las enfermedades empezaron a ensombrecer su vida, pues la madre contrajo una afección abdominal y el padre empezó a sufrir accesos de depresión que le obligaron a ausentarse del hogar familiar. La calidad psíquica de la dolencia paterna hizo que el sujeto no se diese cuenta de ella hasta mucho después. En cambio, sí se le reveló en años muy tempranos el mal estado de salud de su madre, que le impedía ocuparse asiduamente de sus hijos. Un día, seguramente antes de cumplir los cuatro años, la oyó quejarse con el médico de sus dolencias, y tan impresas se le quedaron sus palabras que muchos años después las repitió literalmente, aplicándolas a sus propios trastornos. No era hijo único, pues tenía una hermana dos años mayor que él, precozmente inteligente y perversa, la cual desempeñó un importantísimo papel en su vida.

Por su parte, se hallaba encomendado a los cuidados de una niñera, mujer del pueblo anciana ya y nada instruida, quien le consagraba infatigable ternura, pues constituía para ella el sustituto de un hijo que había perdido en edad temprana. La familia vivía en una finca durante el invierno, y pasaba en otra los veranos. El día en que sus padres vendieron las dos fincas y se trasladaron a la ciudad cercana a ambas, dividió en dos períodos la infancia del sujeto. Durante el primero solían pasar largas temporadas con ellos, en alguna de las fincas, distintos parientes: los hermanos del padre, las hermanas de la madre, con sus hijos, y los abuelos maternos. Durante el verano sus padres solían ausentarse por unas cuantas semanas. Un recuerdo encubridor le mostraba al lado de su niñera contemplando cómo se alejaba el coche que conducía a sus padres y a su hermana, y volviendo luego tranquilamente a casa cuando el carruaje se hubo perdido de vista. En la época de este recuerdo debía de ser aún muy pequeño[66]. Al verano siguiente sus padres dejaron también en casa a su hermana, y tomaron una institutriz inglesa, a la que encomendaron la guarda de ambos niños.

En años posteriores, sus familiares le relataron muchos detalles de su infancia, de los cuales ya recordaba él espontáneamente algunos, aunque no pudiera situarlos en fechas

---

[66] Dos años y medio. En este caso fue posible determinar fijamente casi todas las fechas.

determinadas o relacionadas entre sí. Uno de estos recuerdos, repetidamente evocados por sus familiares con ocasión de su ulterior enfermedad, nos da a conocer ya el problema cuya solución habrá de ocuparnos. Según él, el sujeto había sido, al principio, un niño apacible y dócil, hasta el punto de que los suyos se decían que él había debido ser la niña y su hermana mayor el niño. Pero al regresar sus padres de una de sus excursiones veraniegas, le hallaron completamente cambiado. Se mostraba descontento, excitable y rabioso; todo le irritaba y, en tales casos, gritaba y pateaba salvajemente. Ello sucedió en aquel mismo verano en que los niños quedaron confiados a la institutriz inglesa, la cual demostró ser una mujer arbitraria e insoportable, y aficionada además a la bebida. En consecuencia, la madre se inclinó a atribuir a su influjo la alteración del carácter de su hijo, suponiendo que la forma en que le había tratado era la causa de su excitación. La abuela materna, que había pasado el verano con los niños, opinó, en cambio, con mayor clarividencia, que la irritabilidad de su nieto había sido provocada por la discordia surgida entre la inglesa y la niñera, pues la institutriz había insultado varias veces a la anciana criada, llamándola bruja, y la había echado repetidamente de la habitación donde los niños estaban. En estas escenas el niño se había puesto siempre al lado de su amada "chacha", y había mostrado su odio a la institutriz. En consecuencia, la inglesa fue despedida a poco de volver los padres, pero su desaparición no modificó ya la excitación del niño.

El paciente conserva el recuerdo de esta ingrata época. Afirma que el primero de aquellos accesos de cólera surgió en él por no haber recibido dobles regalos el día de Nochebuena, que era, al mismo tiempo, su cumpleaños. Sus exigencias y su insoportable susceptibilidad no perdonaban siquiera a su "chacha", a la que quizá atormentaba más que a nadie. Pero esta fase de alteración de su carácter aparece indisolublemente enlazada en sus recuerdos con muchos otros fenómenos singulares y morbosos que no acierta a ordenar cronológicamente. De este modo, confunde todos los hechos a continuación expuestos, que no pudieron ser simultáneos, y resultan, además, contradictorios en un solo y único período: el de "cuando todavía estaba en la primera finca", de la cual salieron, según cree, poco después de cumplir él los cinco años. Relata así haber padecido por entonces intensos miedos, que su hermana aprovechaba para atormentarle. Había en la casa un libro de estampas, una de las cuales representaba a un lobo andando en dos pies. Cuando el sujeto veía aquella estampa comenzaba a gritar, enloquecido por el miedo de que el lobo se fuese a él y le comiese, y la hermana sabía arreglárselas de modo que la encontrase a cada paso, gozándose en su terror. También otros animales grandes y pequeños le daban miedo. Una vez corría detrás de una mariposa amarilla, intentando cogerla, cuando, de repente, le invadió un intenso miedo a aquel animal y se echó a llorar, abandonando su persecución. También los escarabajos y las orugas le daban miedo y asco. Pero recordaba, al mismo tiempo, que algunas veces se gozaba en atormentarles, cortándolos en pedazos. Los caballos le inspiraban igualmente cierto temor. Cuando veía pegar a alguno de estos animales gritaba temeroso, y en una ocasión tuvieron que sacarle del circo por este mismo motivo. Pero otras veces le era grato imaginar que él mismo le pegaba a un caballo. Su memoria de tales hechos no era lo bastante precisa para permitirle discernir si estas modalidades contradictorias de su conducta para con los animales fueron realmente simultáneas o se sustituyeron sucesivamente unas por otras y en qué orden. No podía tampoco decir si este período de excitación fue sustituido por una fase de enfermedad o se prolongó a través de esta última. De todos modos, las confesiones que siguen justifican la hipótesis de que en aquellos años padeciera una evidente neurosis obsesiva. Contaba, en efecto, que durante un largo período se había mostrado extraordinariamente piadoso. Antes de dormirse tenía que rezar largo rato y santiguarse innumerables veces, y muchas noches daba la vuelta a la alcoba con una silla, en la que se subía para besar devotamente todas las estampas religiosas que colgaban de las paredes. Con este piadoso ceremonial no armonizaba en absoluto —o quizá armonizaba muy bien— otro recuerdo referente a la misma época, según el cual se complacía muchas veces en pensamientos blasfemos que surgían en su imaginación como inspirados por el demonio. Así, cuando pensaba en Dios, asociaba automáticamente a tal concepto las palabras "cochino" o "basura". En el curso de un viaje a un balneario alemán se vio atormentado por la obsesión de pensar en la Santísima Trinidad cada vez que veía en el camino tres montones de estiércol de caballo o de otra basura cualquiera. Por entonces llevaba también a cabo un singular ceremonial cuando veía gente que le inspiraba compasión: mendigos, inválidos y ancianos. En tales ocasiones tenía que espirar ruidosamente el aire aspirado, con lo cual creía conjurar la posibilidad de verse un día como ellos, o, en otras circunstancias, retener durante el mayor tiempo posible el aliento. Naturalmente, me incliné a suponer que estos síntomas, claramente correspondientes a una neurosis obsesiva, pertenecían a un período y a un grado evolutivo posteriores al miedo y las crueldades contra los animales.

Los años ulteriores del paciente se caracterizaron por una profunda alteración de sus relaciones afectivas con su padre al que, después de repetidos accesos de depresión, le era imposible ocultar los aspectos patológicos de su carácter. En los primeros años de su infancia tales relaciones habían sido, en cambio, extraordinariamente cariñosas y así lo recordaba claramente el sujeto. El padre le quería mucho y gustaba de jugar con él, quien, por su parte, se sentía orgulloso de su progenitor y manifestaba su deseo de llegar a ser algún día "un señor como su papá". La "chacha" le había dicho que su hermana era sólo de su madre y, en cambio, él, sólo de su padre, revelación que le llenó de contento. Pero al término de su infancia, los lazos afectivos que a su padre le unían desaparecieron casi por completo, pues le irritaba y le entristecía verle preferir claramente a su hermana. Posteriormente, su relación filial quedó regida por el miedo al padre como factor dominante.

Hacia los ocho años desaparecieron todos los fenómenos que el paciente integraba en aquella fase de su vida, que se inició con la alteración de su carácter. No desaparecieron bruscamente, sino que fueron espaciándose cada vez más hasta desvanecerse por completo, proceso que el sujeto atribuye a la influencia de los maestros y profesores que substituyeron a su servidumbre femenina. Vemos, pues, que los problemas cuya solución se plantea en este caso al análisis son, a grandes trazos, los de descubrir de dónde provino la súbita alteración del carácter del niño, qué significación tuvieron su fobia y sus perversidades, cómo llegó a su religiosidad obsesiva y cuál es la relación que enlaza a todos estos fenómenos. Recordaré de nuevo que nuestra labor terapéutica se refería directamente a una ulterior enfermedad neurótica reciente y que sólo era posible obtener algún dato sobre aquellos problemas anteriores, cuando el curso del análisis nos distraía por algún tiempo del presente, obligándonos a dar un rodeo a través de la historia infantil del sujeto.

III

La seducción y sus consecuencias inmediatas

Nuestras primeras sospechas se orientaron, como era natural, hacia la institutriz inglesa durante cuya estancia en la finca había surgido la alteración del carácter del niño. El sujeto comunicó dos recuerdos encubridores, incomprensibles en sí, que a ella se referían. Tales recuerdos eran los siguientes: En una ocasión en que la institutriz les precedía se había vuelto hacia ellos y les había dicho: "Mirad mi colita". Y otra vez, yendo en coche, el viento le había arrebatado el sombrero, para máximo regocijo de los dos hermanos. Ambos recuerdos aludían al complejo de la castración y permitían arriesgar la hipótesis de que una amenaza dirigida por la institutriz al sujeto hubiera contribuido considerablemente a la génesis de su ulterior conducta anormal.

No es nada peligroso comunicar tales hipótesis a los analizados, pues, aunque sean erróneas, no perjudican en nada el análisis, y claro está que sólo las comunicamos cuando integran una posibilidad de aproximación a la realidad. Efecto inmediato de la comunicación de esta hipótesis fueron unos cuantos sueños cuya interpretación total no logramos alcanzar, pero que parecían desarrollarse todos en derredor del mismo contenido. Tratábase en ellos, en cuanto era posible comprenderlos, de actos agresivos del niño contra su hermana o contra la institutriz y de enérgicos regaños y castigos recibidos a consecuencia de tales agresiones. Como si hubiera querido..., después del baño..., desnudar a su hermana..., quitarles las envolturas..., o los velos..., o algo semejante. No nos fue posible desentrañar con seguridad el contenido de estos sueños, pero la impresión de que en ellos era elaborado siempre el mismo material en formas distintas nos reveló la verdadera condición de las supuestas reminiscencias en ellos integradas. No podía tratarse más que de fantasías imaginadas por el sujeto sobre su infancia, probablemente durante la pubertad, y que ahora habían vuelto a aparecer en forma difícilmente reconocible.

Su significación se nos reveló luego, de una sola vez, cuando el paciente recordó de pronto que, "siendo todavía muy pequeño y hallándose aún en la primera finca", su hermana le había inducido a realizar actos de carácter sexual. Surgió primero el recuerdo de que, al hallarse juntos en el retrete, le invitaba a mostrarse recíprocamente el trasero, haciéndolo ella la primera, y poco después apareció ya la escena esencial de seducción con todos sus detalles de tiempo y lugar. Era en primavera y durante una ausencia del padre. Los niños jugaban en el suelo en una habitación contigua a la de su madre. La hermana le había cogido entonces el miembro y había jugueteado con él mientras le contaba, como para justificar su conducta, que la "chacha" hacía aquello mismo con todo el mundo, por ejemplo, con el jardinero, al que colocaba cabeza abajo y le cogía luego los genitales.

Tales hechos nos facilitan la comprensión de las fantasías antes deducidas. Estaban destinadas a borrar de la memoria del sujeto un suceso que más tarde hubo de parecer ingrato a su amor propio masculino y alcanzaron tal fin sustituyendo la verdad histórica por un deseo antitético. Conforme a tales fantasías, no había desempeñado él con su hermana el papel pasivo, sino que, por el contrario, se había mostrado agresivo, queriendo ver desnuda a su hermana y siendo rechazado y castigado, lo cual había provocado en él aquellos accesos de cólera de los que tanto hablaba la tradición familiar. Resulta también muy adecuado entretejer en estas fantasías a la institutriz a la cual había sido atribuida por la madre y la abuela la culpa principal de sus accesos de cólera. Tales fantasías correspondían, pues, exactamente, a aquellas leyendas con las cuales una nación ulteriormente grande y orgullosa intenta encubrir la mezquindad de sus principios.

En realidad, la institutriz no podía haber tenido en la seducción, y en sus consecuencias más que una participación muy remota. Las escenas con la hermana se desarrollaron durante la primavera inmediatamente anterior al verano durante el cual quedaron encomendados los niños a los cuidados de la inglesa. La hostilidad del niño contra la institutriz surgió más bien de otro modo. Al insultar a la niñera llamándola bruja, la institutriz quedó equiparada, en el ánimo del sujeto, a su propia hermana, que había sido la primera en contarle de su querida "chacha" cosas monstruosas e increíbles, y tal equiparación le permitió exteriorizar contra la inglesa la hostilidad que, según veremos luego, se había desarrollado en él contra su hermana a consecuencia de la seducción.

Interrumpiré ahora, por breve espacio, la historia infantil de mi paciente para examinar la personalidad de su hermana, su evolución y sus destinos ulteriores y la influencia que sobre él ejerció. Le llevaba dos años y le precedió siempre en el curso del desarrollo intelectual. Después de una niñez indómita y marcadamente masculina, su inteligencia realizó rápidos y brillantes progresos, distinguiéndose por su penetración y su precisa visión de la realidad. Durante sus estudios mostró predilección por las ciencias naturales, pero componía también poesías que el padre juzgaba excelentes. Muy superior en inteligencia a sus numerosos pretendientes, solía burlarse de ellos y nunca llegó a tomar en serio a alguno. Pero recién cumplidos los veinte años comenzó a dar signos de depresión, lamentándose de no ser suficientemente bonita, y acabó eludiendo por completo el trato social. A su vuelta de un viaje en compañía de una señora amiga de la familia contó cosas absolutamente inverosímiles, tales como la de haber sido maltratada por su acompañante, pero, sin embargo, permaneció afectivamente fijada a ella. Poco después, en un segundo viaje, se envenenó y murió lejos de su casa. Probablemente su afección correspondía al comienzo de una demencia precoz. Vemos en ella un testimonio de la evidente herencia neuropática de la familia, y no ciertamente el único. Un tío suyo, hermano de su padre, murió después de largos años de una vida extravagante, de cuyos detalles podía deducirse que padecía una grave neurosis obsesiva. Y muchos parientes colaterales suyos mostraron y muestran trastornos nerviosos menos graves.

Para nuestro paciente, su hermana fue durante toda su infancia —dejando aparte el hecho de la iniciación sexual— una peligrosa competidora en la estimación de sus padres, y su superioridad, implacablemente ostentada, le agobió de continuo con su peso. Le envidiaba, sobre todo, la admiración que su padre mostraba ante su gran capacidad, en tanto que él, intelectualmente cohibido por su neurosis obsesiva, tenía que contentarse con una estimación mucho más tibia. A partir de sus catorce años comenzaron a mejorar las relaciones de ambos hermanos, pues su análoga disposición espiritual y su común oposición contra los padres acabaron por establecer entre ellos una afectuosa camaradería. En la tormentosa excitación sexual de su pubertad, el sujeto intentó aproximarse físicamente a su hermana, y cuando esta le hubo rechazado con tanta decisión como habilidad, se volvió en el acto hacia una muchachita campesina que servía en la casa y llevaba el mismo nombre que su hermana. Con ello dio un paso decisivo para su elección heterosexual de objeto, pues todas las muchachas de las que ulteriormente hubo de enamorarse, con evidentes indicios de obsesión muchas veces, fueron igualmente criadas cuya ilustración e inteligencia habían de ser muy inferiores a la suya. Ahora bien, si todos estos objetos eróticos eran sustitutivos de su hermana, no conseguida, habremos de reconocer como factor decisivo de su elección de objeto una tendencia a rebajar a su hermana y a suprimir aquella superioridad intelectual suya que tanto le había atormentado en un período de su vida.

A motivos de este género, nacidos de la voluntad de poderío del instinto de afirmación del individuo, ha subordinado también Alfred Adler, como todo lo demás, la conducta sexual de los hombres. Sin llegar a negar la importancia de tales motivos de poderío y privilegio, no he logrado tampoco convencerme jamás de que pueden desempeñar el papel dominante y exclusivo que les es atribuido. Si no hubiera llevado hasta el fin el análisis de mi paciente, la observación de este caso me hubiera obligado a rectificar tales prejuicios en el sentido propugnado por Adler. Por el término de este análisis trajo consigo, inesperadamente, nuevo material, del cual resultó nuevamente que los motivos de poderío (en nuestro caso la tendencia al rebajamiento) sólo habían determinado la elección de objeto en el sentido de una aportación y una racionalización, en tanto que la determinación auténtica y más profunda me permitió mantener mis convicciones anteriores.

El paciente manifestó que al recibir la noticia de la muerte de su hermana no había experimentado el menor dolor. Imponiéndose signos exteriores de duelo, se regocijaba fríamente en su interior de haber llegado a ser el único heredero de la fortuna familiar. Por esta época llevaba ya varios años enfermo de su reciente neurosis. Pero confieso que este dato me hizo vacilar durante mucho tiempo en el diagnóstico del caso. Era de esperar, desde luego, que el dolor producido por la pérdida de la persona más querida de su familia quedase inhibido en su exteriorización por el efecto continuado de los celos que aquella le inspiraba y por la intervención de su enamoramiento incestuoso, reprimido e inconsciente. Pero no me resignaba a renunciar al hallazgo de un sustitutivo de la explosión de dolor inhibida. Por fin lo hallamos en una manifestación afectiva que el sujeto no había logrado explicar. Pocos meses después de la muerte de su hermana, hizo él un viaje a la ciudad donde la misma había muerto, buscó en el cementerio la tumba de un gran poeta que por entonces encarnaba su ideal y vertió sobre ella amargas lágrimas. A él mismo le extrañó y le desconcertó tal reacción, pues sabía que desde la muerte de aquel poeta por él venerado había transcurrido ya más de un siglo y solo la comprendió al recordar que el padre solía comparar las poesías de la hermana muerta con las de aquel gran poeta. Un error cometido por el sujeto en sus comunicaciones ulteriores me facilitó ahora la interpretación de aquel acto piadoso aparentemente dedicado al poeta. Había manifestado, en efecto, varias veces, que su hermana se había pegado un tiro, y tuvo luego que rectificar diciendo ser más cierto que se había envenenado. Ahora bien, el poeta llorado había muerto en un desafío a pistola.

Vuelvo ahora a la historia del hermano, que a partir de aquí habré de exponer en forma más pragmática. Pudimos fijar con precisión que la edad del sujeto cuando su hermana comenzó su iniciación sexual era la de tres años y tres meses. Las escenas descritas se desarrollaron, como ya hemos dicho, en la primavera de aquel mismo año en que los padres, al regresar en otoño de su viaje veraniego, encontraron al niño completamente transformado. Habremos, pues, de inclinarnos a relacionar dicha transformación con el despertar de su actividad sexual acaecida en el intervalo.

¿Cómo reaccionó el niño a la seducción de su hermana mayor? Con una decidida repulsa, como ya sabemos; pero tal repulsa se refería tan sólo a la persona y no a la cosa. La hermana no le era grata como objeto sexual, probablemente porque su actitud ante ella se encontraba ya determinada en un sentido hostil por su competencia en el cariño de los padres. Eludió, pues, su tentativa de aproximación sexual que no tardaron así en cesar por completo. Pero, en cambio, trató de sustituir la persona de su hermana por otra más querida, y las revelaciones de aquella, que había intentado justificar su proceder con el supuesto ejemplo de la "chacha", orientaron su elección hacia esta última. En consecuencia, comenzó a juguetear con su miembro ante la "chacha", conducta en la que hemos de ver una tentativa de seducción como en la mayor parte de aquellos casos en los que los niños no ocultan el onanismo. Pero la "chacha" le defraudó poniendo cara seria y declarando que aquello no estaba bien y que a los niños que lo hacían se les quedaba en aquel sitio una "herida".

Los efectos de esta revelación, equivalente a una amenaza de castración, actuaron en muchas direcciones, en las cuales habremos de seguir sus huellas. En primer lugar, su cariño por la "chacha" experimentó con ello un rudo golpe. En el momento mismo de su desilusión no pareció enfadado con ella, pero más tarde, cuando empezaron sus accesos de cólera, se demostró que le guardaba rencor. Ahora bien, uno de los rasgos característicos de su conducta consistía en que antes de abandonar una localización de su libido, imposible de sostener por más tiempo, la defendía siempre tenazmente; y así, cuando surgió en escena la institutriz e insultó a la "chacha", echándola del cuarto y queriendo destruir su autoridad, el sujeto exageró su cariño a la insultada y mostró su desvío y su enfado contra la inglesa. Pero, de todos modos, comenzó a buscar secretamente otro objeto sexual. La seducción le había dado el fin sexual pasivo de que le tocaran los genitales. Más adelante veremos de quién quería él conseguirlo y qué caminos le condujeron a tal elección.

Como era de esperar, sus primeras excitaciones sexuales iniciaron su investigación sexual, y no tardó en planteársele el problema de la castración. Por esta época pudo observar a dos niñas, su hermana y una amiguita suya, mientras estaban orinando. Su penetración natural hubiera debido hacerle deducir de esta percepción visual el verdadero estado de cosas, pero en lugar de ello, se condujo en aquella forma que ya nos es conocida por el análisis de otros niños. Rechazó la idea de que tal percepción confirmaba las palabras de la "chacha" en cuanto a la "herida" y se la explicó diciéndose que aquello era "el trasero de delante" de las niñas. Pero tal explicación no bastó para alejar de su pensamiento el tema de la castración. En consecuencia, continuó extrayendo de cuanto oía y veía alusiones a dicho tema, por ejemplo, cuando la institutriz, muy dada a fantasías terroríficas, le dijo que unas barritas de caramelo eran pedazos del cuerpo de una serpiente, hecho que le recordó un relato de su padre, según el cual, habiendo encontrado una culebra en un paseo por el campo, la había matado cortándola en pedazos con su bastón; o cuando le leyeron el cuento del lobo que quiso pescar peces en invierno, utilizando la cola como cebo, hasta que se le heló y se le cayó al agua. Así, pues, daba vueltas en su pensamiento al tema de la castración, pero no creía aún en la posibilidad de ser víctima de ella y, por lo tanto, no le inspiraba miedo. Los cuentos que en esta época llegó a conocer le plantearon otros problemas sexuales. En la *Caperucita Roja* y en las *Siete Cabritas*, los niños o las cabritas eran extraídos del vientre del lobo. Consiguientemente, o el lobo pertenecía al sexo femenino o también los varones podían albergar niños en el vientre. Este problema no llegó a obtener solución por aquella época. Además, durante el período de esta investigación sexual, el lobo no le inspiraba aún miedo.

Una de las comunicaciones del paciente nos facilita la comprensión de la alteración de su carácter surgida durante la ausencia de sus padres y remotamente enlazada con la seducción. Cuenta que después de la repulsa y la amenaza de la "chacha" abandonó muy pronto el onanismo. *La vida sexual iniciada bajo la dirección de la zona genital había, pues, sucumbido a una inhibición exterior cuya influencia la retrotrajo a una fase anterior correspondiente a la organización pregenital.* A consecuencia de esta supresión del onanismo, la vida sexual del niño tomó un carácter sádico-anal, y el infantil sujeto se hizo irritable, insoportable y cruel, satisfaciéndose en tal forma con los animales y las personas. Su objeto principal fue su amada "chacha" a la que sabía atormentar hasta hacerla llorar, vengándose así de la repulsa recibida y satisfaciendo simultáneamente sus impulsos sexuales en la forma correspondiente a la fase regresiva. Comenzó a hacer objeto de crueldades a animales pequeños, cazando moscas para arrancarles las alas y pisoteando a los escarabajos, y se complacía en la idea de maltratar también a animales más grandes, por ejemplo, a los caballos. Tratábase, pues, de actividades plenamente sádicas de signo positivo. Más tarde hablaremos de los impulsos anales correspondientes a esta época.

Facilitó grandemente el análisis el hecho de que en la memoria del paciente emergiera también el recuerdo de ciertas fantasías correspondientes a la misma época, pero de un género totalmente distinto, en las que se trataba de niños que eran objeto de maltratos consistentes principalmente en golpearles el pene. La personalidad de tales objetos anónimos quedó aclarada por otra fantasía, en la que el heredero del trono era encerrado en un calabozo y fustigado. El heredero del trono era, evidentemente, el sujeto mismo. Resultaba, pues, que en tales fantasías el sadismo primario de nuestro paciente se había vuelto contra su propia persona, transformándose en masoquismo. El detalle de que los golpes recayeran preferentemente sobre el miembro viril nos permite concluir que en tal transformación intervino ya una conciencia de culpabilidad relacionada con el onanismo.

El análisis no dejó lugar alguno a dudas en cuanto a que tales tendencias pasivas hubieran de emerger al mismo tiempo que las activas sádicas o inmediatamente después de ellas[67]. Así corresponde la *ambivalencia* del enfermo, extraordinariamente clara, intensa y persistente, que se exteriorizó aquí por vez primera en el desarrollo idéntico de los pares de instintos parciales antitéticos. Tal circunstancia continuó luego siendo característica en el sujeto; tan característica como la anteriormente mencionada de que, en realidad, ninguna de las posiciones de su libido desaparecía nunca por completo al surgir otras distintas, sino que subsistía junto a ellas, permitiéndole una continua oscilación que se demostró inconciliable con la adquisición de un carácter fijo.

Las tendencias masoquistas del sujeto nos conducen a un punto distinto, cuya mención hemos omitido hasta ahora porque sólo el análisis de la fase inmediatamente ulterior nos lo descubre con plena certeza. Dijimos que, después de ser rechazado por la "chacha", el sujeto desligó de ella sus esperanzas libidinosas y eligió otra persona como objeto sexual. Pues bien, tal persona fue la de su padre, ausente por entonces. A esta elección fue seguramente llevado por una coincidencia de distintos factores, casuales muchos de ellos, como el recuerdo del encuentro con la serpiente a la que había partido en pedazos. Pero, ante todo, renovaba con ella su primera y más primitiva elección de objeto, llevada a cabo, correlativamente al narcisismo del niño pequeño, por el camino de la identificación. Hemos oído ya que el padre había sido su ideal y que al preguntarle lo que quería ser acostumbraba responder que un señor como su papá. Este objeto de identificación de su tendencia activa pasó a ser, en la fase sádico-anal, el objeto sexual de una tendencia pasiva. Parece como si la seducción

---

[67] Por tendencias pasivas entendemos aquellos que tienen un fin sexual pasivo, pero sin referirnos con ello a una transformación de los instintos, sino tan sólo de los fines.

de que su hermana le había hecho objeto le hubiera impuesto el papel pasivo y le hubiera dado un fin sexual pasivo. Bajo la influencia continuada de este suceso recorrió luego el camino desde la hermana y pasando por la "chacha" hasta el padre, o sea, desde la actitud pasiva con respecto a la mujer hasta la actitud pasiva con respecto al hombre, hallando además en él un enlace con su fase evolutiva espontánea anterior. El padre volvió así a ser su objeto; la identificación quedó sustituida, como correspondía a un estado superior de la evolución, por la elección de objeto; y la transformación de la actitud activa en una actitud pasiva fue el resultado y el signo de la seducción acaecida en el intervalo: En la fase sádica no le habría sido, naturalmente, tan fácil llegar a una actitud activa con respecto al padre prepotente. Cuando el padre regresó a finales de verano o principios de otoño, los accesos de cólera del niño hallaron una nueva finalidad. Contra la "chacha" habían servido para fines sádicos activos; contra el padre perseguían propósitos masoquistas. Exteriorizando su maldad obligaba al padre a castigarle y pegarle, esto es, a procurarle la deseada satisfacción sexual masoquista. Así, pues, sus accesos de cólera no eran sino tentativas de seducción. Correlativamente a la motivación del masoquismo hallaba también en tales castigos la satisfacción de su sentimiento de culpabilidad. Recuerdo cómo en uno de tales accesos de cólera redobló sus gritos al ver acercarse a su padre. Pero el padre no le pegó, sino que intento apaciguarle jugando a la pelota con la almohada de su camita.

No sé con cuánta frecuencia tendrían sus padres ocasión de recordar esta relación típica ante la inexplicable conducta del niño. El niño que se conduce tan indómitamente confiesa con toda evidencia que desea atraerse un castigo. Busca simultáneamente en la corrección el apaciguamiento de su conciencia de culpabilidad y la satisfacción de sus tendencias sexuales masoquistas.

La ulterior aclaración de nuestro caso la debemos a la precisa aparición del recuerdo de que todos los síntomas de angustia y miedo se agregaron a la alteración del carácter justamente después de un cierto suceso. Antes del mismo el sujeto no había sentido nunca miedo, y sólo después de él comenzó ya a atormentarle. Fue posible fijar exactamente la fecha de ese cambio en los días inmediatamente anteriores a aquel en que cumplió los cuatro años. La época infantil de la que hemos de ocuparnos queda así dividida por este punto de referencia en dos fases: un primer período de maldad y perversidad, desde la seducción, acaecida cuando el sujeto tenía tres años, hasta su cuarto cumpleaños, y otro, sucesivo y más prolongado, en el que predominan los signos de la neurosis. Y el suceso que nos permite llevar a cabo esta división no es un trauma exterior, sino un sueño del que el sujeto despertó presa de angustia.

IV

El sueño y la escena primordial

"Soñé que era de noche y estaba acostado en mi cama (mi cama tenía los pies hacia la ventana a través de la cual se veía una hilera de viejos nogales. Sé que cuando tuve este sueño era una noche de invierno). De pronto se abre sola la ventana y veo, con gran sobresalto, que en las ramas del grueso nogal que se alza ante la ventana hay encaramados unos cuantos lobos blancos. Eran seis o siete, totalmente blancos, y parecían más bien zorros o perros de ganado, pues tenían grandes colas como los zorros y enderezaban las orejas como los perros cuando ventean algo. Presa de horrible miedo, sin duda de ser comido por los lobos, empecé a gritar... y desperté. Mi niñera acudió para ver lo que me pasaba y tardé largo rato en convencerme de que sólo había sido un sueño; tan clara y precisamente había visto abrirse la ventana y a los lobos posados en el árbol. Por fin me tranquilicé, sintiéndome como salvado de un peligro, y volví a dormirme".

"El único movimiento del sueño fue el de abrirse la ventana, pues los lobos permanecieron quietos en las ramas del árbol, a derecha e izquierda del tronco, y mirándome. Parecía como si toda su atención estuviera fija en mí. Creo que fue este mi primer sueño de angustia. Tendría por entonces tres o cuatro años, cinco a lo más. Desde esta noche hasta mis once o doce años tuve siempre miedo de ver algo terrible en sueños".

El sujeto dibujó la imagen de su sueño tal y como la había descrito (Fig. 1). El análisis nos procuró el material siguiente:

El sujeto ha relacionado siempre este sueño con su recuerdo de que en aquellos años de su infancia le inspiraba intenso miedo una estampa de un libro de cuentos en la que se veía un lobo. Su hermana, mayor que él y de inteligencia mucho más desarrollada, se gozaba en hacerle encontrar a cada paso y cuando menos lo esperaba aquella estampa ante la cual empezaba a llorar y gritar presa de intenso miedo. La estampa representaba un lobo andando en dos pies, con las garras extendidas hacia adelante y enderezadas las orejas. Cree recordar que correspondía al cuento de la *Caperucita Roja*.

Fig. 1

¿Por qué eran blancos los lobos de su sueño? Este detalle le hace pensar en los grandes rebaños de ovejas que pastaban en los prados cercanos a la finca. Su padre le llevaba algunas veces consigo cuando iba a visitar dichos rebaños, favor que el pequeño sujeto agradecía encantado y orgulloso. Más tarde —según los informes obtenidos, pudo ser poco tiempo antes del sueño— estalló entre las ovejas una mortal epizootia. El padre hizo venir a un discípulo de Pasteur que vacunó a los animales, pero estos siguieron sucumbiendo a la enfermedad a pesar de la vacuna y en mayor número aún que antes de la misma.

¿Cómo aparecen los lobos subidos en el árbol? Con esta idea asocia el sujeto un cuento que había oído contar a su abuelo. No recuerda si fue antes o después de su sueño, pero el contenido del relato testimonia claramente en favor de lo primero. Tal cuento fue el siguiente: Un sastre estaba trabajando en su cuarto cuando se abrió de pronto la ventana y entró por ella un lobo. El sastre lo golpeó con la vara de medir... O, mejor dicho —rectifica en el acto el paciente— le cogió por la cola y se la arrancó de un tirón, logrando así que el lobo huyese asustado. Días después, cuando el sastre paseaba por el bosque, vio venir hacia él una manada de lobos y tuvo que subirse a un árbol para librarse de ellos. Los lobos se quedaron al principio sin saber qué hacer, pero aquel a quien el sastre había arrancado la cola, deseoso de vengarse de él, propuso a los demás que se subieran unos encima de otros hasta que el último alcanzase al sitiado, ofreciéndose él mismo a servir de base y de sostén a los demás. Los lobos siguieron su consejo, pero el sastre, que había reconocido a su mutilado visitante, gritó de pronto: "¡Cogedle de la cola!" y el lobo rabón se asustó tanto al recuerdo de su desgraciada aventura, que echó a correr e hizo caer a los demás.

Este cuento integra el antecedente del árbol en el cual aparecen encaramados los lobos en el sueño. Pero también contiene una alusión inequívoca al complejo de la castración. El sastre mutiló al viejo lobo arrancándole la cola. Las largas colas de zorro que los lobos ostentan en el sueño son seguramente compensaciones de tal mutilación.

¿Por qué son seis o siete los lobos? El paciente pareció no poder responder a esta interrogante hasta que yo puse en duda que la estampa que le daba miedo pudiera corresponder al cuento de la *Caperucita Roja*. Este cuento no da, en efecto, ocasión, más que a dos ilustraciones, correspondientes, respectivamente, al encuentro de la Caperucita con el lobo en el bosque y a la escena en la que el lobo aparece acostado y con la cofia de la abuela puesta. Detrás del recuerdo de aquella estampa debía, pues, de ocultarse otro cuento. Así orientado el sujeto, no tardó en hallar que tal cuento sólo podía ser el del lobo y las siete cabritas. En él aparece el número siete, pero también el seis, pues el lobo devora tan sólo a seis cabritas, ya que la séptima se esconde en la caja del reloj. También el color blanco aparece en este cuento, pues el lobo se hace blanquear una pata por el panadero para evitar que las cabritas vuelvan a reconocerle, como otra vez anterior, al mostrársela en su pelaje gris. Ambos cuentos tienen, por lo demás, muchos puntos comunes. En ambos hallamos que el lobo devora a alguien y que luego le abren el vientre sacando a las personas o a los animales devorados y sustituyéndolos por piedras, y también acaban los dos con la muerte de la malvada fiera. En el cuento de las siete cabritas aparece, además, un árbol, pues luego de comerse a las cabritas el lobo se tumba a dormir a la sombra de un árbol y ronca desaforadamente.

A causa de una circunstancia particular habremos de volver a ocuparnos en otro lugar de este sueño y entonces completaremos su estudio y su interpretación. Tratase de un primer sueño de angustia soñado en la infancia y cuyo contenido, relacionado con otros sueños inmediatamente sucesivos y con ciertos acontecimientos de la niñez del sujeto, despierta un especialísimo interés. De momento nos limitaremos a la relación del sueño con dos cuentos que presentan amplias coincidencias: *Caperucita roja* y *El lobo y las siete cabritas*. La impresión que estos sueños causaron al infantil sujeto se exteriorizó en una verdadera zoofobia que sólo se diferenció de otros casos análogos en que el objeto temido no era un animal fácilmente accesible a la percepción del sujeto —como, por ejemplo, el perro o el caballo—, sino tan sólo conocido de oídas y por las estampas del libro de cuentos.

Ya expondremos en otra ocasión qué explicación tienen estas zoofobias y cuál es su significación. Por lo pronto, sólo anticiparemos que tal explicación armoniza perfectamente con el carácter principal de la neurosis de nuestro sujeto en épocas ulteriores de su vida. El motivo capital de su enfermedad había sido el miedo a su padre, y tanto su vida como su conducta en el tratamiento se mostraban regidas por su actitud ambivalente ante todo sustitutivo del padre.

Si para nuestro paciente el lobo era tan sólo un primer sustituto del padre, habremos de preguntarnos si el cuento del lobo que devora a las cabritas y el de la *Caperucita roja* integran, como contenido secreto, algo distinto del miedo infantil al padre[68]. Además, el padre de nuestro paciente, como tantos otros adultos, tenía la costumbre de amenazar en broma a los niños, y seguramente en sus juegos con su hijo durante la más temprana infancia del mismo hubo de decirle más de una vez, cariñosamente: "Te voy a comer". Otro de mis pacientes me contó, en una ocasión, que sus dos hijos no habían podido nunca tomar cariño al abuelo porque cuando jugaba con ellos solía asustarlos en broma diciéndoles que les iba a abrir la tripita para ver lo que tenían dentro.

Dejando a un lado todo lo que pueda anticipar nuestro aprovechamiento de este sueño en la labor analítica, tornaremos a su interpretación directa. He de hacer constar que tal interpretación fue tarea de varios años. El paciente comunico

---

[68] *Cf.* La analogía señalada por Otto Rank entre estos dos cuentos y el mito de Cronos. (*Zentralblatt f. Psychoanalyse*, II, 8).

este sueño en la primera época del tratamiento y no tardó en compartir mi convicción de que precisamente detrás de él se ocultaba la causa de su neurosis infantil. En el curso del tratamiento volvimos repetidamente sobre él, pero sólo en los últimos meses de la cura conseguimos desentrañarlo por completo, y por cierto merced a la espontánea labor del paciente. Este había hecho resaltar siempre dos factores de su sueño que le habían impresionado más que todo el resto. En primer lugar, la absoluta inmovilidad de los lobos, y en segundo, la intensa atención con la que todos ellos le miraban. También la tenaz sensación de realidad con la que terminó el sueño le parecía digna de atención.

A esta última sensación enlazaremos nuestra labor interpretadora. Por nuestra experiencia de la interpretación onírica sabemos que tal sensación de realidad entraña una determinada significación. Nos revela que en el material latente del sueño hay algo que aspira a ser recordado como real, esto es, que el sueño se refiere a un suceso realmente acaecido y no sólo fantaseado. Naturalmente, sólo puede tratarse de la realidad de algo desconocido, de manera que la convicción, por ejemplo, de que el abuelo había contado realmente la historia del sastre y el lobo, o de haber oído leer el cuento de la *Caperucita roja* o el de las *Siete cabritas*, no podía nunca reflejarse en la sensación de realidad prolongada después del sueño. Este parecía aludir a un suceso cuya realidad era acentuada así en contraposición a la irrealidad de los cuentos.

Si detrás del contenido del sueño habíamos de suponer existente una tal escena desconocida, o sea, olvidada en el momento del sueño, tal escena debía de haber sido muy anterior. El sujeto nos dice que en la época de su sueño tenía tres o cuatro años, cinco a lo más; y por nuestra parte podemos añadir que el sueño le recordó algo que había de pertenecer a una época todavía más temprana.

El descubrimiento del contenido de tal escena debía sernos facilitado por aquello que el sujeto hacia resaltar en el contenido onírico manifiesto, o sea, por el atento mirar de los lobos y su inmovilidad. Esperamos, naturalmente, que este material reproduzca con una deformación cualquiera el material desconocido de la escena buscada, deformación que tal vez pueda consistir en una transformación en lo contrario.

De la materia prima que el primer análisis del sueño hubo de suministrarnos podían deducirse varias conclusiones. Detrás de la mención de los rebaños de ovejas debían buscarse las pruebas de la investigación sexual infantil, cuyas interrogantes podía ver satisfechas el sujeto en sus visitas con el padre a los rediles, pero también indicios de miedo a la muerte, ya que las ovejas habían sucumbido en su mayor parte a la epizootia. El elemento más acusado del sueño, o sea, la situación de los lobos en las ramas del árbol, conducía directamente al relato del abuelo, en el cual sólo su relación con el tema de la castración podía ser lo apasionante y el estímulo del sueño.

Del primer análisis incompleto del sueño dedujimos, además, que el lobo era una sustitución del padre, de manera que este primer sueño de angustia habría exteriorizado aquel miedo al padre, que desde entonces había de dominar la vida del sujeto. Tal conclusión no era aún, en modo alguno, obligada. Pero si reunimos como resultado del análisis provisional todo lo que se deduce del material proporcionado por el sujeto dispondremos ya de los siguientes fragmentos para la reconstrucción:

Un suceso real —acaecido en época muy temprana— el acto de mirar fijamente —inmovilidad— problemas sexuales —castración— el padre —algo terrible.

Un buen día, el sujeto inició espontáneamente la continuación de la interpretación de su sueño. Opinaba que aquel fragmento del mismo en que la ventana se abría sola no quedaba totalmente explicado por su relación con la ventana detrás de la cual trabajaba el sastre del cuento y por la que entraba el lobo. A su juicio, debía tener otro sentido: el de que él mismo abría de repente los ojos. Quería, pues, decir, que estando dormido había despertado de pronto y había visto algo: el árbol con los lobos. Nada podía objetarse contra tal interpretación, que además podía servir de base a nuevas deducciones. Había despertado y había visto algo. La fija contemplación atribuida en el sueño a los lobos debía más bien ser atribuida al propio sujeto. Resultaba, por lo tanto, que en un detalle decisivo se había cumplido una inversión, la cual, además, aparecía ya anunciada por otra integrada en el contenido onírico manifiesto, que mostraba a los lobos encaramados en las ramas, mientras que en el relato del abuelo estaban abajo y no podían subir al árbol.

¿Y si también el otro detalle acentuado por el sujeto se hallara deformado por una inversión? Entonces, en lugar de inmovilidad (los lobos se mantenían quietos, mirándole fijamente, pero sin moverse) se trataría de un agitado movimiento. Así, pues, el sujeto habría despertado de repente y habría visto ante sí una escena muy movida que contempló con intensa atención. En el primer caso, la deformación habría consistido en una transposición de sujeto y objeto, actividad y pasividad, ser mirado en vez de mirar; y en el segundo, en una transformación en lo antitético: inmovilidad en lugar de movimiento.

Otra asociación que emergió de repente nos procuró una nueva aproximación a la inteligencia del sueño: El árbol era el árbol de Navidad. El sujeto recordaba ahora haber soñado aquello pocos días antes de Nochebuena, hallándose agitado por la expectación de los regalos que iba a recibir. Como el día de Nochebuena era también su cumpleaños, pudimos ya fijar con toda seguridad la fecha del sueño y de la transformación de la cual fue el punto de partida. Había sido poco antes de cumplir los cuatro años. El infantil sujeto se había acostado excitado por la expectación que despertaba en él la proximidad del día que había de traerle dobles regalos. Sabemos que en tales circunstancias los niños anticipan fácilmente en sus sueños el cumplimiento de sus deseos. Así, pues, en el de nuestro paciente era ya Nochebuena y el contenido del sueño le mostraba colgados del árbol los regalos a él destinados. Pero tales regalos se habían convertido en lobos y el sueño terminó sintiendo el niño miedo a ser devorado por el lobo (probablemente por el padre) y refugiándose al amparo de la niñera. El conocimiento de su evolución sexual anterior al sueño nos hace posible cegar la laguna existente en el mismo y aclarar la transformación de la satisfacción en angustia. Entre los deseos productores del sueño hubo de ser el más fuerte el de la satisfacción sexual que por entonces ansiaba recibir de su padre. La intensidad de tal deseo consiguió reavivar la huella mnémica, olvidada hacía ya mucho tiempo, de una escena en la que él mismo presenciaba cómo su padre procuraba a alguien satisfacción sexual, y el resultado de esta evocación fue la emergencia del miedo: terror ante el cumplimiento de su deseo, represión del impulso representado por el mismo, y, en consecuencia, huida lejos del padre y junto a la niñera, menos peligrosa.

La significación que de este modo integraba para él el día de Nochebuena se había conservado en el pretendido recuerdo de haber sufrido el primer acceso de cólera a causa de no haberle satisfecho los regalos recibidos en tal fecha. Este recuerdo integraba elementos exactos e inexactos y no podía ser aceptado como verdadero sin alguna modificación, pues según las repetidas manifestaciones de sus familiares, la alteración del carácter del sujeto se había hecho ya notar a principios de otoño, o sea, mucho antes de Nochebuena. Pero lo esencial de las relaciones entre la insatisfacción erótica, la cólera y el día de Nochebuena había sido conservado en el recuerdo.

Ahora bien, ¿cuál podía ser la imagen conjurada por la actuación nocturna del deseo sexual con poder suficiente para apartar, temeroso, al sujeto del cumplimiento de sus deseos? De acuerdo con el material suministrado por el análisis tal imagen había de llenar una condición, pues tenía que ser adecuada para fundamentar el convencimiento de la existencia de la castración. El miedo a la castración fue luego el motor de la transformación de los afectos.

Llega aquí el punto en el que he de separarme del curso del análisis, y temo sea también aquel en que abandone por completo la confianza del lector.

Lo que aquella noche hubo de ser activado en el caso de las huellas de impresiones inconscientes, fue la imagen de un coito entre los padres del sujeto, realizado en circunstancias no del todo habituales y especialmente favorables para la observación. El repetido retorno del sueño durante el curso del tratamiento, en innumerables variantes y nuevas ediciones que fueron siendo sucesivamente explicadas por el análisis, nos permitió ir obteniendo poco a poco respuestas satisfactorias a todas las interrogantes que a dicha escena hubieron de enlazarse. Resultó así, en primer lugar, que la edad del niño cuando le sorprendió era la de año y medio. Padecía entonces de una fiebre malaria, cuyos accesos retornaban diariamente a una hora determinada[69]. A partir de sus diez años comenzó a padecer, por temporadas, depresiones que se iniciaban a primera hora de la tarde y alcanzaban su máximo nivel hacia las cinco. Este síntoma subsistía aún en la época del tratamiento analítico. Tales accesos de depresión sustituían a los de fiebre o postración sufridos en aquella pasada época infantil, y las cinco de la tarde había de ser la hora en que por entonces alcanzaba la fiebre su máximo nivel o aquella en que el infantil sujeto sorprendió el

---

[69] *Cf.* Las ulteriores transformaciones de este factor en la neurosis obsesiva. En los sueños emergidos durante el tratamiento fue sustituido por un fuerte viento (aria=aire).

coito de sus padres, si es que coincidieron ambas[70]. A causa probablemente de su enfermedad, sus padres le habían acogido en su alcoba conyugal. Tal enfermedad, comprobada también por la tradición familiar, nos inclina a situar el acontecimiento en el verano y suponer así para el sujeto, nacido el día de Nochebuena, una edad de $n + 1 \frac{1}{2}$ años. Dormía, pues, en su camita, colocada en la alcoba de sus padres, y despertó, acaso por la subida de la fiebre, avanzada ya la tarde y quizá precisamente a las cinco, hora señalada después de sus accesos de depresión. Con nuestra hipótesis de que se trataba de un caluroso día de verano armoniza el hecho de que los padres se hubiesen retirado a dormir la siesta y se hallasen medio desnudos encima de la cama[71]. Cuando el niño despertó fue testigo de un *coitus a tergo* repetido por tres veces[72], pudo ver los genitales de su madre y los de su padre, y comprendió perfectamente el proceso y su significación[73]. Por último, interrumpió el comercio de sus padres en una forma de la cual más adelante hablaremos.

En el fondo, no tiene nada de extraordinario, ni hace la impresión de ser el producto de una acalorada fantasía el que un matrimonio joven, casado pocos años antes, se acaricie durante las horas de la siesta en una calurosa tarde de verano sin tener

---

[70] Con esta circunstancia habrá de relacionarse el hecho de que en su dibujo sólo incluyera el paciente cinco lobos, aunque el texto del sueño consigna seis o siete.

[71] En ropas interiores *blancas*: el color *blanco* de los lobos.

[72] ¿Por qué precisamente tres veces? El sujeto sentó de pronto la afirmación de que tal detalle había sido reducido por mí en el curso del análisis. Pero no era así. Se trataba de una ocurrencia espontánea suya, sustraída a toda reflexión crítica y que me atribuía, según costumbre, para que una tal proyección se la hiciera más verosímil.

[73] Tal comprensión no tuvo efecto en el momento mismo de la percepción, sino ulteriormente, en la época del sueño, cuando el sujeto tenía ya cuatro años. En el momento de la percepción no hizo sino extraer las impresiones cuya comprensión *a posteriori*, en la época del sueño, le fue facilitada por su desarrollo, su excitación sexual y su investigación sexual.

en cuenta la presencia de un niño de año y medio, dormido tranquilamente en su cuna. A mi juicio, se trata de algo trivial y cotidiano, sin que tampoco la postura elegida para el coito tenga nada de extraño, tanto más cuanto que del material probatorio no puede deducirse que el mismo fuese realizado todas las veces en la postura indicada. Una sola vez hubiera bastado para procurar al espectador ocasión de observaciones que otra postura de los actores hubiera dificultado o incluso excluido. El contenido mismo de esta escena no puede constituir, pues, un argumento contra su verosimilitud, la cual se fundará más bien en otras tres circunstancias diferentes: Primera, que un niño de la temprana edad de año y medio pueda acoger las percepciones de un proceso tan complicado y conservarlas tan fielmente en su inconsciente; segunda, que luego, a los cuatro años de edad, sea posible una elaboración *a posteriori* de las impresiones recibidas, destinada a facilitar su comprensión; y tercera, que exista un procedimiento susceptible de hacer conscientes de un modo coherente y convincente los detalles de una tal escena, vivida y comprendida en semejantes circunstancias[74].

Examinaremos cuidadosamente estas y otras objeciones, asegurando al lector que, por nuestra parte, adoptamos una actitud no menos crítica que él ante la hipótesis de que el niño pudiera realizar una tal observación, pero rogándole que se decida con nosotros a aceptar provisionalmente la realidad de la escena. Queremos primero continuar el estudio de las

---

[74] No es posible salvar la primera de estas dificultades suponiendo que en la época de su observación tuviera el niño un año más, esto es, dos años y medio, edad en la que podía ya saber hablar, pues todas las circunstancias accesorias del caso excluyen terminantemente tal hipótesis. Por lo demás, ha de tenerse en cuenta que el descubrimiento de tales escenas de observación del coito entre los padres no es nada raro en el análisis. Y tienen por condición la de pertenecer a la más temprana infancia, pues cuanto mayor es un niño, más se cuidan los padres, sobre todo en un cierto nivel social, de no darle ocasión a tales observaciones.

210

relaciones de esta "escena primordial" con el sueño, los síntomas y la historia del paciente. Perseguiremos por separado los efectos emanados de su contenido esencial y los que tienen su punto de partida en una de sus impresiones visuales.

Tal impresión visual es la correspondiente a las posturas que el niño vio adoptar a la pareja parental: erguido el padre y agachada, en posición animal, la madre. Hemos visto ya que en el período de miedo infantil del sujeto solía asustarle su hermana mostrándole una estampa del libro de cuentos en la que aparecía el lobo andando en dos pies con las garras extendidas y las orejas enderezadas. Durante el tratamiento, se tomó el trabajo de rebuscar en las librerías de viejo hasta que encontró aquel libro de cuentos de su infancia y reconoció la estampa que tanto le asustaba en una ilustración del cuento del lobo y las siete cabritas. Opinaba que la postura del lobo en aquella estampa había podido recordarle la de su padre en la escena primordial. Tal estampa fue, de todos modos, el punto de partida de ulteriores medios. Cuando, teniendo ya siete u ocho años, le comunicaron que al día siguiente vendría a darle clase un nuevo profesor, soñó, por la noche, que tal profesor, en figura de león y en la misma postura que el lobo en la famosa estampa, se acercaba rugiendo a su cama, y de nuevo despertó presa de angustia. Como el sujeto había dominado ya su fobia al lobo, se hallaba en situación de elegir un nuevo animal en calidad de objeto de angustia, y en aquel sueño ulterior elevó al anunciado profesor a la categoría de sustituto del padre.

En los últimos años de su infancia todos y cada uno de sus profesores desempeñaron este mismo papel de sustitutos del padre, siendo investidos de la influencia paterna tanto para el bien como para el mal.

El destino deparó al sujeto una ocasión singular de reavivar su fobia al lobo en su época de estudiante de segunda enseñanza y convertir en punto de partida de graves inhibiciones la relación que dicha fobia entrañaba en su fondo. En efecto, el profesor encargado de la clase de latín se llamaba Lobo. El sujeto se sintió intimidado por él desde un principio, y cuando luego se atrajo una grave represión por haber cometido en una traducción latina una falta absolutamente estúpida, no logró ya libertarse de un intenso miedo a aquel profesor, miedo que no tardó en extenderse a todos los demás. También el motivo que le atrajo la represión citada se relacionaba con sus complejos. Tratábase, en efecto, de traducir la palabra latina *filius* y el sujeto lo hizo con la palabra francesa *fils*, en lugar de emplear el término correspondiente de su lengua materna. Y es que el lobo era todavía el padre[75].

El primero de los "síntomas pasajeros" que el paciente produjo en el tratamiento se refería aún a la fobia al lobo y al cuento de las *Siete cabritas*. En la habitación en que se desarrollaron las primeras sesiones del tratamiento había un gran reloj de caja frente al paciente, que se hallaba tendido en un diván casi de espaldas al lugar que yo ocupaba, y me extrañó comprobar que el sujeto volvía de cuando en cuando la cara hacia mí con expresión amable, como tratando de

---

[75] Después de haber sido objeto de aquella dura represión por parte del profesor Lobo, supo el sujeto, por ser opinión corriente entre sus compañeros, que aquel profesor extremaba su severidad esperando ser apaciguado luego por los alumnos con regalos en dinero. Más adelante volveremos sobre este detalle. Me figuro que alivio constituiría para quienes consideren este historial infantil desde un punto de vista racionalista la posibilidad de suponer que todo el miedo al lobo había tenido, en realidad, su punto de partida en el profesor de latín así llamado, habiendo sido luego proyectado regresivamente sobre la infancia y engendrado, con el apoyo de la ilustración del libro de cuentos, la escena primordial. Pero ello es absolutamente insostenible, pues la prioridad temporal de la fobia al lobo y su localización en los años infantiles que el sujeto pasó en la primera finca quedaron indudablemente demostrados por toda clase de testimonios. ¿Y el sueño soñado a los cuatro años?

congraciarse conmigo y miraba después el reloj. Por entonces supuse que mostraba así su deseo de ver terminada pronto la hora del tratamiento, pero mucho tiempo después el sujeto mismo me habló de aquellos manejos suyos y me procuró su explicación, recordando que la menor de las siete cabritas se escondía en la caja del reloj mientras que sus seis hermanas eran devoradas por el lobo. Quería, pues, decirme por entonces: "Sé bueno conmigo. ¿Debo acaso tenerte miedo? ¿Me comerás? ¿Tendré que huir de ti y esconderme, como la cabrita más joven, en la caja del reloj?"

El lobo que le daba miedo era, indudablemente, el padre, pero su miedo al lobo se hallaba ligado a la condición de que el mismo se mostrara en posición erecta. Su memoria le recordaba con toda precisión que otras estampas que representaban al lobo andando a cuatro pies o metido en la cama, como en la ilustración de la *Caperucita roja*, no le habían asustado nunca. No fue ciertamente menor la importancia adquirida por la postura que, según nuestra reconstrucción de la escena primordial, había visto adoptar a la mujer; pero tal importancia permaneció limitada al terreno sexual.

El fenómeno más singular de su vida erótica ulterior a la pubertad, consistía en accesos de enamoramiento sexual obsesivo que emergían y desaparecían en sucesión enigmática, desencadenando en él una gigantesca energía incluso en períodos de inhibición y escapando por completo a su dominio. Una interesantísima relación me obliga a aplazar el estudio completo de estos enamoramientos obsesivos, pero puedo ya anticipar que se hallaban enlazados a una determinada condición oculta a su conciencia y que sólo durante la cura emergió en ella.

La mujer tenía que mostrársele en la postura que en la escena primordial hemos adscrito a la madre. Desde su pubertad veía el máximo atractivo femenino en unas redondas nalgas opulentas, y la cohabitación en postura distinta del *coitus a tergo* no le proporcionaba casi placer. Cabe aquí la objeción de que semejante preferencia sexual es un carácter general de las personas inclinadas a la neurosis obsesiva, no estando, pues, justificada su derivación de una impresión particular de la infancia. Pertenece al cuadro de la disposición erótico-anal, contándose entre aquellos rasgos arcaicos que caracterizan a tal constitución. En el coito *more ferarum* podemos ver, en efecto, la forma más antigua de la cohabitación desde el punto de vista filogénico. Más adelante volveremos sobre este punto cuando hayamos expuesto el material referente a su condición erótica inconsciente.

Continuemos, pues, el examen de las relaciones entre el sueño y la escena primordial. Según nuestras esperanzas, el sueño debía mostrar al niño, excitado por el próximo cumplimiento de sus deseos en la Nochebuena, la imagen de la satisfacción sexual procurada por el padre, tal y como él la había visto en aquella escena primordial y como modelo de la propia satisfacción que él deseaba recibir del mismo. Pero en lugar de esa imagen aparece el material del cuento que su abuelo le había contado poco antes: el árbol, los lobos y la falta de cola, representada en forma de supercompensación por las colas frondosas de los supuestos lobos. Nos falta aquí un enlace, un puente asociativo, que nos conduzca desde el contenido de la historia primordial al del cuento del lobo, y tal enlace nos es procurado de nuevo por la postura y sólo por ella. En el cuento del abuelo, el lobo rabón invita a los demás a subirse encima de él. Este detalle despertó el recuerdo de la imagen de la escena primordial, y por este camino pudo ya quedar representado el material de la escena primordial por el del cuento del lobo, siendo sustituida, al mismo tiempo, en la forma deseada, la cifra dual de los padres, por la pluralidad de los lobos. Por último, la adaptación del material del cuento del sastre y el lobo al contenido del cuento de las siete cabritas, del que tomó el número siete, impuso una nueva modificación al contenido onírico[76].

La transformación del material —escena primordial, cuento del lobo, cuento de las siete cabritas— refleja la progresión del pensamiento durante la elaboración del sueño: deseo de alcanzar la satisfacción sexual con ayuda del padre —reconocimiento de la condición de la castración a ella enlazada—, miedo al padre.

A mi juicio quedó así exhaustivamente aclarado el sueño de angustia soñado por nuestro sujeto a los cuatro años[77].

---

[76] El texto del sueño habla de seis o siete. Seis es el número de las cabritas devoradas por el lobo, pues la séptima se salvó escondiéndose de la caja del reloj. Es ley estricta de la interpretación onírica que todo detalle encuentre su explicación.

[77] Una vez conseguida la síntesis de este sueño vamos a intentar exponer visiblemente las relaciones del contenido onírico manifiesto con las ideas oníricas latentes.

Es de noche y estoy acostado en mi cama. Lo último es el comienzo de la reproducción de la escena primordial. "Es de noche" es una deformación de "estaba durmiendo". La observación "Sé que cuando tuve este sueño era una noche de invierno" se refiere al recuerdo del sueño y no pertenece a su contenido. Es exacta, pues fue una noche próxima a su cumpleaños, o sea, al día de Nochebuena.

De pronto, se abre sola la ventana. Traducción: Despierto espontáneamente de pronto: recuerdo de la escena primordial. La influencia de la historia del lobo se impone con una modificación y transforma la expresión directa en una metáfora. Al mismo tiempo, la introducción de la ventana sirve para incluir en el presente el contenido sucesivo del sueño. En la tarde de Nochebuena se abre de repente la puerta y deja ver el árbol de Navidad con los regalos. Se impone, pues, en este punto, la influencia de la expectación despertada en el infantil sujeto por la proximidad de la Nochebuena, expectación que se refiere también a la satisfacción sexual.

El grueso nogal. Representación del árbol de Navidad, y, como tal, correspondiente a la época del sueño, pero también del árbol en el que se refugia el sastre y al pie del cual acechan los lobos. Un árbol alto es también, como frecuentemente he podido comprobar, un símbolo de la observación de la actividad del *voyeur*. Subido en un árbol puede uno ver, sin ser advertido, todo lo que abajo sucede. *Cf.* El conocido cuento de Boccaccio y multitud de otros análogos. ▶

Los lobos. Su número: *seis o siete*. En el cuento del lobo son una manada sin número fijo. La determinación numérica muestra la influencia del cuento de las siete cabritas, de las cuales son devoradas seis. La sustitución del número dual de la escena primordial por una pluralidad, que en dicha escena hubiera sido absurda, es acogida por la resistencia como medio de deformación. En el dibujo en que el sujeto representó su sueño expresó el número cinco como rectificación, probablemente, del dato de que era de noche.

Los lobos estaban encaramados en el árbol. Sustituyen primeramente a los regalos colgados del árbol de Navidad. Pero han sido encaramados a árbol porque ello puede significar que observan algo. En el cuento del abuelo permanecen al pie del árbol. Así, pues, su relación con el árbol ha sido invertida en el sueño, de lo cual ha de deducirse que el contenido onírico integra otras inversiones del material latente.

Le miran con intensa atención. Este detalle ha pasado entero de la escena primordial al sueño a costa de una inversión total.

Son complementos blancos. Este detalle, no esencial en sí, pero enérgicamente acentuado en el relato del sujeto, debe su intensidad a una amplia amalgama de elementos de todos los estratos del material, y une luego detalles secundarios de las demás fuentes del sueño con un fragmento importante de la escena primordial. Esta última determinación procede, probablemente, de la blancura de las ropas de la cama de los padres y de las prendas interiores de los mismos, del color blanco de las ovejas y de los perros de ganado, como alusión a sus investigaciones sexuales en los animales, y, por último, del color blanco aparente en el cuento de las siete cabritas, las cuales reconocen por él a su madre. Más adelante veremos también como la ropa blanca constituye una alusión a la muerte.

Permanecían inmóviles. Con este detalle queda contradicho el contenido más acusado de la escena, la movilidad que, por la posición a la que conduce, establece el enlace entre la escena primordial y el cuento del lobo.

Tenían grandes colas, como los zorros. Este detalle está destinado a contradecir un resultado nacido de la influencia de la escena primordial sobre el cuento del lobo, y en el que debemos ver la conclusión más importante de la investigación sexual: Existe, pues, realmente, una castración. El sobresalto con el cual es acogido este resultado mental se abre por fin camino hasta el sueño y pone término al mismo.

El miedo a ser devorado por los lobos. Al sujeto no le parecía motivado por el contenido del sueño. Decía que no había tenido por qué asustarse, pues los lobos parecían más bien zorros o perros, y no se abalanzaron hacia él como para morderle, sino que permanecieron inmóviles, sin mostrarse nada temibles. Vemos que la elaboración del sueño se ha esforzado en hacer inofensivos los contenidos

Después de lo anteriormente expuesto puedo ya concretar a breves indicaciones sobre el efecto patógeno de la escena primordial y la alteración que su despertar provocó en la evolución sexual del sujeto. Perseguiremos tan sólo aquel efecto que el sueño exterioriza. Más adelante nos explicaremos que de la escena primordial no emanase una sola corriente sexual, sino toda una serie de ellas, como en una fragmentación de la libido. Habremos además de tener en cuenta que la "activación" de esta escena (evito intencionadamente emplear la palabra "recuerdo") provoca los mismos efectos que si fuera un suceso reciente. La escena actúa *a posteriori* sin haber perdido nada de su lozanía en el intervalo entre el año y medio y los cuatro años. Quizá encontremos más adelante un nuevo punto de apoyo para demostrar que ya en la época de su percepción, o sea, a partir del año y medio del sujeto, provocó determinados efectos.

---

penosos por medio de una transformación en sus antítesis. (No se movían y tenían unas hermosas colas). Hasta que fallaron tales medios y estalló la angustia, que halló una expresión con ayuda del cuento en el que las cabritas-niños son comidas por el lobo-padre. Probablemente, este mismo contenido recordó al sujeto las humorísticas amenazas que su padre le dirigía en sus juegos con él. ("¡Te voy a comer!"), de manera que el miedo de ser comido por el lobo pudo ser tanto una reminiscencia como una sustitución por desplazamiento.

Los motivos optativos de este sueño son fácilmente aprehensibles: A los deseos diurnos superficiales de que hubiera llegado ya la Nochebuena con sus regalos (sueño de impaciencia) se une el deseo, más profundo y permanente en aquella época, de la satisfacción sexual procurada por el padre, el cual deseo es sustituido primeramente por el de volver a ver aquello que tanto le impresionó en tiempo. Luego, el proceso psíquico sigue su curso desde el cumplimiento de este deseo en la escena primordial conjurada hasta la repulsa del deseo y la represión, inevitables ya.

La amplitud y la minuciosidad de la exposición a que me obliga el deseo de dar al lector algún equivalente de la fuerza probatoria de un análisis personalmente llevado a cabo, deberá hacerle ver la imposibilidad de comunicar análisis prolongados a través de varios años.

Cuando el paciente profundizaba en la situación de la escena primordial, extraía a la luz las siguientes autopercepciones: Había supuesto, al principio, que el proceso observado era un acto violento, pero tal hipótesis no armonizaba con la expresión placentera que había advertido en el rostro de su madre, debiendo así reconocer que se trataba de una satisfacción[78]. Lo esencialmente nuevo que la observación del comercio sexual de sus padres hubo de procurarle fue el convencimiento de la realidad de la castración, cuya posibilidad había ocupado ya antes sus pensamientos. (La vista de las dos niñas orinando, la amenaza de la "chacha", la interpretación dada por la institutriz a los caramelos de colores, el recuerdo de que su padre había cortado en pedazos a una culebra). Pues ahora veía con sus propios ojos la herida de la que la "chacha" le había hablado

---

[78] Como mejor podemos tener en cuenta esta manifestación del sujeto es suponiendo que el objeto de su observación fue primero un coito en postura normal, el cual despierta siempre la impresión de un acto sádico. Sólo después de este coito habría sido cambiada la postura dándole ocasión de otras observaciones y otros juicios. Pero esta hipótesis no pudo ser comprobada en el análisis, ni tampoco nos parece indispensable. No queremos que nuestra sintética exposición del caso haga olvidar que el analizado daba expresión verbal, en edad superior a los veinticinco años, a impresiones e impulsos de cuando sólo tenía cuatro, y para los que entonces no hubiera podido hallar tal expresión. Descuidando estas advertencias es fácil encontrar extraño e increíble que un niño de cuatro años pudiera ser capaz de un juicio tan objetivo y de pensamientos tan cultivados. Tratase simplemente de un segundo caso de elaboración *a posteriori*. El niño recibe al año y medio una impresión a la que no puede reaccionar suficientemente; sólo después, teniendo ya cuatro años, cuando tal impresión experimenta una reviviscencia, llega a comprenderla y a ser agitado por ella, y sólo dos decenios después puede aprehender, con actividad mental consciente, lo que en aquella primera época sucedió en él. El analizado prescinde luego con toda razón de tales tres frases y coloca a su *yo* actual en la situación lejanamente pretérita. Por nuestra parte le seguimos en ello, pues dada una autoobservación y una interpretación igualmente correcta el efecto ha de ser tal como si pudiera prescindirse de la distancia entre la segunda y la tercera fase cronológica. Además, tampoco disponemos de otro medio para describir los procesos en la segunda fase.

y comprendía que su existencia era condición indispensable del comercio sexual con el padre. No podía ya, por lo tanto, confundirla, con el trasero, como cuando vio orinar a las niñas[79].

El desenlace de su sueño fue un acceso de miedo del que no logró tranquilizarse hasta que tuvo junto a sí a su "chacha". Huyó, pues, lejos de su padre, refugiándose al amparo de la niñera. Tal miedo era una repulsa del deseo de que su padre le procurara la satisfacción sexual, deseo que le había inspirado el sueño. Su exteriorización en el miedo de ser devorado por el lobo era tan sólo una mutación —regresiva, como más adelante veremos— del deseo de servir de objeto sexual al padre, esto es, de ser satisfecho por él como su madre. Su último fin sexual, la actitud pasiva con respecto al padre, había sucumbido a una represión, siendo sustituido por el miedo al padre bajo la forma de la fobia al lobo.

¿Cuál podría ser la fuerza motora de esta represión? Conforme a la situación general, no podía ser más que la libido genital narcisista que se resistía, en calidad de preocupación de perder su miembro viril, contra una satisfacción, de la cual parecía condición indispensable la renuncia al mismo. Del narcisismo amenazado extrajo el sujeto la virilidad con la cual se defendió contra la actitud pasiva con respecto al padre.

Vemos, ahora, que en este punto de nuestra exposición hemos de modificar nuestra terminología. Durante su sueño, el sujeto había analizado una nueva fase de su organización sexual. Las antítesis sexuales habían sido para él, hasta entonces, actividad y pasividad. Su fin sexual era, desde la seducción, un fin pasivo: el de que le tocaran los genitales, y luego se transformó, por regresión al estadio anterior de la organización

---

[79] Más adelante, al ocuparnos de su erotismo anal, veremos cómo se las arregló el sujeto con este aspecto del problema.

sádico-anal, en el fin masoquista de ser castigado y golpeado, siéndole indiferente alcanzarlo con el hombre o con la mujer. De este modo, el sujeto había pasado desde la "chacha" hasta su padre, sin tener para nada en cuenta la diferencia de sexo; había pedido a la "chacha" que le tocase el miembro y había querido irritar a su padre para que le castigase. En todo esto no intervenía para nada el órgano genital. En la fantasía de ser golpeado en el pene se exteriorizó aún la relación encubierta por la regresión. La "activación" de la escena primordial en el sueño le retrotrajo entonces a la organización genital. Descubrió la vagina y la significación biológica de los conceptos masculino y femenino, y comprendió ya que activo era igual que masculino, y pasivo, lo mismo que femenino. Su fin sexual pasivo se hubiera tenido que convertir entonces en un fin femenino y tomar como expresión la de servir de objeto sexual al padre en lugar de la de ser golpeado por él en el miembro o en el trasero. Este fin femenino sucumbió a la represión y tuvo que dejarse sustituir por el miedo al lobo.

Hemos de interrumpir aquí la discusión de su evolución sexual hasta que ulteriores estadios de su historia arrojen nueva luz sobre estos más tempranos. En cuanto a la fobia al lobo añadiremos todavía que tanto el padre como la madre eran lobos para el sujeto. La madre era el lobo castrado que deja que los demás se suban encima de él, y el padre el lobo que sobre él se subía. Pero su miedo no se refería, como ya le hemos oído asegurar, más que al lobo en posición erecta, o sea, al padre. Ha de extrañarnos, además, que el miedo con el que se desenlazó el sueño tuviera un modelo en el relato del abuelo. En este, el lobo castrado, que ha dejado subirse encima de él a los demás, es acometido por el miedo en cuanto se le recuerda su carencia de cola. Parece, pues, que el sujeto hubo de identificarse, durante el proceso del sueño, con la madre castrada, y se resistía luego contra tal identificación. Daremos de este punto una traducción que suponemos exacta: *Si quieres ser satisfecho por tu padre tienes que dejarte castrar como tu madre, y eso no puedes quererlo*. Trátase, pues, de una clara protesta de la masculinidad. Pero habremos de tener en cuenta que la evolución sexual del caso que aquí perseguimos tiene, para nuestra investigación, la gran desventaja de haber sido múltiplemente perturbada. Es influida primero decisivamente por la seducción, y desviada luego por la observación del coito, que actúa *a posteriori* como una segunda seducción.

V

Discusiones

Se ha dicho que el oso polar y la ballena no pueden hacer la guerra porque hallándose confinados cada uno en su elemento les es imposible aproximarse. Pues bien, idénticamente imposible me es a mí discutir con aquellos psicólogos y neurólogos que no reconocen las premisas del psicoanálisis y consideran artificiosos sus resultados. En cambio, se ha desarrollado en los últimos años una oposición por parte de otros investigadores que, por lo menos a su propio juicio, permanecen dentro del terreno del análisis, y que no niegan su técnica ni sus resultados, pero se creen con derecho a deducir, del mismo material, conclusiones distintas y someterlo a distintas interpretaciones.

Ahora bien, la contradicción teórica es casi siempre infructuosa. En cuanto empezamos a alejarnos del material básico corremos peligro de emborracharnos con nuestras propias afirmaciones y acabar defendiendo opiniones que toda observación hubiera demostrado errónea. Me parece, pues, mucho más adecuado combatir las teorías divergentes contrastándolas con casos y problemas concretos.

He dicho antes que seguramente se tacharán de inverosímiles las siguientes circunstancias: Primera, que un niño de la temprana edad de año y medio pueda acoger las percepciones de un proceso tan complicado y conservarlas tan fácilmente en su inconsciente; segunda, que luego, a los cuatro años de edad, sea posible una elaboración *a posteriori* de las impresiones recibidas, destinadas a facilitar su comprensión; y tercera, que exista un procedimiento susceptible de hacer consciente de un

223

modo coherente y convincente los detalles de una escena vivida y comprendida en semejantes circunstancias.

La última cuestión es puramente de hecho. Quien se tome el trabajo de llevar el análisis a tales profundidades, por medio de la técnica prescrita, se convencerá de que existe un tal procedimiento; en cambio, quien así no lo haga e interrumpa el análisis en cualquier estrato más próximo a la superficie, habrá renunciado al mismo tiempo a toda posibilidad de encontrarlo. Pero con esto no queda resuelta la interpretación de lo alcanzado por medio del análisis abisal.

Las otras dos objeciones se apoyan en una valoración insuficiente de las impresiones de la temprana infancia, de las cuales no se acepta que puedan producir efectos tan duraderos. Tales objeciones quieren buscar casi exclusivamente la motivación de las neurosis en los conflictos más serios de la vida ulterior y suponen que la importancia de la niñez nos es fingida en el análisis por la inclinación de los neuróticos a expresar sus intereses presentes en reminiscencia y símbolos de su más lejano pasado. Con tal estimación del factor infantil desaparecían muchas de las peculiaridades más íntimas del análisis, pero también, por otro lado, gran parte de lo que crea resistencia contra ella y le enajena la confianza de los profanos.

Ponemos, pues, a discusión la teoría de que aquellas escenas de la más temprana infancia, a cuyo conocimiento llegamos en todo análisis exhaustivo de una neurosis, por ejemplo, en el de nuestro caso, no serían reproducciones de sucesos reales a los que pudiéramos atribuir una influencia sobre la conformación de la vida ulterior y sobre la producción de síntomas, sino fantasías provocadas por estímulos pertenecientes a la edad adulta, destinadas a una representación en cierto modo simbólica de deseos e intereses reales y que deben su génesis a una tendencia regresiva, a un desvío de las tareas del presente. Siendo así, resultaría posible prescindir de todas las desconcertantes hipótesis analíticas sobre la vida anímica y la función intelectual de los años en su más temprana infancia.

En favor de esta teoría hablan, no sólo el deseo que a todos nos es común de hallar una racionalización y una simplificación de nuestra difícil labor, sino también ciertos factores efectivos. Y también podemos librarla, desde un principio, de una objeción que habría de surgir precisamente en el ánimo del analista práctico. Hemos de confesar, en efecto, que el hecho de que tal concepción de estas escenas infantiles se demostrase exacta, no traería consigo modificación alguna inmediata en la práctica del análisis. Una vez que el neurótico entraña la perniciosa particularidad de apartar su interés del presente y adherirlo a tales sustituciones regresivas, producto de su fantasía, no podemos hacer más que seguirle en su camino y llevar a su conciencia dichos productos inconscientes; pues, aunque carezcan de todo valor de realidad, son para nosotros muy valiosos como substratos actuales del interés por el enfermo, interés que queremos apartar de ellos para orientarlo hacia las tareas del presente. Por lo tanto, el análisis seguiría exactamente el mismo curso de aquellos otros en los que el analítico, ingenuo y confiado, cree verdaderas tales fantasías. La diferencia surgirá tan sólo al final del análisis, una vez descubiertas las fantasías de referencia. Diríamos entonces al enfermo: "Su neurosis ha transcurrido como si en sus años infantiles hubiera usted recibido tales impresiones y hubiese luego edificado sobre ellas. Pero reconocerá usted que ello no es posible. Se trataba simplemente de productos de su actividad imaginativa destinados a apartarle a usted de tareas reales que le planteaba la vida. Ahora investigaremos cuáles eran tales tareas y qué caminos de enlace han existido entre las mismas y sus fantasías". A esta solución de las fantasías infantiles podría luego seguir una segunda fase del tratamiento orientada ya hacia la vida real.

Técnicamente, sería imposible hacer más corto este camino, o sea, modificar el curso hasta ahora habitual de la cura psicoanalítica. Si no hacemos conscientes al enfermo tales fantasías en toda su amplitud, no podremos facilitarle la libre disposición del interés a ellas ligado. Si le apartamos de ellas en cuanto llegamos a sospechar su existencia y vislumbrar sus contornos generales, no haremos más que apoyar la obra de la represión, por la cual han llegado a ser inaccesibles a todos los esfuerzos del enfermo. Y si las despojamos prematuramente de su valor, comunicando, por ejemplo, al sujeto que se tratará tan sólo de fantasías carentes de toda significación real, no lograremos nunca su colaboración para llevarlas hasta su conciencia. Así, pues, procediendo correctamente, la técnica analítica no experimentará modificación alguna cualquiera que sea el valor que se conceda a las escenas infantiles discutidas.

Hemos dicho que la concepción de estas escenas como fantasías regresivas puede alegar en su apoyo ciertos factores afectivos. Ante todo, el siguiente: estas escenas infantiles no son reproducidas en la cura como recuerdos; son resultados de la construcción. Seguramente habrá alguien que crea ya resuelto el problema con esta sola confesión.

Pero no quisiera ser mal interpretado. Todo analista sabe muy bien y ha comprobado infinitas veces que, en una cura llevada a buen término, el paciente comunica multitud de recuerdos espontáneos de sus años infantiles, de cuya emergencia —o, mejor quizá, de cuya primera emergencia— el médico no se siente en modo alguno responsable, ya que nunca ha orientado al enfermo, con ninguna tentativa de reconstrucción, hacia tales contenidos. Estos recuerdos antes inconscientes no tienen siquiera que ser verdaderos; pueden serlo, pero muchas veces han sido deformados contra la verdad y entretejidos con elementos fantaseados, como sucede con los llamados recuerdos encubridores, los cuales se conservan espontáneamente. Quiero decir tan sólo que estas escenas, como la de nuestro sujeto, pertenecientes a tan temprana época infantil, con tal contenido y de tan extraordinaria significación en la historia del caso, no son generalmente reproducidas como recuerdos, sino que han de ser adivinadas —construidas— paso a paso y muy laboriosamente de una suma de alusiones e indicios.

Ahora bien, no soy de la opinión de que estas escenas tengan que ser necesariamente fantasías porque no sean evocadas como recuerdos. Me parece por completo equivalente al recuerdo el hecho de que sean sustituidas —como en nuestro caso— por sueños cuyos análisis nos conducen regularmente a la misma escena y que reproducen, transformándolos infatigablemente, todos y cada uno de los fragmentos del contenido de la misma. El soñar es también un recordar, aunque bajo las condiciones del estado de reposo y de la producción onírica. Por este retorno en los sueños me explico que en el paciente mismo se forme paulatinamente una firme convicción de la realidad de las escenas primordiales, convicción que no cede en lo más mínimo a la fundada en el recuerdo.

Sin embargo, mis adversarios no han de verse obligados a abandonar la lucha ante este argumento dándola ya por perdida, pues, como es sabido, existe la posibilidad de orientar los sueños de un tercero[80]. Y de este modo, la convicción del analizado puede ser un resultado de la sugestión, para la que aún se sigue buscando un papel en el juego de fuerzas del tratamiento analítico. El psicoterapeuta de la antigua escuela sugeriría a su paciente que había recobrado la salud, dominando sus inhibiciones, etc. Y, en cambio, el psicoana-

---

[80] Sobre el mecanismo del sueño no puede ejercerse influencia ninguna, pero sí sobre una parte del material onírico.

lítico le sugeriría haber tenido de niño tal o cual vivencia que ahora le era preciso recordar para curarse. Tal sería la sola diferencia entre ambos.

Habremos de hacer constar que esta última tentativa de explicación de nuestros adversarios reduce la significación de las escenas infantiles mucho más de lo que en un principio parecía su propósito. Dijeron, en efecto, que no eran realidades, sino fantasías, y ahora resulta que no se trata siquiera de fantasías del enfermo, sino del mismo analista, el cual se las impone al analizado por medio de determinados complejos personales. Claro está que el analítico que se oiga hacer este reproche evocará, para su tranquilidad, cuán poco a poco ha ido tomando cuerpo la construcción de aquella fantasía supuestamente inspirada por él al enfermo, cuán independiente del estímulo médico se ha demostrado en muchos puntos su conformación, cómo a partir de una cierta fase del tratamiento pareció converger todo hacia ella, cómo luego, en las síntesis, emanaron de ellas los más diversos y singulares efectos y cómo en aquella única hipótesis hallaron su solución los grandes y pequeños problemas y singularidades del historial de la enfermedad, y hará constar que no se reconoce penetración suficiente para descubrir un suceso que por sí solo pueda llenar todas estas condiciones. Pero tampoco este alegato hará efecto alguno a los contradictores, que no han vivido por sí mismos el análisis. Seguirán diciendo que el psicoanalítico se engaña refinadamente a sí mismo, y este les acusará, por su parte, de falta absoluta de penetración, sin que sea posible llegar a decisión alguna.

Examinaremos ahora otro de los factores favorables a la concepción contraria de las escenas infantiles construidas. Es el siguiente: Todos los procesos alegados para la explicación de tales productos discutidos como fantasías existen realmente y ha de reconocerse su importancia. El desvío del interés de las tareas de la vida real[81], la existencia de fantasías como productos sustitutivos de los actos omitidos, la tendencia regresiva que se manifiesta en tales creaciones —regresiva en más de un sentido, en cuanto se inician simultáneamente un apartamiento de la vida y un retorno al pasado—; todo ello es exacto y puede comprobarse regularmente por medio del análisis. En consecuencia, es de esperar que baste también para aclarar las supuestas reminiscencias infantiles discutidas; y de acuerdo con los principios económicos de la ciencia, tal explicación habría de ser preferida a otra para la cual fuesen necesarias nuevas y desconcertantes hipótesis.

Me permito llamar aquí la atención de mis lectores sobre el hecho de que las objeciones formuladas hasta hoy contra el psicoanálisis siguen generalmente la forma de tomar la parte por el todo. Se extrae de un conjunto altamente compuesto una parte de los factores eficientes, se los proclama verdaderos y se niega luego, en favor suyo, la otra parte y el todo. Examinando más de cerca qué grupo ha sido objeto de semejante preferencia, hallamos que es siempre aquel que integra lo ya conocido por otros caminos a lo que más fácilmente puede enlazarse a ello. Jung elige así la actualidad y la regresión, y Adler, los motivos egoístas. En cambio, es abandonado y rechazado como erróneo cuanto de nuevo y de peculiarmente propio integra el análisis. Por este camino es por el que resulta más fácil rechazar los progresos revolucionarios del incómodo psicoanálisis.

No será inútil acentuar que ninguno de los factores en los que nuestros contrarios apoyan su concepción de las escenas infantiles ha tenido que ser enseñado por Jung como una novedad. El conflicto actual, el apartamiento de la realidad, la

---

[81] Por nuestra parte, y fundados en excelentes razones, preferimos decir: El desvío de la libido de los conflictos actuales.

satisfacción sustitutiva en la fantasía y la regresión al material del pasado; todo ello, ha constituido desde siempre, precisamente en el mismo ajuste y quizá con menos modificaciones terminológicas, una parte integrante de mi propia teoría. Pero no la constituye toda, sino tan sólo el fragmento que integra aquella parte de la motivación que colabora en la producción de las neurosis, actuando desde la realidad como punto de partida y en dirección regresiva. Junto a ella he dejado lugar suficiente para una segunda influencia progresiva que actúa partiendo de las impresiones infantiles, muestra el camino a la libido que se retira de la vida y hace comprensible la regresión a la infancia, inexplicable de otro modo. Así, pues, según mi teoría, los dos factores colaboran en la producción de síntomas. Pero existe aún una colaboración anterior que me parece igualmente importante, pues la *influencia de la infancia se hace ya sensible en la situación inicial de la producción de las neurosis, en cuanto determina, de un modo decisivo, si el individuo ha de fracasar en la superación de los problemas reales de la vida y en qué lugar ha de fracasar.*

Se discute, pues, la importancia del factor infantil. Nuestra labor consistirá en hallar un ejemplo práctico que pueda demostrar tal importancia sin dejar lugar ninguno de duda. Tal ejemplo es precisamente el caso patológico que aquí vamos exponiendo tan detalladamente y que se caracteriza por la particularidad de que a la neurosis de la edad adulta precedió una neurosis padecida en tempranos años infantiles. Precisamente por esta circunstancia he elegido este caso para su comunicación. Si alguien quisiera rechazarlo por el hecho de no parecerle suficientemente importante la zoofobia para reconocerla como una neurosis independiente, habremos de señalarle que a tal fobia se enlazaron sin intervalo alguno un ceremonial obsesivo y actos e ideas del mismo carácter, de los cuales trataremos en los capítulos siguientes del presente estudio.

Una enfermedad neurótica en el cuarto o quinto año de la infancia demuestra, ante todo, que las vivencias infantiles bastan por sí solas para producir una neurosis, sin que sea necesaria la huida ante una labor planteada por la vida. Se objetará que también al niño le son planteadas de continuo tareas a las que acaso quisiera escapar. Exacto; pero la vida de un niño antes de su época escolar es fácil de revisar y puede investigarse si existió en ella una "tarea" determinante de la causación de la neurosis. Pero sólo descubrimos impulsos instintivos cuya satisfacción es imposible al niño, incapaz también todavía para sojuzgarlos, y las fuentes de las cuales manan dichos impulsos.

La enorme abreviación del intervalo entre la explosión de la neurosis y la época de las vivencias infantiles discutidas permite, como era de esperar, reducir a un mínimo la parte regresiva de la causación y presenta a la vista, sin velo alguno, la parte progresiva de la misma, la influencia de impresiones anteriores. Esperamos que el presente historial clínico ilustre claramente tal circunstancia. Y todavía por otras razones la neurosis infantil da a la cuestión de la naturaleza de las escenas primordiales, o sea, de las vivencias infantiles más tempranas descubiertas en el análisis, una respuesta decisiva.

Si suponemos, como premisa indiscutida, que una tal escena primordial ha sido irreprochablemente desarrollada desde el punto de vista técnico, que es indispensable para la solución sintética de todos los enigmas que nos plantea el cuadro de síntomas de la enfermedad infantil y que todos los efectos emanan de ella como a ella han llevado todos los hilos del análisis, tal escena no podrá ser, en cuanto a su contenido, más que la reproducción de una realidad vivida por el niño. Pues el niño, lo mismo que el adulto, sólo puede producir fantasías con material adquirido en alguna parte. Ahora bien, los caminos de tal adquisición se hallan en parte cerrados al niño (por ejemplo, la lectura) y el tiempo de que dispone para ella es corto y puede ser investigado fácilmente en busca de las fuentes correspondientes.

En nuestro caso, la escena primordial contiene la imagen del comercio sexual entre los padres y en una postura especialmente favorable para ciertas observaciones. Nada testimoniaría suficientemente en favor de la realidad de esta escena si se tratara de un enfermo cuyos síntomas, o sea, los efectos de la misma, hubieran emergido en un cualquier momento de su vida adulta. Un tal enfermo puede haber adquirido en los más distintos momentos del largo intervalo las impresiones, representaciones y conocimientos que luego, transformados en una imagen fantástica, proyecta regresivamente sobre su infancia y adhiere a sus padres. Pero cuando los efectos de una tal escena emergen teniendo el sujeto cuatro o cinco años, es preciso que el niño la haya presenciado en edad aún más temprana. Y entonces quedan en pie todas las conclusiones desconcertantes a las que nos ha llevado el análisis de la neurosis infantil. Es como si alguien quisiera suponer que el paciente no sólo había fantaseado inconscientemente la escena primordial, sino que había confabulado también la alteración de su carácter, su miedo al lobo y su obsesión religiosa, hipótesis abiertamente contradicha por la idiosincrasia del sujeto y por el testimonio directo de sus familiares. Así, pues, no veo posibilidad alguna de llegar a otra conclusión: O el análisis que tiene en su neurosis infantil su punto de partida es, en general, un desatino, o todo sucedió exactamente tal y como lo hemos expuesto.

Hubo de extrañarnos también la circunstancia equívoca de que la preferencia del paciente por las nalgas femeninas y por el coito en aquella postura en que las mismas resaltan más especialmente, pareciera exigir en este caso una derivación de la observación del coito parental, siendo así que se trataba de un rasgo general de las constituciones arcaicas predispuestas a la neurosis obsesiva. Mas ahora hallamos una sencilla explicación que soluciona la contradicción mostrándonosla como una superdeterminación. La persona a quien el sujeto vio realizar el coito en tal postura era su propio padre, del cual podía muy bien haber heredado tal preferencia constitucional. Ni la ulterior enfermedad del padre ni la historia de la familia contradicen tal hipótesis, pues, como ya hemos dicho, un hermano del padre murió en un estado que había de ser considerado como el desenlace de una grave neurosis obsesiva.

A este recuerdo, recordamos que la hermana del sujeto, al seducirle cuando tenía tres años y medio, lanzó contra la honrada y anciana niñera la singular calumnia de que ponía a los hombres cabeza abajo y les cogía después los genitales. En este punto hubo de imponérsenos la idea de que quizá también la hermana hubiera presenciado en años igualmente tempranos la misma escena que luego su hermano, habiendo extraído de ellas el estímulo a colocar a los actores cabeza abajo en el acto sexual. Esta hipótesis nos señalaría también una de las fuentes de su propia precocidad sexual.

(Primeramente no abrigaba la intención de continuar más allá de este punto la discusión del valor real de las "escenas primordiales", pero como en el entretanto he tenido ocasión de tratar este tema en mis conferencias de *Introducción al Psicoanálisis*, en un más amplio contexto y ya sin intención polémica, sería muy dado a malas interpretaciones que omitiera la aplicación de los puntos de vista allí determinantes al caso que aquí nos ocupa. Así, pues, continuaré el presente estudio complementando y rectificando, cuando necesario sea, lo anteriormente expuesto: Es posible todavía una distinta concepción que se aparta mucho de la conclusión antes sentada y que nos allana algunas dificultades. De todos modos, la teoría que quiere dejar reducidas las escenas infantiles a símbolos regresivos no habrá de ganar nada con esta modificación. Por el contrario, creo que ha de quedar definitivamente refutada por este análisis de una neurosis infantil, como habría de serlo por cualquier otro.

Opino, en efecto, que también podemos explicarnos el estado de cosas en la forma siguiente: No nos es posible renunciar a la hipótesis de que el niño hubo de observar un coito cuya vista le inspiró la convicción de que la castración podía ser algo más que una amenaza desprovista de sentido. Y, por otro lado, la importancia que luego demostraron entrañar las actitudes del hombre y de la mujer en cuanto al desarrollo de angustia y como condición erótica nos impone la conclusión de que hubo de tratarse de un *coitus a tergo, more ferarum*. Pero hay, en cambio, otro factor que no es tan indispensable y puede ser abandonado. No fue, quizá, un coito de los padres sino un coito entre animales el que el niño observó y desplazó luego sobre los padres, como si hubiera deducido que tampoco los padres lo hacían de otro modo.

En favor de esta hipótesis testimonia, sobre todo, el hecho de que los lobos del sueño fueron, en realidad, perros de ganado y aparecieron también como tales en el dibujo del paciente. Poco tiempo antes del sueño el niño había sido llevado varias veces por su padre a visitar los rebaños, donde pudo ver tales perros blancos y de gran tamaño y observarlos probablemente también en el acto del coito. Con esta circunstancia puede relacionarse también la triple repetición que el paciente asignó al acto sin motivación ninguna, suponiendo conservado en su memoria el hecho de haber sorprendido en tres distintas ocasiones a los perros del ganado en tal situación. Lo que luego se agregó a ello en la excitada expectación de la noche de su sueño fue la transferencia de la huella mnémica recientemente adquirida, con *todos* sus detalles, sobre los padres, y esta transferencia fue ya lo que provocó los intensos afectos que sabemos. Se desarrolló entonces una comprensión *a posteriori* de aquellas impresiones recibidas quizá pocas semanas antes, proceso que todos conocemos por haberlo experimentado con nosotros mismos. La transferencia de los perros en el acto del coito, sobre los padres, no fue llevada a cabo por el sujeto mediante un proceso deductivo verbal, sino buscando en su memoria el recuerdo de una escena real en la cual aparecieran juntos sus padres y que pudiera fundirse con la situación del coito. Tal escena podía reproducir fielmente todos los detalles descubiertos en el análisis del sueño, pero haber sido totalmente inocente, consistiendo tan sólo en que una tarde de verano y durante su enfermedad el niño habría despertado y visto a sus padres ante sí, vestidos con blancos trajes estivales. Todo el resto lo habría añadido, tomándolo de las observaciones realizadas en las visitas a los rebaños, el ulterior deseo del sujeto, poseído por la curiosidad sexual de sorprender también a sus padres en el acto del coito, y entonces, la escena así fantaseada desplegó todos los efectos reseñados, los mismos exactamente que si hubiera sido real y no artificialmente construida con dos elementos, anterior e indiferente el uno, y ulterior y muy impresionante el otro.

Vemos en el acto cuán disminuido queda así el margen de credulidad que se nos achaca. No necesitamos ya suponer que los padres realizaron el coito en presencia de un hijo suyo, aunque fuera muy pequeño, cosa que para muchos de nosotros constituía una imagen displaciente, y el intervalo entre la escena primordial y sus efectos queda también muy abreviado, comprendiendo tan sólo unos cuantos meses del cuarto año del sujeto, sin llegar ya a los primeros obscuros años de la infancia. En la conducta del niño que transfiere a sus padres lo observado en los perros y se asusta del lobo en lugar de asustarse de su padre no queda ya apenas nada desconcertante. Se encuentra, en efecto, en aquella fase de su concepción del universo a la que en nuestra obra *Tótem y tabú* hemos calificado de retorno al totemismo. La teoría que intenta explicar las escenas primordiales de la neurosis como fantasías regresivas de épocas ulteriores nos parece hallar un firme apoyo en nuestra observación, no obstante, la temprana edad de nuestro neurótico (cuatro años). A pesar de ella, ha conseguido sustituir una impresión recibida a los cuatro años por un trauma imaginario supuestamente experimentado cuando tenía año y medio. Pero esta regresión no nos parece enigmática ni tendenciosa. La escena que se trataba de construir había de llenar ciertas condiciones que, dadas las circunstancias de la vida del sujeto, sólo podían haberse cumplido en aquella temprana edad, por ejemplo, la de hallarse durmiendo en la alcoba de sus padres.

Las observaciones que siguen, extraídas de los resultados analíticos de otros casos, habrán de constituir, para la mayoría de nuestros lectores, la prueba decisiva de la exactitud de esta nueva concepción. La emergencia, en el análisis de enfermos neuróticos, de una tal escena —sea recuerdo real o fantasía— en la que el sujeto sorprende un coito entre sus padres no es verdaderamente nada insólito. Es muy posible que el análisis de sujetos no neuróticos nos la descubriera con igual frecuencia y acaso forma parte del acervo mnémico general, consciente o inconsciente. Pero siempre que el análisis me ha conducido hasta una tal escena ha integrado esta la misma peculiaridad que tanto nos extrañó en el caso de nuestro paciente: la de referirse a un *coitus a tergo*, único que permite al espectador la inspección de los genitales. En estos casos, no dudamos ni un solo momento de que se trata de una fantasía, estimulada, quizá regularmente, por la observación del comercio sexual entre los animales. Y aún hay más: he hecho constar que mi exposición de la escena primordial permanecerá incompleta, pues me reservaba para más adelante comunicar en qué forma perturbó el niño el coito de los padres. Añadiré ahora que también la forma de tal perturbación es en todos los casos la misma.

Supongo que en todo esto me habré expuesto a graves sospechas por parte de los lectores de este historial clínico.

Si poseía tales argumentos favorables a una semejante inter-pretación de la "escena primordial" ¿cómo pude echar sobre mí la responsabilidad de aceptar otra de aspecto tan absurdo? ¿O acaso es que sólo en el intervalo entre la primera redac-ción del historial clínico y este complemento es cuando he descubierto aquellos nuevos datos que me han obligado a esta rectificación de mi interpretación inicial y no quería confesarlo por algún motivo? Confesaré, en cambio, otra cosa, y es que me propongo cerrar por ahora la discusión sobre el valor real de la escena primordial con un *non liquet*[82]. No hemos llegado aún al término de este historial, y en su curso ulterior habrá de surgir un factor que perturbará la seguridad de lo que ahora creemos poder regocijarnos. Entonces, sólo me quedará remitir a los lectores a aquellos pasajes de mi *Introducción al Psicoanálisis*, en los cuales he estudiado el problema de las fantasías o escenas primordiales).

---

[82] 'No claro'.

VI
La neurosis obsesiva

Por tercera vez sufrió el sujeto un influjo que modificó su evolución en forma decisiva. Cuando llegó a los cuatro años y medio sin que su estado de irritabilidad y de miedo continuo hubiera mejorado, la madre decidió enseñarle la Historia Sagrada con la esperanza de distraerle así y reanimarle. Y, en efecto, lo consiguió, pues la iniciación de los dogmas religiosos puso un término a la fase de miedo; pero, en cambio, trajo consigo una sustitución de los síntomas de angustia por síntomas obsesivos. Si hasta entonces le había costado trabajo conciliar el sueño porque temía soñar cosas terribles, como en aquella noche próxima a la Navidad, ahora tenía que besar, antes de acostarse, todas las estampas de santos que colgaban de las paredes de su alcoba y trazar innumerables cruces sobre su propia persona y su cama.

La niñez del sujeto se nos muestra ya claramente dividida en los siguientes períodos: en primer lugar, la época prehistórica hasta la seducción (a los tres años y tres meses), época a la cual pertenece la escena primordial; en segundo, el período de alteración del carácter hasta el sueño de angustia (a los cuatro años); en tercero, la zoofobia hasta la iniciación religiosa (a los cuatro años y medio); y a partir de aquí, la fase de neurosis obsesiva hasta los diez años. Ni la naturaleza de las circunstancias ni tampoco la de nuestro paciente, caracterizada, al contrario, por la conservación de todo lo antecedente y la coexistencia de las más distintas corrientes, hubieron de permitir una sustitución instantánea y precisa de una fase por la siguiente. La irritabilidad no desapareció al surgir la angustia, y se extendió luego, disminuyendo paulatinamente, a través de la época de fervor religioso. En cambio, en esta última fase no aparece ya para nada la fobia al lobo. La neurosis obsesiva mostró un curso discontinuo; el primer acceso fue el más largo y el más intenso, surgiendo luego otros a los ocho y a los diez años del sujeto y siempre después de sucesos visiblemente relacionados con el contenido de la neurosis. La madre le relataba por sí misma la Historia Sagrada y hacía además que la "chacha" le leyera trozos del libro y le enseñara las ilustraciones. Naturalmente dedicaron máxima atención a la historia de la Pasión. La "chacha", mujer tan piadosa como supersticiosa, le procuraba las explicaciones que demandaba, teniendo que oír y satisfacer todas las objeciones y las dudas de pequeño crítico. Si las luchas internas que entonces comenzaron a conmoverle tuvieron como desenlace una victoria de la fe, ello se debió considerablemente a la influencia de la "chacha".

Aquello que el sujeto me relató en calidad de recuerdo de sus reacciones a la iniciación religiosa despertó al principio en mí una absoluta incredulidad, pues juzgaba que tales pensamientos no podían ser nunca los de un niño de cuatro años y medio a cinco, y supuse que desplazaba a esta lejana época de su pasado ideas procedentes de las reflexiones de su edad adulta, cercana ya a los treinta años. Pero el paciente rechazó con toda precisión semejante hipótesis y, como en otras muchas ocasiones, no pudimos llegar a un acuerdo sobre este punto hasta que la relación de las ideas recordadas con los síntomas contemporáneos a las mismas, así como su interpolación en su evolución sexual, me obligó a darle crédito. Y hube de decirme también que precisamente aquellas críticas de las doctrinas religiosas, que yo me resistía a atribuir a un niño, sólo eran ya sostenidas por una minoría de adultos cada vez más pequeña y en trance de desaparecer.

Comenzaré por exponer sus recuerdos y sólo después buscaré el camino que ha de llevarnos a la comprensión de los mismos.

Como ya hemos dicho, la impresión que el contenido de la Historia Sagrada produjo al infantil sujeto no fue al principio nada grata. Comenzó por extrañar el carácter pasivo de Cristo en su martirio y luego todo el conjunto de su historia, y orientó sus más severas críticas contra Dios Padre. Siendo omnipotente, era culpa suya que los hombres fuesen malos y atormentasen a sus semejantes, yendo luego por ello al infierno. Debía haberlos hecho buenos y, por lo tanto, era responsable de todo el mal y de todos los tormentos. El mandamiento de tender una mejilla cuando había sido uno abofeteado en la otra le resultaba incomprensible, así como que Cristo hubiese deseado que apartasen de él aquel cáliz, e igualmente que no hubiera sucedido ningún milagro para demostrar que era realmente el hijo de Dios. Su penetración, así despertada, supo buscar con implacable rigor los puntos débiles del poema sagrado.

Pero no tardaron en agregarse a esta crítica racionalista cavilaciones y dudas que nos revelan la colaboración de impulsos secretos. Una de las primeras preguntas que dirigió a la "chacha" fue la de si Cristo tenía también un trasero. La "chacha" le respondió que Cristo había sido dios y hombre al mismo tiempo y que en su calidad de hombre había tenido y hecho lo mismo que los demás humanos. Aquello no satisfizo al niño, pero supo consolarse diciéndose que el trasero era tan sólo una continuación de las piernas. El miedo, apenas mitigado, de verse obligado a rebajar a la sagrada persona de Cristo, emergió de nuevo al ocurrírsele la pregunta de si también Cristo se hallaba sujeto a la necesidad de defecar. No se atrevió a plantear a la "chacha" tal interrogación, pero encontró por sí solo una salida mejor que la que su niñera hubiese hallado, pues se dijo que si Cristo había hecho vino de la nada, podía convertir también en nada la comida y librarse así de toda necesidad de excreción.

Volviendo sobre un fragmento anteriormente examinado de su evolución sexual, nos aproximaremos a la comprensión de estas cavilaciones. Sabemos que después de la repulsa de la "chacha" y de la consecutiva represión de la naciente actividad genital, su vida sexual se había desarrollado en las direcciones del sadismo y el masoquismo. Maltrataba y atormentaba a los animales pequeños y construía fantasías cuyo contenido era tan pronto el de que el mismo golpeaba a un caballo como el de que el heredero del trono era maltratado[83]. En el sadismo mantenía su primitiva identificación con el padre, y en el masoquismo le elegía como objeto sexual. Se hallaba en aquella fase de la organización pregenital en la que vemos la disposición a la neurosis obsesiva. El efecto del sueño que le situó bajo el influjo de la escena primordial le había permitido llevar a cabo un avance hacia la organización genital y transformar su masoquismo con respecto al padre en una actitud femenina para con él, o sea, en homosexualidad. Pero el sueño no trajo consigo tal avance, sino que se resolvió en angustia. La relación con el padre que, desde el fin sexual de ser maltratado por él, debía haberle llevado al fin inmediato de servirle de objeto sexual como mujer, quedó retrotraída, por la intervención de su virilidad narcisista, a un estadio aún más primitivo, y disociada, pero no resuelta, por un desplazamiento sobre una sustitución del padre, aparente en calidad de miedo a ser devorado por el lobo. Sólo afirmando la coexistencia de las tres tendencias sexuales orientadas hacia el padre, lograremos, quizá, reflejar exactamente la situación. A partir del sueño, el sujeto era, en su inconsciente, homosexual, mientras que en su neurosis permanecía en el nivel del canibalismo y en tanto seguía dominando el conjunto su anterior actitud masoquista. Las tres corrientes tenían fines sexuales pasivos. El objeto era uno, como era una la tendencia

---

[83] Maltrato consistente sobre todo en golpes administrados en el pene.

sexual, pero ambos habían experimentado una disociación hacia tres distintos niveles.

El conocimiento de la Historia Sagrada le procuró la posibilidad de sublimar la actitud masoquista predominante con respecto a su padre. Pasó a ser Cristo, personificación que le fue muy facilitada por el hecho de haber nacido en Nochebuena. Con ello había llegado a ser algo grande y, además, —circunstancia sobre la que al principio no recayó aún acento suficiente— un hombre. En la duda de si Cristo podía tener un trasero se transparenta la actitud homosexual reprimida, pues tal cavilación no podía significar más que la duda de si podría ser utilizado por su padre como una mujer, como la madre en la escena primordial. La solución de las otras ideas obsesivas nos conformará luego esta interpretación. A la represión de la homosexualidad pasiva correspondió entonces la preocupación de que era condenable mezclar a la sagrada persona de Cristo con tales suposiciones. Se esforzaba, pues, en mantener alejada su nueva sublimación de los complementos emanados de las fuentes de lo reprimido. Pero no lo consiguió.

No comprendemos todavía por qué se rebelaba también contra el carácter pasivo de Cristo y contra los maltratos que su padre le imponía, comenzando así a renegar, incluso en su sublimación, de su ideal masoquista, hasta entonces mantenido. Podemos suponer que este segundo conflicto fue especialmente favorable a la emergencia de las ideas obsesivas humillantes del primer conflicto (entre la corriente masoquista dominante y la corriente homosexual reprimida), pues es natural que en un conflicto anímico se sumen todas las tendencias de un mismo signo, aunque procedan de las más distintas fuentes. Nuevas comunicaciones nos revelarán el motivo de su rebeldía y con él el de la crítica ejercida sobre la religión.

También su investigación sexual había extraído ciertas ventajas del conocimiento de la Historia Sagrada. Hasta entonces no había tenido razón ninguna para suponer que los niños venían tan sólo de la mujer. Por el contrario, su "chacha" le había hecho creer que él era sólo de su padre, y su hermana sólo de su madre, y ésta más íntima relación con su padre le había sido muy valiosa. Pero ahora oyó que María era la madre de Dios. En consecuencia, los niños venían de la mujer y no era posible sostener las afirmaciones de la "chacha". Además, los relatos de la Historia Sagrada le confundían en cuanto a quién era realmente el padre de Cristo. Se inclinaba a creer que José, pero la "chacha" le decía que José había sido tan sólo *como* el padre y que el verdadero padre había sido Dios, y semejante explicación no le sacaba de dudas. Comprendía tan sólo que la relación entre padre e hijo no era tan íntima como él se había figurado siempre.

El niño intuía en cierto modo la ambivalencia sentimental con respecto al padre integrada en todas las religiones y atacaba a la suya por la relajación de aquella relación con el padre. Como era natural, su oposición dejó pronto de ser una duda de la verdad de la doctrina y se orientó, en cambio, directamente, contra la persona de Dios. Dios había tratado dura y cruelmente a su hijo y no se mostraba mejor con los hombres. Había sacrificado a su hijo y exigido lo mismo de Abraham. El sujeto comenzó, pues, a temer a Dios.

Si él era Cristo, su padre era Dios. Pero el Dios que la religión le imponía no era una sustitución satisfactoria del padre, al que él había amado y del cual no quería que le despojasen. Su amor a este padre creó su penetración crítica. Tuvo que atravesar aquí un arduo estadio de su desligamiento del padre.

De su antiguo amor a su padre, manifiesto ya en época muy temprana, fue, pues, de donde extrajo la energía para atacar a Dios y la penetración para desarrollar su crítica de la religión. Mas, por otro lado, tal hostilidad contra el nuevo Dios no era un acto primero, pues tenía su prototipo en un impulso hostil al padre, surgido bajo la influencia del sueño de angustia, y no era, en el fondo, más que una reviviscencia del mismo. Los dos impulsos sentimentales antitéticos que habían de regir toda su vida ulterior coincidieron aquí, para el combate de ambivalencia, en el tema de la religión. Lo que de este combate resultó en calidad de síntoma, las ideas blasfemas y la obsesión de asociar siempre la idea de Dios con las de "basura" o "cochino", era, por tal razón, el auténtico resultado de una transacción, como nos lo demostrará el análisis de estas ideas en relación con el erotismo anal.

Otros síntomas obsesivos distintos, de modalidad menos típica, se refieren, con idéntica seguridad, al padre, pero dejan reconocer también la conexión de la neurosis obsesiva con los sucesos casuales anteriores.

Entre los ceremoniales piadosos con los que al fin purgó sus blasfemias, contaba también el mandamiento de respirar de un modo solemne en determinadas circunstancias. Cuando se santiguaba, tenía siempre que aspirar o espirar profundamente el aire. En su idioma, una sola palabra reúne los significados de "aliento" y "espíritu". Tenía, pues, que aspirar profundamente el Espíritu Santo o espirar los malos espíritus de los que había oído hablar o leído[84]. A tales malos espíritus atribuía también aquellas ideas blasfemas por las que tantas penitencias había de imponerse. Pero también se veía obligado a espirar profundamente cuando veía a un anciano, a un pobre y, en general, gente inválida, contrahecha y digna de lástima, sin que supiera cómo enlazar ya con los espíritus tal conducta. Únicamente se daba cuenta de que lo hacía para no verse como aquellos infelices.

---

[84] Como más adelante veremos, este síntoma surgió cuando el sujeto tenía seis años y sabía ya leer.

Posteriormente, el análisis nos reveló, con motivo de un sueño, que la obsesión de espirar profundamente cuando veía a alguien digno de lástima había surgido en él cuando ya tenía seis años, y se hallaba relacionada con su padre. Hacía muchos meses que los niños no habían visto a su padre, cuando un día les anuncio su madre que iba a llevarlos consigo a la ciudad para hacerles ver algo que les alegraría mucho. Y, en efecto, los llevó al sanatorio en el que se hallaba su padre, cuyo mal aspecto inspiró gran compasión al sujeto. El padre era, pues, también, el prototipo de todos los inválidos, mendigos y ancianos, ante los cuales tenía él que espirar profundamente, como en otros casos es el de las formas imprecisas que los niños ven en estados de miedo o de las burlescas caricaturas que dibujan. En otro lugar veremos que esta actitud compasiva se relaciona con un detalle especial de la escena primordial, detalle tardíamente surgido en la neurosis obsesiva.

El propósito de no verse como aquellas personas dignas de lástima, que motivaba su obsesión de espirar profundamente a su vista, era, pues, la antigua identificación con el padre, transformada en sentido negativo. Pero con ello copiaba también a su padre en sentido positivo, pues el acto de respirar con fuerza era una imitación de la agitada respiración observada en su padre durante el coito[85]. Así, pues, el Espíritu Santo debía su origen a este signo de la agitación sexual masculina. La represión convirtió este aliento en el mal espíritu, para el cual existía también otra genealogía: la malaria (aria-aire) que el sujeto había padecido en la época de la escena primordial.

La repulsa de estos malos espíritus correspondía a un rasgo evidentemente ascético que se exteriorizó también en otras reacciones. Cuando el sujeto oyó que Cristo había introducido

---

[85] Presuponiendo, claro está, la realidad de la escena primordial.

a unos espíritus malignos en los cuerpos de unos puercos, los cuales se arrojaron luego por un precipicio, recordó que su hermana se había caído una vez a la playa desde un pretil. Era, pues, también, un espíritu maligno y una puerca. Partiendo de aquí, un breve camino le llevó a la asociación Dios-cochino. También su padre mismo se le había mostrado dominado por la sensualidad. Cuando supo la historia del primer hombre la encontró análoga a sus propios destinos, y en sus conversaciones con la "chacha" se fingió, hipócritamente, asombrado de que Adán se hubiera dejado arrastrar a la desgracia por una mujer, prometiendo que, por su parte, no se casaría jamás. En esta época se manifestó intensamente su enemistad contra las mujeres, consecutiva a la seducción de que le había hecho objeto su hermana. Tal hostilidad había aún de perturbar frecuentemente su vida erótica. Su hermana fue así, para él, durante mucho tiempo, la encarnación de la tentación y del pecado. Cuando se confesaba se sentía puro y libre de toda culpa. Pero en seguida le parecía que su hermana acechaba la ocasión de volverle a inducir en pecado, y antes que pudiese darse cuenta provocaba una violenta disputa con ella, pecando así realmente. Se veía, pues, obligado a reproducir así, siempre de nuevo, el hecho de la seducción. Por otra parte, aunque sus ideas blasfemas le remordían extraordinariamente, nunca las había hecho objeto de confesión.

Hemos penetrado inadvertidamente en el cuadro sintomático de los años posteriores de la neurosis obsesiva y, por lo tanto, informaremos ya a nuestros lectores sobre su desenlace, salvando toda la plenitud de cosas incluidas en el intervalo. Sabemos ya que, aparte de su estado permanente, experimentaba, temporalmente, agravaciones; una de ellas, circunstancia que aún no puede sernos transparente, con ocasión de haber muerto en su misma calle un niño con el cual podía identificarse. Al cumplir los diez años, fue confiado a un preceptor alemán, que no tardó en adquirir sobre él extraordinaria influencia. Resulta muy instructivo averiguar que toda su piedad desapareció, para no volver nunca ya, cuando en sus conversaciones con el preceptor se dio cuenta de que aquel sustitutivo del padre no concedía valor alguno a la devoción ni creía en la verdad de las doctrinas religiosas. Su fervor religioso desapareció con su adhesión al padre, sustituto ahora por un nuevo padre más asequible. De todos modos, tal desaparición no tuvo efecto sin una última intensificación de la neurosis obsesiva, de la cual recuerda especialmente el sujeto la obsesión de pensar en la Santísima Trinidad cada vez que veía en el arroyo tres montones de estiércol o de basura. Sabemos que el paciente no cedía jamás a ningún estímulo nuevo sin llevar antes a cabo una última tentativa de retener aquello que había perdido su valor. Cuando su preceptor le invitó a renunciar a sus crueldades contra los animales, cesó efectivamente en ella, pero no sin antes llevar a cabo, concienzudamente, una última matanza cruenta de orugas. Todavía en el tratamiento psicoanalítico se conducía así, desarrollando siempre una "reacción negativa" pasajera. Después de cada solución intentaba por algún tiempo negar su efecto con una agravación del síntoma correspondiente. Sabido es que los niños se conducen generalmente en esta forma ante toda prohibición. Cuando se les regaña, a causa, por ejemplo, de un ruido insoportable que están haciendo, lo repiten todavía una vez más antes de cesar en él, aparentando así haber cesado por su voluntad después de haberse rebelado contra la prohibición.

Bajo la influencia del preceptor alemán se desarrolló una nueva y mejor sublimación de su sadismo, el cual había llegado por entonces a predominar sobre el masoquismo, como correspondía a la proximidad de la pubertad. El sujeto comenzó a apasionarse por la carrera militar, por los uniformes, las armas y los caballos, y alimentaba con tales ideas continuos sueños diurnos. De este modo, llegó a libertarse, por la influencia de aquel hombre, de sus actitudes pasivas y a emprender caminos casi normales. Como eco de su adhesión a su preceptor, que no tardó en separarse de él, le quedó una preferencia por todo lo alemán (médicos, establecimientos y mujeres) sobre lo de su patria (representación del padre), circunstancia que facilitó considerablemente la transferencia en la cura.

A la época anterior a su liberación por el preceptor alemán pertenece un sueño que citaremos por haber permanecido olvidado hasta su emergencia en el curso del tratamiento. Se había visto en él a caballo y perseguido por una gigantesca oruga. En este sueño reconoció el sujeto una alusión a otro perteneciente a una época muy anterior a la llegada del profesor alemán y que ya habíamos interpretado mucho tiempo antes. En este otro sueño anterior había visto al demonio, vestido de negro, en aquella misma actitud que tiempo atrás le había asustado tanto en el lobo y en el león, y señalándole con el dedo extendido un gigantesco caracol. No tardó en adivinar que aquel demonio pertenecía a un conocido poema y que el sueño mismo era una elaboración de un cuadro, muy conocido, que representa al demonio en una escena de amor con una muchacha. El caracol sustituía a la mujer como símbolo exquisitamente femenino. Guiándonos por el ademán indicador del demonio nos fue fácil descubrir el sentido del sueño: el sujeto añoraba a alguien que le proporcionase las últimas enseñanzas que aún le faltaban sobre el enigma del comercio sexual, como antes, en la escena primordial, le había procurado su padre las primeras.

El otro sueño ulterior, en el que el símbolo femenino había sido sustituido por el masculino, le recordaba un determinado suceso acaecido poco antes del mismo. Una tarde que paseaba a caballo por la finca pasó al lado de un campesino dormido en el suelo y acompañado por un niño que debía de ser su hijo. Este último despertó a su padre y le dijo algo que le hizo levantarse y darse a insultar y a perseguir a nuestro sujeto, el cual tuvo que picar espuelas para librarse de él. Además de este recuerdo, asoció al sueño el de que en la misma finca había árboles completamente blancos por estar plagados de nidos de orugas. De lo que el sujeto huyó realmente fue de la realización de la fantasía de que el hijo dormía con su padre, y el recuerdo de los árboles blancos fue evocado para restablecer un enlace con el sueño de angustia de los lobos blancos encaramados en el nogal. Se trataba, pues, de una explosión directa de angustia ante aquella actitud femenina con respecto al hombre, contra la cual se había protegido primero con la sublimación religiosa y había pronto de protegerse, mucho más eficazmente aún, con la sublimación militar.

Pero constituiría un grave error suponer que después de la cesación de los síntomas obsesivos no quedó ya efecto alguno permanente de la neurosis obsesiva. El proceso había conducido a una victoria de la fe religiosa sobre la rebelión crítica e investigadora y había tenido como premisa la represión de la actitud homosexual. De ambos factores resultaron daños duraderos. La actividad intelectual quedó gravemente dañada después de esta primera importante derrota. El sujeto no mostró ya deseo ninguno de aprender, ni tampoco aquella penetración con la que antes, en la temprana edad de cinco años, había analizado las doctrinas religiosas. La represión de la homosexualidad predominante, acaecida durante el sueño de angustia, reservó para lo inconsciente aquel importantísimo impulso, conservándole así su primitiva orientación final, y la sustrajo a todas las sublimaciones a las que de ordinario se presta. Faltaban, pues, al paciente, todos los intereses sociales que dan un contenido a la vida. Sólo cuando la cura psicoanalítica consiguió la supresión de tal encadenamiento de la homosexualidad pudo mejorar la situación, y fue muy interesante experimentar con el sujeto —sin advertencia ninguna directa del médico— cómo cada fragmento libertado de la libido homosexual buscaba un empleo en la vida y una adhesión a las grandes tareas colectivas de la humanidad.

VII

EL EROTISMO ANAL Y EL COMPLEJO DE LA CASTRACIÓN

He de rogar a mis lectores que recuerden el hecho de que esta historia de una neurosis infantil constituye, por decirlo así, un producto secundario obtenido en el curso del análisis de una enfermedad padecida por el sujeto en su edad adulta. Hubimos, pues, de reconstruirla con fragmentos aún más pequeños de los que, por lo general, se ofrecen a la síntesis. Esta labor, no excesivamente difícil por lo demás, encuentra un límite natural al tratarse de concentrar en el plano de la descripción un producto multidimensional. He de contentarme, por lo tanto, con presentar fragmentos inconexos que luego el lector podrá ajustar, formando con ellos un todo unitario y armónico. La neurosis obsesiva descrita nació, como ya hemos hecho constar varias veces, en el terreno de una constitución sádico-anal. Hasta ahora, no hemos tratado más que de uno de sus factores principales, el sadismo, y de sus transformaciones, dejando a un lado todo lo referente al erotismo anal, con la intención, que ahora cumplimos, de reunirlo en una exposición de conjunto.

Los analíticos comparten unánimemente y hace ya mucho tiempo la opinión de que los múltiples impulsos instintivos reunidos bajo el nombre de erotismo anal integran extrema importancia para la conformación de la vida sexual y de la actividad anímica en general. También se hallan igualmente de acuerdo en que una de las manifestaciones más importantes del erotismo transformado, procedente de esta fuente, se nos ofrece en la valoración personal del dinero, valiosa materia que en el curso de la vida ha atraído a sí el interés psíquico primitivamente orientado hacia el excremento, o sea, hacia el producto de la zona anal. Nos hemos habituado a referir al placer excremental el interés por el dinero en cuanto dicho interés es de naturaleza libidinosa y no racional, y a exigir de hombre normal que mantenga libre de influencias libidinosas su relación con el dinero y se atenga en ella a normas deducidas de la realidad.

Tal relación hubo de mostrar graves trastornos en nuestro paciente durante el período de su enfermedad en la edad adulta, constituyendo una de las causas más importantes de su incapacidad. Las herencias sucesivas de su padre y su tío le habían procurado un capital considerable; concedía gran valor a que se le supieran rico y le ofendía que se dudase de su fortuna. Pero no sabía a cuánto ascendía esta ni lo que de ella gastaba o ahorraba. Era muy difícil decidirse a calificarle de avaro o de pródigo, pues tan pronto se conducía de un modo como de otro y nunca en forma que pudiera indicar un propósito consecuente. Por ciertos rasgos singulares que más adelante expondremos, se le hubiera podido tomar por un ricachón vanidoso que veía en su riqueza el mayor merecimiento de su personalidad y anteponía siempre el dinero al sentimiento. Pero, en cambio, no estimaba a los demás en proporción a su riqueza, y en muchas ocasiones se mostraba más bien modesto, generoso y compasivo. Era, pues, evidente, que el dinero había sido sustraído a su disposición consciente y significaba para él algo distinto.

Ya hicimos constar en otra ocasión que nos parecía muy extraña la forma en que se había consolado de la pérdida de su hermana, que en los últimos años había llegado a ser su mejor camarada, pensando en que su muerte le evitaba tener que partir con ella la herencia de sus padres. Más singular era, quizá, la serenidad con la que así lo reconocía, como si no se diese cuenta de la mezquindad que tal confesión revelaba. El análisis le rehabilitó mostrando que el dolor por la muerte de su hermana había sufrido un desplazamiento, pero ello hacía más incomprensible aún que hubiese querido hallar en el incremento de su fortuna una compensación.

A él mismo le parecía enigmática su conducta en otro caso: A la muerte del padre, la fortuna familiar quedó repartida entre su madre y él. La madre le administraba, y el propio sujeto reconocía que complacía sus peticiones económicas con irreprochable generosidad. Sin embargo, toda conversación entre ellos sobre cuestiones de dinero terminaba, por parte de él, con violentos reproches en los que acusaba a su madre de no quererle, de proponerse ahorrar a costa suya y de desearle la muerte para disponer independientemente de todo el dinero. En estas ocasiones, la madre proclamaba llorosa su desinterés hasta que su hijo se avergonzaba y afirmaba, con toda razón, no haber pensado jamás realmente tales cosas de ella, pero con la seguridad de repetir la misma escena en la ocasión siguiente.

El hecho de que el excremento hubo de tener para él, mucho tiempo antes del análisis, la significación de dinero, se desprende de toda una serie de incidentes, dos de los cuales expondremos aquí. En un período en que su intestino permanecía aun totalmente ajeno a sus padecimientos, visitó un día, en una gran ciudad, a un primo suyo que vivía estrechamente. Después de su visita se reprochó no haberse ocupado hasta entonces de procurar algún dinero a aquel pariente suyo, e inmediatamente sufrió "el apretón más grande de su vida". Dos años después comenzó realmente a pasar una renta a aquel primo suyo. Otra vez, teniendo dieciocho años, y en ocasión de hallarse preparando el examen de madurez, fue a visitar a uno de sus compañeros de estudio para tomar, de acuerdo con él, aquellas precauciones que su miedo a fallar (*Durchfall*)[86] les aconsejaba.

---

[86] El paciente me comunicó que en su idioma nativo no existe una expresión similar a la alemana *Durchfall*, que significa tanto fallar en un examen como 'diarrea'.

Decidieron, pues, sobornar al bedel encargado de la vigilancia de los candidatos, y la parte con que nuestro paciente contribuyó a la suma necesaria fue, naturalmente, la mayor. De vuelta a su casa pensó que daría con gusto aún más dinero con tal de que en el examen no se le escapara ningún disparate, y efectivamente, antes de llegar a la puerta de su casa, se le escapó algo distinto.

No habrá de sorprendernos descubrir que en su enfermedad ulterior padeció trastornos intestinales muy tenaces, aunque sujetos a oscilaciones dependientes de variadas circunstancias. Cuando acudió a mi consulta se había habituado a las irrigaciones, que le eran practicadas por uno de sus criados, y pasaba meses enteros sin defecar espontáneamente ni una sola vez, salvo cuando experimentaba una determinada excitación, que tenía la virtud de restablecer por algunos días la normalidad de su actividad intestinal. Se quejaba principalmente de que el mundo se le mostraba envuelto en un velo o de hallarse separado del mundo por un velo. Y este velo se rasgaba tan sólo en el momento en que la irrigación le hacía descargar el intestino, después de lo cual se sentía de nuevo bueno y sano[87].

El especialista al cual envié al paciente para que dictaminara sobre el estado de su intestino tuvo la suficiente penetración para declarar que sus trastornos obedecían a causas funcionales o quizá psíquicas y abstenerse de toda medicación enérgica. Pero ninguna medicación ni régimen alguno provocaron el menor alivio. Durante los años del tratamiento analítico el sujeto no logró hacer una sola deposición espontánea (dejando a un lado las provocadas por aquellas repentinas influencias antes mencionadas), pero afortunadamente se dejó convencer de que toda medicación intensa de aquel órgano empeoraría su

---

[87] El defecto era idéntico cuando se ponía él mismo la irrigación en lugar de hacérsela poner por otro.

estado y se contentó con lograr una excreción o dos semanales por medio de irrigaciones o laxantes.

En esta discusión de los trastornos intestinales de nuestro paciente he concedido a su estado patológico en la edad adulta un lugar más amplio del que hasta ahora he venido otorgándole en la exposición de su neurosis infantil. Y lo he hecho así por dos razones: en primer lugar, porque los síntomas intestinales correspondientes a la neurosis infantil continuaron, con escasas modificaciones, en la enfermedad ulterior; y en segundo, porque tales síntomas intestinales desempeñaron un papel capital al término del tratamiento.

Sabemos ya la importancia que integra la duda para el médico que analiza una neurosis obsesiva. Constituye el arma más fuerte del enfermo y el medio preferido por su resistencia. Merced a esta duda, pudo conseguir nuestro paciente, atrincherado en una respetuosa indiferencia, que todos los esfuerzos terapéuticos resbalaran durante años enteros sobre él. No experimentaba el menor alivio ni había medio alguno de convencerle. Por último, descubrí la importancia que para mis propósitos entrañaban los trastornos intestinales. Representaban, en efecto, aquella parte de histeria que hallamos regularmente en el fondo de toda neurosis obsesiva. Prometí al sujeto el total restablecimiento de su actividad intestinal; hice surgir a plena luz con tal promesa su incredulidad, y tuve luego la satisfacción de ver desvanecerse sus dudas cuando el intestino comenzó a "intervenir" en nuestra labor, y acabó por recobrar en el curso de unas cuantas semanas su función normal, durante tanto tiempo perdida.

Volveremos ahora a la infancia del paciente y, dentro de ella, a un período en el que el excremento no podía tener aún para él la significación de dinero.

El sujeto había comenzado a padecer en edad muy temprana trastornos intestinales y especialmente el más frecuente y más normal en el niño: la incontinencia. Pero estamos, indudablemente, en lo cierto, rechazando para estos sucesos más tempranos toda explicación patológica y viendo tan sólo en ellos una demostración del propósito de no dejar que le estorbaran o impidiesen la consecución del placer enlazado a la función excremental. Hasta mucho después de los comienzos de su enfermedad ulterior conservó el paciente aquella intensa complacencia en los chistes y las imágenes anales, que corresponden, en general, a la rudeza natural de algunas clases sociales.

En la época en que estuvo confiado a los cuidados de la institutriz inglesa sucedió varias veces que la "chacha" y él tuvieron que compartir la alcoba de aquella odiada mujer. La "chacha" observó entonces, con clara comprensión, que precisamente aquellas noches ensuciaba el niño su cama, accidente que no solía ya sucederle. Y es que en tales ocasiones el niño no lo consideraba vergonzoso, sino como una manifestación de rebeldía contra la institutriz.

Un año después (teniendo cuatro años y medio), o sea, durante el período del miedo, se ensució un día en los pantalones, y esta vez sí se avergonzó intensamente hasta el punto de que, mientras se le limpiaba, exclamó con dolorido acento que le era imposible vivir así. Hemos, pues, de deducir que en el intervalo había tenido efecto en él un cambio sobre cuya pista nos pone su dolorida lamentación. Resultó que aquella triste frase la había oído antes a otra persona. En una ocasión, su madre le había llevado consigo a la estación del ferrocarril acompañando al médico que había venido a reconocerla[88]. Durante el camino se había quejado de sus dolores y sus hemorragias y había pronunciado aquellas mismas palabras —"Así

---

[88] Aunque no fue posible fijar la fecha de este suceso, hemos de suponerlo anterior al sueño de angustia.

me es imposible vivir"—, sin la menor sospecha de que el niño al que llevaba de la mano había de conservarlas en su memoria. Por lo tanto, aquel lamento, que el sujeto hubo de repetir luego innumerables veces en su enfermedad ulterior, significaba una identificación con su madre.

No tardó el paciente en recordar un elemento intermedio cuya falta se advertía entre los dos sucesos relatados, tanto cronológicamente como en cuanto al contenido. Al principio de su período de miedo, su madre había advertido repetidamente a todos los de la casa la necesidad de observar las precauciones debidas para que los niños no enfermaran de disentería, enfermedad de la que existían muchos casos en las cercanías de la finca. El niño preguntó qué enfermedad era aquella, y cuando le dijeron que en la disentería salía sangre con el excremento, se asustó mucho y afirmó que así le estaba pasando a él. Tuvo miedo de morir de disentería, pero el examen cuidadoso de sus excrementos le convenció de que se había equivocado y no tenía nada que temer. En tal temor quiso imponerse la identificación con la madre, de cuyas hemorragias había sabido el niño por su conversación con el médico. En su ulterior tentativa de identificación (a los cuatro años y medio) faltó el detalle de la sangre y de este modo el sujeto no comprendió ya su intensa reacción al incidente y la atribuyó a la vergüenza, sin saber que su motivación verdadera era el miedo a la muerte, el cual se exteriorizó, sin embargo, claramente en su lamento.

La madre, enferma, temía en aquel tiempo tanto por sí misma como por sus hijos y es muy probable que el temor del niño se apoyase no sólo en sus motivos propios, sino también en la identificación con su madre.

Ahora bien, ¿qué podía significar tal identificación?

Entre el atrevido empleo de la incontinencia, a los tres años y medio, y el espanto que a los cuatro años y medio le produjo, se desarrolló el sueño con el que comenzó su período de miedo y que le procuró una comprensión *a posteriori* de la escena vivida al año y medio y la explicación del papel correspondiente a la mujer en el acto sexual. No es nada aventurado relacionar con esta magna transformación la de su conducta en cuanto al acto de defecar. La disentería era seguramente para él la enfermedad de la que había oído quejarse a su madre y con la que era imposible vivir. Así, pues, para él, su madre padecía una dolencia intestinal y no genital. Bajo la influencia de la escena primordial dedujo que la madre había enfermado por aquello que el padre había hecho con ella[89] y su miedo a echar sangre al defecar, o sea, a estar tan enfermo como su madre, era la repulsa de su identificación con su madre en aquella escena sexual, la misma repulsa con la que había despertado de su sueño. Pero la angustia era también la prueba de que en la elaboración ulterior de la escena primordial se había sustituido él a la madre, envidiándole aquella relación con el padre. El órgano en el cual podía manifestarse la identificación con la mujer y, por lo tanto, la actitud pasiva homosexual con respecto al hombre, era la zona anal. Los trastornos funcionales de esta zona habían adquirido así la significación de impulsos eróticos femeninos y la conservaron durante la enfermedad ulterior.

En este punto debemos atender a una objeción cuya discusión puede contribuir considerablemente a explicarnos la situación, aparentemente confusa. Se nos ha impuesto la hipótesis de que durante su sueño comprendió el sujeto que la mujer estaba castrada, teniendo, en lugar de miembro viril, una herida que servía para el comercio sexual y siendo así la castración condición indispensable de la feminidad, y hemos supuesto también que esta amenaza de perder el pene le había llevado a reprimir su actitud femenina con respecto al hombre, despertando entonces, con

---

[89] Deducción probablemente acertada.

miedo de sus ensoñaciones homosexuales. ¿Cómo se compadece esta interpretación del comercio sexual, este reconocimiento de la existencia de la vagina, con la elección del intestino para la identificación con la mujer? ¿No reposarán acaso los síntomas intestinales sobre la concepción, probablemente anterior y opuesta por completo al miedo a la castración, de que el final del intestino era el lugar del comercio sexual?

Existe, desde luego, la contradicción señalada y las dos teorías opuestas son inconciliables. Pero la cuestión está tan sólo en si realmente es necesario que sean compatibles. Nuestra extrañeza procede de que siempre nos inclinamos a tratar los procesos anímicos inconscientes en la misma forma que los conscientes, olvidando la profunda diversidad de ambos sistemas psíquicos.

Cuando la agitada expectación del sueño de Nochebuena le fingió la imagen observada (o construida) de un coito entre sus padres, surgió seguramente, en primer término, la antigua interpretación del comercio sexual, según la cual el lugar que acogía el pene era el final del intestino. ¿Qué otra cosa podía haber creído cuando a la edad de un año y medio fue espectador de aquella escena?[90]. Pero luego vinieron los nuevos sucesos acaecidos a los cuatro años. Las vivencias correspondientes al intervalo y a los indicios sobre la posibilidad de la castración despertaron y arrojaron una duda sobre la "teoría de la cloaca", aproximándole al descubrimiento de la diferencia de los sexos y del papel sexual de la mujer. Pero el sujeto se condujo en esto como todos los niños cuando se les procura una explicación indeseada, sexual o no. Rechazó lo nuevo, en nuestro caso, por motivos dependientes de la angustia a la castración, y conservó lo antiguo. Se decidió

---

[90] O en tanto no llegó a comprender el coito de los perros.

por el intestino y contra la vagina del mismo modo y por análogos motivos a como después hubo de tomar partido en contra de Dios y a favor de su padre. La nueva explicación fue rechazada y mantenida la antigua teoría, la cual suministró entonces el material de aquella identificación con la mujer, surgida luego en forma de miedo a morir de una enfermedad intestinal, y de las primeras preocupaciones religiosas sobre si Cristo había tenido un trasero, etc. Por otra parte, sería equivocado creer que el nuevo descubrimiento permaneció ineficaz; por el contrario, desarrolló un efecto extraordinariamente intenso convirtiéndose en un motivo de mantener reprimido el proceso onírico y excluido de toda ulterior elaboración consciente. Pero con ello se agotó su eficacia, y no ejerció ya influencia ninguna en la decisión del problema sexual. Constituyó, desde luego, una contradicción, la que después de aquel momento subsistiera aún el miedo a la castración al lado de la identificación con la mujer por medio del intestino, pero se trata sólo de una contradicción lógica que no supone gran cosa en este terreno. Todo el proceso resulta más bien característico de la forma de laborar de lo inconsciente. Una represión es algo muy distinto de una repulsa.

Cuando estudiamos la génesis de la fobia al lobo, investigamos los efectos de la nueva concepción del acto sexual. Ahora que investigamos los trastornos de la actividad intestinal nos hallamos en el terreno de la antigua teoría de la cloaca. Los dos puntos de vista permanecen separados por un estadio de la represión. La actitud femenina con respecto al hombre, rechazada por la represión, se refugia en el cuadro de síntomas intestinales y se manifiesta en los frecuentes estreñimientos, diarreas y dolores de vientre de los años infantiles. Las fantasías sexuales ulteriores, basadas ya en conocimientos sexuales exactos, pueden así manifestarse ya, de un modo regresivo, como trastornos intestinales. Pero no las comprendemos hasta que descubrimos el cambio de significación experimentado por el excremento después de los primeros tiempos infantiles.

En un pasaje anterior silencié un fragmento del contenido de la escena primordial que ahora voy a exponer. El niño interrumpió por fin el coito de sus padres con una deposición que podía justificar su llanto. En apoyo de esta adición pueden alegarse los mismos argumentos que antes expusimos en la discusión del contenido restante de la escena. El paciente aceptó este acto final por mí construido y pareció confirmarlo con "síntomas pasajeros". En cambio, hube de retirar otra adición consistente en suponer que el padre, molesto por la interrupción, había dado libre expresión a su enfado, pues el material del análisis no mostró reacción alguna a ella.

Aquel detalle últimamente agregado no puede situarse, naturalmente, en el mismo plano que el contenido restante de la escena. No se trata en él de una impresión externa cuyo retorno ha de esperarse en multitud de signos ulteriores, sino de una reacción personal del niño. Su ausencia o su inclusión ulterior en el proceso de la escena no traerían consigo modificación alguna del conjunto. Y su interpretación no ofrece lugar ninguno a dudas; significa una excitación de la zona anal (en el más amplio sentido). En otros casos análogos, una tal observación del comercio sexual hubo de terminar con el acto de la micción, y un adulto experimentaría, en igual circunstancia, una erección. El hecho de que nuestro infantil sujeto produjera como signo de su excitación sexual una deposición debe ser considerado como un carácter de su constitución sexual congénita. Toma en el acto una actitud pasiva, mostrándose más inclinado a una ulterior identificación con la mujer que con el hombre.

En esta circunstancia emplea el sujeto el contenido intestinal como siempre lo hacen los niños en una de sus primeras y más primitivas significaciones. El excremento es el primer *regalo*, la primera prueba del cariño del niño, una parte del propio cuerpo de la cual se separa en favor de una persona querida[91]. Su empleo en calidad de signo de rebeldía, como en el caso de nuestro sujeto a los tres años y medio y contra la institutriz inglesa, es tan sólo la transformación negativa de aquella anterior significación de regalo. El *grumus merdae* que los ladrones dejan a veces en el lugar del delito parece reunir ambas significaciones: la burla y la indemnización expresada en forma regresiva. Siempre que es alcanzado un estadio superior, el inferior puede continuar siendo utilizado en sentido negativo y rebajado. La represión encuentra su expresión en la antítesis[92].

En un estadio ulterior de la evolución sexual, el excremento adquiere la significación del "niño". El niño es parido por el ano como el excremento. La significación de regalo del excremento permite fácilmente esta transformación. En el lenguaje corriente, los hijos son considerados también como un regalo y las mujeres dicen frecuentemente "haber regalado un niño a su marido", pero los usos de lo inconsciente tienen igualmente en cuenta el otro aspecto de esta relación, según el cual la mujer ha "recibido" del hombre un hijo como regalo.

La significación de dinero del excremento parte también, en otra dirección, de su significación de regalo.

---

[91] No es difícil comprobar que los niños de pecho sólo ensucian con sus excretas a las personas que les son conocidas y queridas, no honrando jamás con tal distinción a un extraño. En mis *Tres ensayos para una teoría sexual* hube de mencionar el primer aprovechamiento del excremento para la excitación autoerótica de la mucosa intestinal. Los progresos de la investigación nos revelaron luego que la defecación se halla regida por la relación a un objeto, al cual quiere el niño mostrar con ella su obediencia y su afecto. Esta relación se prolonga luego en el hecho de que el infantil sujeto sólo se deja sentar en el orinal o poner a orinar por ciertas personas que le son queridas, elección en la que intervienen ya otros propósitos de satisfacción.

[92] En lo inconsciente no existe el "no". Las antítesis coexisten fundidas. La negación es introducida por el proceso de la represión.

Aquel temprano recuerdo encubridor de nuestro enfermo, según el cual había producido un primer acceso de cólera por no haber recibido en Nochebuena regalos suficientes, nos descubre ahora su más profundo sentido. Lo que echaba de menos era la satisfacción sexual, que aún interpretaba en sentido anal. Su investigación sexual se hallaba orientada en este sentido antes del sueño, y había comprendido, durante el proceso del mismo, que el acto sexual resolvía el enigma de la procedencia de los niños. Ya antes de su sueño le disgustaban los niños pequeños. Una vez había encontrado en su camino a un pajarillo, implume aún, caído del nido, y había huido asqueado y temeroso, creyéndole una criatura humana. El análisis demostró que todos los animales pequeños, orugas o insectos, a los que hacía encarnizada guerra, tenían para él la significación de niños pequeños. Su relación con su hermana mayor le había dado ocasión de reflexionar largamente sobre las relaciones de los niños mayores con los pequeños, y la afirmación de la "chacha" de que su madre le quería tanto porque era el más pequeño le había procurado un motivo perfectamente comprensible para desear no ser sucedido por otro niño menor. Bajo la influencia del sueño que le presentó el coito de los padres experimentó una reviviscencia su miedo a semejante posibilidad.

Así, pues, habremos de añadir a las corrientes sexuales que ya conocemos otra nueva, emanada, como las demás de la escena primordial reproducida en el sueño. En la identificación con la mujer (con la madre), se halla dispuesto a regalar a su padre un niño, y siente celos de su madre, que ya lo ha hecho y volverá quizá a hacerlo. Por un rodeo que atraviesa el punto de partida común de la significación de regalo, puede ahora el dinero incorporarse la significación del niño y llegar así a constituirse en expresión de la satisfacción femenina (homosexual). Este proceso se desarrolló en nuestro paciente en ocasión de hallarse con su hermana en un sanatorio alemán y ver que el padre le entregaba dos billetes de banco. Este hecho despertó los celos del sujeto, que en su fantasía había sospechado siempre de las relaciones de su padre con su hermana, y en cuanto se quedó a solas con ella, le exigió que le entregase su parte de aquel dinero, y ello con tal violencia y tales reproches, que la hermana se echó a llorar y le entregó la totalidad. Pero no había sido únicamente el dinero real lo que le había excitado, sino más aún el niño que significaba, o sea, la satisfacción sexual anal recibida del padre. En consecuencia, sus mezquinos pensamientos a la muerte de su hermana sólo significaban, en realidad, lo siguiente: Ahora soy el único hijo y mi padre no puede querer a nadie más que a mí. Pero el fondo homosexual de esta reflexión, absolutamente capaz de conciencia, era tan intolerable que hubo de ser disfrazada de codicia para gran alivio del sujeto.

Lo mismo sucedía cuando, después de muerto su padre, dirigía el sujeto a su madre aquellos injustos reproches de que prefería el dinero a su propio hijo, y le engañaba por él. Sus antiguos celos de que quisiera a otro niño más que a él y la posibilidad de que tuviera otro hijo le obligaban a dirigirle acusaciones, cuya injusticia reconocía él mismo.

Este análisis de la significación del excremento nos explica que las ideas obsesivas que enlazaban a Dios con la basura significaban algo más que la ofensa blasfema que él veía en ellas. Eran más bien resultados auténticos de un proceso de transacción en los que participaba, por un lado, una corriente cariñosa y respetuosa, y por otro, una corriente hostil e insultante. En la asociación obsesiva "Dios-basura" se fundía la antigua significación de regalo, negativamente rebajada, con la significación de niño, ulteriormente desarrollada de ella. En la última queda expresada una ternura femenina, una disposición a renunciar a su virilidad, a cambio de poder ser amado como una mujer. Esto es precisamente aquel impulso hostil a Dios, expresado con palabras inequívocas en el sistema delirante del paranoico Schreber.

Cuando más adelante expongamos las últimas soluciones de los síntomas de nuestro paciente, quedará demostrado nuevamente cómo sus trastornos intestinales se habían puesto al servicio de la corriente homosexual y habían expresado su actitud femenina con respecto al padre. Una nueva significación del excremento nos abrirá ahora camino hacia la investigación del complejo de la castración.

Al excitar la mucosa intestinal erógena, la masa fecal desempeña el papel de un órgano activo, conduciéndose como el pene con respecto a la mucosa vaginal, y constituye como un antecedente del mismo en la época de la cloaca. Por su parte, la excreción del contenido intestinal en favor de otra persona (por cariño a ella) constituye el prototipo de la castración, siendo el primer caso de renuncia a una parte del propio cuerpo con el fin de conquistar el favor de una persona querida. El amor narcisista al propio pene no carece, pues, de una aportación del erotismo anal. El excremento, el niño y el pene forman, así, una unidad, un concepto inconsciente —*sit venia verbo*—: el del niño separable del cuerpo. Por estos caminos de enlace pueden desarrollarse desplazamientos e intensificaciones de la carga de libido muy importantes para la patología y que el análisis descubre.

La posición inicial de nuestro paciente ante el problema de la castración nos es ya conocida. La rechazó y permaneció en el punto de vista del comercio por el ano. Al decir que la rechazó nos referimos a que no quiso saber nada de ella en el sentido de la represión. Tal actitud no suponía juicio alguno sobre su existencia, pero equivalía a hacerla inexistente. Ahora bien, esta posición no pudo ser la definitiva, ni siquiera durante los años de su neurosis infantil. Más tarde hallamos, en efecto, pruebas de que el sujeto llegó a reconocer la castración como un hecho. También en este punto hubo de conducirse conforme a aquel rasgo característico de su personalidad que tan difícil nos hace la exposición de su caso. Se había resistido al principio y había cedido luego, pero ninguna de estas reacciones había suprimido la otra, y al final coexistían en él dos corrientes antitéticas, una de las cuales rechazaba la castración en tanto que la otra estaba dispuesta a admitirla, consolándose con la femineidad como compensación. Y también la tercera, la más antigua y profunda, que se había limitado a rechazar la castración sin emitir juicio alguno sobre su realidad, podía ser activada todavía. De este mismo paciente he relatado en otro lugar una alucinación que tuvo a los cinco años y a la que añadiré aquí un breve comentario:

"Teniendo cinco años jugaba en el jardín, al lado de mi niñera, hundiendo una navajita en la corteza de uno de aquellos nogales que desempeñaban también un papel en mi sueño[93]. De pronto, observé, con terrible sobresalto, que me había cortado el dedo meñique de la mano (¿derecha o izquierda?) de tal manera que sólo permanecía sujeto por la piel. No sentía dolor ninguno, pero sí un miedo terrible. No me atreví a decir nada a la niñera que estaba a pocos pasos de mí, me desplomé en el banco más próximo y permanecí sentado, incapaz de mirarme el dedo. Por último, me tranquilicé, me miré el dedo y vi que no tenía en él herida ninguna".

Sabemos que a los cuatro años y medio, y después de trabar conocimiento con la Historia Sagrada, se inició en él aquella intensa labor mental que culminó en su devoción obsesiva. Podemos, pues, suponer que la alucinación expuesta se desarrolló en el período en que el sujeto se decidió a reconocer la realidad de la castración, constituyendo quizá la exteriorización de aquel paso decisivo. También la pequeña rectificación

---

[93] Rectificación en un relato ulterior: "No; no hundía la navajita en el árbol. Este detalle pertenece a otro recuerdo, falseado también por una alucinación, y según el cual, una vez que hundí un cortaplumas en un árbol, brotó sangre de la hendidura".

del paciente tiene cierto interés. El hecho de que alucinase el mismo suceso temeroso que el Tasso hace vivir a su héroe Tancredo en la *Jerusalén Libertada* justifica la interpretación de que también para el pequeño paciente era el árbol una mujer. Desempeñaba, pues, el papel del padre y relacionaba las hemorragias de su madre con la castración de las mujeres, con "la herida" por él comprobada.

El estímulo de esta alucinación partió de un relato según el cual un pariente suyo había nacido con seis dedos en los pies y sus padres le habían cortado en el acto los dedos sobrantes con un hacha. Así, pues, las mujeres no tenían pene porque se lo cortaban al nacer. Por este camino aceptó el sujeto, en la época de la neurosis obsesiva, lo que ya había averiguado durante el proceso del sueño y rechazado entonces por medio de la represión. Tampoco la circuncisión, ritual de Cristo, como en general de todos los judíos, podía serle desconocida después de la lectura de la Historia Sagrada y de sus conversaciones sobre ella.

Es indudable que el padre se convirtió para él en esta época en aquella persona temida que amenaza llevar a cabo la castración. El Dios cruel, con el que por entonces luchaba el niño, que hacía caer en pecado a los hombres para castigarlos luego y sacrificaba a su hijo y a los hijos de los hombres, proyectaba su carácter sobre el padre, a quien, por otra parte, intentaba el sujeto defender contra aquel Dios. El niño tenía que llenar aquí un esquema filogénico, y lo consiguió, aunque sus vivencias personales no parezcan demostrarlo. Las amenazas de castración por él experimentadas habían partido más bien de personas femeninas[94], pero esta circunstancia no pudo demorar por mucho tiempo el resultado final. Al fin y al cabo, fue el padre de quien temió la castración, venciendo así en

---

[94] De la "chacha", como ya sabemos, y de otra criada, según veremos más adelante.

este punto la herencia filogénica a la vivencia accidental. En la prehistoria de la humanidad hubo de ser seguramente el padre el que aplicó la castración como castigo, mitigándola después hasta dejarla reducida a la circuncisión. Cuanto más amplia se hacía, en el curso del proceso de la neurosis obsesiva, la represión de su sexualidad, tanto más natural había de serle atribuir al padre, el verdadero representante de la actividad sexual, tales propósitos malignos.

La identificación del padre con el castrador adquirió considerable importancia como fuente de una hostilidad inconsciente, llevada hasta el deseo de su muerte, y de los sentimientos de culpabilidad surgidos como reacción a la misma. En todo esto su conducta era normal, esto es, idéntica a la de todo neurótico poseído por un complejo de Edipo positivo. Lo singular fue luego la coexistencia de una corriente antitética en la cual era más bien el padre el castrado y le inspiraba, como tal, profunda compasión.

En el análisis del ceremonial respiratorio, que se le imponía a la vista de personas inválidas o miserables, hemos podido demostrar que también este síntoma se refería al padre, el cual le había inspirado lástima cuando fue a visitarle al sanatorio. El análisis permitió perseguir aún más atrás este proceso. En época muy temprana, probablemente anterior a la seducción, había en la finca un pobre jornalero encargado de subir el agua a la casa. Este individuo no podía hablar y se decía que era porque le habían cortado la lengua, aunque lo más probable es que se tratase de un sordomudo. El pequeño le quería mucho y le compadecía de todo corazón, y cuando aquel pobre jornalero murió le buscaba en el cielo[95]. Este fue, pues, el primer inválido

---

[95] Posteriormente al sueño de angustia, pero hallándose aún en la primera finca, tuvo el sujeto varios sueños relacionados con estos sucesos y en los que la escena del coito se le aparecía como un proceso entre cuerpos celestes.

que le inspiró lástima; pero, además, según el contexto en el que apareció incluido y el momento de su aparición en el análisis, hubo de ser también una sustitución del padre.

El análisis enlazó a él el recuerdo de otros criados que le habían sido simpáticos y de los que recordaba que estaban enfermos o eran judíos (circuncisión). También el criado que ayudó a limpiarle, cuando a los cuatro años y medio se ensució en los pantalones, era un judío que estaba tísico y por el que sentía gran compasión. Todos estos individuos pertenecen al período anterior a su visita al padre en el sanatorio, esto es, anterior a la producción de síntomas, es decir, al ceremonial respiratorio destinado más bien a evitar una identificación con las personas compadecidas. El análisis se orientó luego, de repente, con motivo de un sueño, hacia la época prehistórica, haciéndole sentar la afirmación de que en el coito de la escena primordial había observado la desaparición del pene, compadeciéndose por ello del padre y alegrándose al verlo reaparecer. Así, pues, un nuevo impulso afectivo, nacido de esta escena. El origen narcisista de la compasión se nos muestra aquí con toda evidencia.

VIII

Complementos de la época
primordial y la solución

Sucede en muchos análisis que al acercarnos a su término surge de pronto nuevo material mnémico cuidadosamente ocultado hasta entonces. O también que el sujeto lanza con acento indiferente una observación aparentemente nimia a la que luego se agrega algo que despierta ya la atención del médico hasta hacerle reconocer, en aquel insignificante fragmento de recuerdo, la clave de los enigmas más importantes integrados en la neurosis del enfermo.

En los comienzos del análisis había relatado mi paciente un recuerdo procedente de la época en que sus accesos de cólera terminaban en ataques de angustia. Dicho recuerdo era el de haber perseguido un día a una mariposa de grandes alas con rayas amarillas y terminadas en unos salientes puntiagudos, hasta que, de repente, al verla posada en una flor, le había invadido un miedo terrible a aquel animalito y había huido de él llorando y gritando.

Este recuerdo volvió a surgir repetidamente en el análisis, demandando una explicación que en mucho tiempo no obtuvo. Habíamos de suponer de antemano que un tal detalle no había sido conservado por sí mismo en la memoria, sino que representaba, en calidad de recuerdo encubridor, algo más importante con lo cual se hallaba enlazado en algún modo. El paciente explicó un día que en su idioma la palabra mariposa —*babuschka*— quería decir también "madrecita", y que, en general, había visto siempre en las mariposas mujeres y muchachas, y en los insectos y las orugas, muchachos. Así, pues, en aquella escena de miedo debía de haber despertado el recuerdo de una mujer. Por mi parte, propuse la posibilidad de que las rayas amarillas de las alas de la mariposa le hubieran recordado el traje de una mujer determinada, solución totalmente errónea —como luego se verá—, pero que no quiero silenciar, para demostrar con un ejemplo cuán poco contribuye en general la iniciativa del médico a la solución de los problemas planteados, siendo así totalmente injusto hacer responsable a su fantasía y a la sugestión por él ejercida sobre el paciente de los resultados del análisis.

A propósito de algo absolutamente distinto y muchos meses después, observó el paciente que lo que le había inspirado miedo había sido el movimiento de la mariposa, abriendo y cerrando las alas, cuando estaba posada en la flor. Tal movimiento habría sido como el de una mujer al abrirse de piernas formando con ellas la figura de una V, o sea, la de un cinco en números romanos, alusión a la hora en que desde sus años infantiles y todavía en la actualidad solía acometerle un acceso de depresión.

Era esta una ocurrencia en la que jamás hubiera yo caído y tanto más valiosa cuanto que el proceso de asociación en ella integrado presentaba un carácter absolutamente infantil. He observado, en efecto, con frecuencia, que la atención de los niños es más fácilmente captada por el movimiento que por las formas en reposo, y que los sujetos infantiles basan con gran frecuencia en tales movimientos asociaciones que nosotros los adultos no establecemos.

Durante algún tiempo no volvió a surgir alusión ninguna a este pequeño problema. Haremos constar tan sólo la hipótesis de que los salientes puntiagudos de las alas de la mariposa pudieran haber tenido la significación de símbolos genitales.

Al cabo de algún tiempo surgió en el sujeto una especie de recuerdo, tímido e impreciso, de que antes de la "chacha" debía de haber habido en la casa otra niñera que le quería mucho y cuyo nombre coincidía con el de su madre. Seguramente el niño correspondió a su cariño, tratándose así de un primer amor perdido. No tardamos en sospechar, de consuno, que a la persona de aquella primera niñera debía de enlazarse algo que más tarde había adquirido considerable importancia.

Posteriormente rectificó el sujeto este recuerdo. Aquella niñera no podía haberse llamado como su madre, pero el hecho de haberlo creído así erróneamente probaba que en su memoria la había fundido con ella. Su verdadero nombre había surgido ahora en su memoria por un camino indirecto. Había recordado, de pronto, una habitación del piso alto de la primera finca, en la cual se almacenaba la fruta recogida y entre ella una cierta clase de peras de excelente sabor, muy grandes y con rayas amarillas en la cáscara. En su idioma, la palabra correspondiente a 'pera' es *gruscha*, y Gruscha era también el nombre de aquella niñera.

Quedaba así claramente demostrado que detrás del recuerdo encubridor de la mariposa perseguida se escondía el de la niñera. Pero las rayas amarillas no pertenecían a su vestido, sino a la cáscara de la pera que llevaba su mismo nombre. Ahora bien, ¿de dónde podía proceder el miedo emergido al ser activado su recuerdo? La hipótesis más próxima habría sido la de que el niño habría observado en ella por vez primera el movimiento de las piernas que había descrito refiriéndolo a la V, signo del número cinco en la escritura romana, movimiento que hace accesibles los genitales. Mas, por nuestra parte, preferimos ahorrarnos esta hipótesis y esperar la aparición de nuevo material.

No tardó, efectivamente, en surgir el recuerdo de una escena, harto incompleto, pero muy preciso. Gruscha estaba arrodillada en el suelo, teniendo a su lado un cubo lleno de agua y una escobilla de sarmientos, y se burlaba del niño o le reprendía.

Los datos obtenidos en el curso del análisis nos permitieron cegar las lagunas que este recuerdo presentaba. Al principio del tratamiento, el sujeto me había hablado de uno de sus enamoramientos obsesivos, cuyo objeto había sido aquella misma muchacha campesina que a sus dieciocho años le había contagiado la enfermedad en la cual habíamos de ver la causa incidental de su neurosis ulterior. En este primer período del análisis se había resistido, singularmente, a comunicar el nombre de aquella mujer, resistencia tanto más de extrañar cuanto que se presentaba aislada, pues el sujeto se mostraba generalmente dócil a los preceptos analíticos fundamentales. Pero en cuanto a este detalle, se limitaba a afirmar que le avergonzaba comunicar dicho nombre, por ser tan exclusivamente propio de las clases bajas, que ninguna muchacha distinguida se llamaba así. Tal nombre, que acabé por averiguar, era el de Matrona. Tenía, pues, un sonido maternal. La vergüenza que su evocación causaba al sujeto estaba claramente fuera de lugar. El hecho mismo de que sus enamoramientos tuviesen siempre como objeto muchachas de las clases más bajas no le avergonzaba, y sí tan sólo aquel nombre. Si la aventura con Matrona integraba algún elemento común con la escena en la que Gruscha aparecía fregando, la vergüenza del sujeto podía referirse a este otro suceso anterior.

En otra ocasión había dicho el paciente que la historia de Juan Huss le había impresionado mucho, quedando fija especialmente su atención en los haces de sarmientos que el pueblo añadía a la pira en la que había de ser quemado. Ahora bien, la simpatía hacia Huss despierta en nosotros una determinada sospecha, pues la hemos hallado con frecuencia en pacientes juveniles y siempre hemos descubierto para ella idéntica explicación. Uno de tales pacientes había incluso compuesto un drama, cuyo argumento era la vida y muerte de Juan Huss, habiéndolo empezado a escribir el mismo día que le había arrebatado la mujer a la que amaba en secreto. La muerte en la hoguera hace de Huss, como de otros que sufrieron igual suplicio, un héroe preferido de aquellos sujetos que padecieron de neurosis en su infancia. Nuestro paciente enlazaba los haces de sarmiento de la hoguera de Huss con la escobilla que utilizaba la niñera para fregar.

Todo este material permitió cegar fácilmente las lagunas que presentaba el recuerdo de la escena con Gruscha. Al ver a la muchacha fregando el suelo, el sujeto se había puesto a orinar ante ella, que le dirigió entonces, seguramente en broma, una amenaza de castración[96].

No sé si los lectores habrán adivinado ya el motivo que me ha impulsado a exponer tan detalladamente este episodio infantil[97]. Establece, en efecto, un enlace importantísimo entre la escena primordial y la ulterior obsesión erótica que tan decisiva llegó a ser para los destinos del sujeto, introduciendo además una condición erótica que explica dicha obsesión.

Al ver a la muchacha fregando en el suelo arrodillada y en una posición que hacía resaltar sus nalgas, volvió a encontrar en ella la postura adoptada por su madre en la escena del coito. De este modo, la muchacha pasó a ser su madre, y la activación de aquella imagen pretérita[98] despertó en él una excitación sexual que le llevó a conducirse con la criada como en la escena primordial el padre, cuya actividad no podía el niño haber comprendido, por entonces, más que como una micción. Su acto de orinar en el suelo fue, pues, realmente, una tentativa

---

[96] Es singular que la reacción de la vergüenza aparezca tan íntimamente enlazada a la micción involuntaria (nocturna o diurna) y no igualmente, como era de esperar, a la incontinencia fecal. Pero la experiencia no deja en este punto lugar ninguno a dudas. También la relación regular de la incontinencia de orina con el fuego da qué pensar. Es posible que estas reacciones y relaciones constituyan precipitados de la historia de la civilización humana y más profundos que todos los residuos llegados hasta nosotros en el mito y en el folklore.

[97] A los dos años y medio, o sea, entre la supuesta observación del coito y la seducción.

[98] Antes del sueño.

de seducción, y la muchacha respondió a él con una amenaza de castración, como si lo hubiera comprendido así.

La obsesión emanada de la escena primordial se transfirió a esta escena con Gruscha y siguió actuando merced al nuevo impulso en ella recibido. Pero la condición erótica experimentó una modificación que testimonia de la influencia de la segunda escena, pues quedó transferida desde la postura de la mujer a su actividad en la misma. Esta modificación se nos hace evidente, por ejemplo, en el incidente con Matrona. El sujeto paseaba por el pueblo perteneciente a la finca (a la segunda) y vio, a la orilla de un estanque, una muchacha campesina que lavaba arrodillada en una piedra, enamorándose inmediatamente de ella con violencia incoercible, aunque ni siquiera había podido verle aún la cara. Su postura y su actividad la habían hecho ocupar el lugar de Gruscha. Comprendemos ahora cómo la vergüenza concomitante al contenido de la escena con Gruscha pudo luego enlazarse al nombre de Matrona.

Otro acceso de enamoramiento sufrido por el sujeto en años anteriores muestra con mayor claridad aún la influencia coercitiva de la escena con Gruscha. Una joven campesina que servía en la casa había despertado su agrado desde tiempo atrás, pero el sujeto había logrado siempre dominarse, hasta que un día se sintió profundamente enamorado al verla fregando el suelo, con el cubo de agua y la escoba a su lado, como aquella otra muchacha de su infancia.

Hasta su misma definitiva elección de objeto, tan importante para su vida ulterior, se demuestra, por ciertas circunstancias íntimas que nos es imposible detallar aquí, dependiente de la misma condición erótica, esto es, como una ramificación de la obsesión que dominaba su elección amorosa, partiendo de la escena primordial y a través de la escena con Gruscha. Ya hemos observado en otro lugar la tendencia de nuestro paciente a rebajar a sus objetos amorosos, y hemos visto en ella una reacción contra el agobio de la superioridad de su hermana. Pero también prometimos, por entonces, demostrar que tal motivo no había sido el único determinante, sino que encubría una determinación más profunda, por motivos puramente eróticos. El recuerdo de la niñera fregando el suelo y rebajada así por lo menos en cuanto a la postura nos descubrió tal motivación. Todos los objetos eróticos ulteriores fueron sustituciones de este, del cual la casualidad había hecho, a su vez, una primera sustitución de la madre. La primera ocurrencia del paciente ante el problema del miedo a la mariposa se nos revela *a posteriori* como una lejana alusión a la escena primordial (la hora de las cinco). La relación de la escena de Gruscha con la amenaza de castración quedó confirmada por un sueño singularmente significativo cuya interpretación halló el mismo paciente. Dijo, en efecto:

—He soñado que un hombre arrancaba las alas a una "abe".

—¿A una "abe"? —le pregunté—. ¿Qué quiere decir usted con eso? —Sí; a ese insecto que tiene el cuerpo a rayas amarillas y cuyos aguijonazos son muy dolorosos. Tiene que ser una alusión a la Gruscha, a la pera con rayas amarillas.

—A una abeja querrá decir.

—¡Ah! ¿Se llama abeja? Creía que el nombre era simplemente "abe". (El sujeto aprovechaba, como otros muchos, su desconocimiento de mi idioma, para encubrir sus actos sintomáticos.) Pero entonces ese "abe" soy yo: A. B. (sus iniciales). La "abe" es, naturalmente, una abeja mutilada, y el sueño manifiesta así, claramente, que el sujeto se venga de Gruscha por su amenaza de castración.

El acto realizado por el niño de dos años y medio en la escena con Gruscha es el primer efecto visible de la escena primordial; nos presenta al sujeto como una reproducción de su padre y nos descubre una tendencia evolutiva orientada en aquella dirección que más adelante habrá de merecer la calificación de masculina. Pero la seducción le reduce a una pasividad, preparada ya, de todos modos, por su conducta como espectador del comercio sexual entre sus padres.

En este período del tratamiento experimentamos la impresión de que la solución de la escena con Gruscha, esto es, de la primera vivencia que el sujeto podía recordar y había recordado sin que yo lo esperase ni le ayudara a ello, marcaba el término favorable de la cura, pues a partir de tal momento, desapareció toda resistencia y nuestra tarea quedó reducida a reunir datos y ajustarlos. La antigua teoría traumática, basada en impresiones de la terapia psicoanalítica, volvía de pronto a demostrarse valedera. Por puro interés crítico intenté todavía imponer al paciente, una vez más, una interpretación distinta y más admisible de su historia. Según ella, no se podía dudar de la realidad de la escena con Gruscha, pero tal escena no supondría nada por sí misma y habría sido intensificada *a posteriori*, por regresión, por los sucesos de su elección de objeto, la cual se habría transferido desde su hermana a las criadas por el influjo de su tendencia a rebajar al objeto erótico. En cambio, la observación del coito habría sido tan sólo una fantasía construida en años ulteriores y cuyo nódulo histórico habría sido el hecho de haber presenciado cómo alguno de sus familiares se ponía una irrigación o incluso el de haber sido él mismo objeto de ella. Algunos de mis lectores opinarán probablemente que sólo con esta hipótesis llegué a aproximarme en realidad a la comprensión del caso. Pero el paciente me miró atónito y con cierto desprecio al exponerle yo tal interpretación y no volvió a reaccionar a ella. Por mi parte, ya he expuesto en páginas anteriores mis propios argumentos contra una tal racionalización.

Ahora bien, la escena con Gruscha no contiene tan sólo las condiciones decisivas de la elección de objeto del paciente, preservándonos así del error de conceder un valor excesivo a la significación de la tendencia a rebajar a la mujer. Integra también una justificación de mi conducta anterior, al resistirme a ver la única solución posible en una referencia de la escena primordial a la observación de un coito animal, realizada por el sujeto poco antes de su sueño. La escena con Gruscha había emergido espontáneamente en la memoria del paciente, sin intervención alguna por mi parte. El miedo ante la mariposa amarilla, que a ella hemos referido, demostró que había tenido un importante contenido o, por lo menos, que había sido posible adscribir *a posteriori* a su contenido una tal importancia. Tal contenido importante faltaba en la reminiscencia del sujeto, pero pudo ser descubierto o integrado en ella, completándola mediante las asociaciones que a ella enlazó el paciente y las conclusiones que de las mismas dedujimos. Resultó entonces que el miedo a la mariposa era totalmente análogo al miedo al lobo, tratándose en ambos casos de miedo a la castración, referido primero a la persona que había sido la primera en proferir la amenaza correspondiente y transferido luego a aquella otra a la cual había de enlazarse conforme al prototipo filogénico. La escena con Gruscha se había desarrollado teniendo el sujeto dos años y medio, y en cambio, aquella otra en la que había sentido miedo de la mariposa amarilla, era seguramente posterior al sueño de angustia. No era difícil comprender que el reconocimiento ulterior de la posibilidad de la castración había desarrollado *a posteriori* la angustia, tomándola de la escena con Gruscha; pero esta escena misma no contenía nada repulsivo ni inverosímil, sino tan sólo detalles triviales de los que no había por qué dudar. Nada nos invitaba, pues, a reducirla a una fantasía del niño, ni tampoco parece posible hacerlo.

Surge ahora la cuestión de si en el acto de orinar llevado a cabo por el niño ante la muchacha que fregaba el suelo arrodillada podemos ver una prueba de excitación sexual. Tal excitación testimoniaría entonces de la influencia de una impresión anterior que podía ser, tanto la realidad de la escena primordial, como una observación de un coito animal realizado antes de los dos años y medio. ¿O acaso la situación descrita era absolutamente inocente y por completo casual la micción del niño, habiendo sido ulteriormente sexualizada la escena en su memoria después de haber reconocido como muy importantes otras situaciones análogas?

Sobre este punto no me atrevo a sentar conclusión ninguna. He de hacer constar que considero ya un alto merecimiento del psicoanálisis haber podido llegar a plantear semejantes interrogantes. Pero no puedo negar que la escena con Gruscha, el papel que a la misma correspondió en el análisis y los efectos que de ella emanaron sobre la vida del sujeto sólo quedan satisfactoriamente explicados admitiendo la realidad de la escena primordial, que, a otros efectos, no importan tanto considerar como una fantasía. Además, tal escena no integra en el fondo nada imposible, y la hipótesis de su realidad es perfectamente conciliable con la influencia estimulante de las observaciones hechas en los animales, a las cuales aluden los perros de ganado aparentes en el sueño.

De esta conclusión poco satisfactoria pasaremos a otra cuestión que ya examinamos en nuestra *Introducción al Psicoanálisis*. Quisiéramos saber si la escena primordial fue una fantasía o una vivencia real, pero el ejemplo de otros casos análogos nos muestra que, en último término, no es nada importante tal decisión. Las escenas de observación del coito entre los padres, de seducción en la infancia y de amenazas de castración son indudablemente un patrimonio heredado, una herencia filogénica, pero pueden constituir también una propiedad adquirida por vivencia personal. En nuestro caso, la seducción del paciente por su hermana mayor era una realidad indiscutible. ¿Por qué no había de serlo también la observación del coito entre sus padres?

Vemos, pues, en la historia primordial de la neurosis que el niño recurre a esta vivencia filogénica cuando su propia vivencia personal no resulta suficiente. Llena las lagunas de la verdad individual con la verdad prehistórica y sustituye su propia experiencia por la de sus antepasados. En el reconocimiento de esta herencia filogénica estoy de perfecto acuerdo con Jung (*Psicología de los procesos inconscientes*, 1917; obra que no pudo ya influir en absoluto sobre mi *Introducción al Psicoanálisis*); pero creo erróneo, desde el punto de vista del método, recurrir a la filogenia antes de haber agotado las posibilidades de la ontogenia. No veo por qué se quiere negar a la prehistoria infantil una significación que se concede gustosamente a la ascendencia del sujeto. Es indudable que los motivos y los productos filogénicos precisan por sí mismos de una explicación que la infancia individual puede suministrarles en toda una serie de casos. Por último, no me asombra que la conversación de las mismas condiciones haga renacer orgánicamente en el individuo lo que dichas condiciones crearon en épocas anteriores y se ha transmitido luego hereditariamente como disposición a su nueva adquisición.

En el intervalo entre la escena primordial y la seducción (entre el año y medio y los tres años y tres meses) hemos de interpolar aún el jornalero mudo que fue para el sujeto una sustitución del padre, como Gruscha una sustitución de la madre. Creo injustificado hablar aquí de una tendencia al rebajamiento, aunque hallamos representados a los dos elementos de la pareja parental por personas ancilares. El niño se sobrepone a las diferencias sociales, que aún significan muy poco para él, y sitúa en el mismo plano que a sus padres a aquellas personas de inferior condición que también le demuestran cariño. Tampoco interviene para nada esta tendencia en lo que se refiere a la sustitución de los padres por animales, pues el niño no tiene aún por qué sentir la inferioridad de los mismos.

A la misma época pertenece también un obscuro indicio de una fase en la que el sujeto no quería comer más que golosinas, hasta tal punto que se llegó a temer por su salud.

Le contaron entonces la historia de un tío suyo que se había negado asimismo a comer y había muerto muy joven de pura debilidad, y le revelaron igualmente que a los tres meses de edad había estado él tan enfermo (¿de una pulmonía?) que ya le habían hecho una mortaja. De este modo, consiguieron asustarle hasta que volvió a consentir en comer; y en años posteriores a su infancia llegó incluso a exagerar la ingestión de alimentos para protegerse contra la muerte. El miedo a la muerte, que por entonces le habían hecho sentir para su bien, emergió luego nuevamente cuando la madre trató de preservarle de la disentería, y provocó, más tarde aún, un acceso de neurosis obsesiva. Vamos a tratar de descubrir sus orígenes y su significación en épocas posteriores.

A nuestro juicio, la negativa a comer integra la significación de un primer acceso de neurosis, de manera que tal perturbación, la fobia al lobo y la devoción obsesiva, formarían la serie completa de las enfermedades infantiles que produjeron la disposición al derrumbamiento neurótico en los años posteriores a la pubertad. Se me objetará que son muy pocos los niños que no pasan alguna vez por un período de falta de apetito o de zoofobia. Pero este argumento no es muy útil. Estoy dispuesto a afirmar que toda neurosis de un adulto se basa en una neurosis infantil que no ha sido suficientemente intensa para llamar la atención de sus familiares y ser reconocida como tal. La importancia teórica de las neurosis infantiles para la concepción de las enfermedades que tratamos como neurosis y queremos derivar exclusivamente de las influencias de la vida ulterior queda robustecida por tal objeción. Si nuestro paciente no hubiera mostrado, además de su falta de apetito y su zoofobia, su devoción obsesiva, su historia no se diferenciaría mucho de la de los demás humanos y nosotros careceríamos aún de materiales valiosísimos que nos pueden evitar, en adelante, errores tan fáciles como graves.

El análisis sería insatisfactorio si no nos procurara la comprensión de aquel lamento en que el paciente sintetizaba sus padecimientos. Era el de que el mundo se le aparecía envuelto en un velo, y nuestra experiencia psicoanalítica rechaza la posibilidad de que tales palabras carezcan de significación, habiendo sido casualmente elegidas. Tal velo no se desgarraba más que en una situación, esto es, cuando el contenido intestinal salía a través del ano con ayuda de una irrigación. El sujeto se sentía entonces de nuevo bueno y sano y volvía a ver claramente el mundo durante un breve espacio de tiempo. La interpretación de este "velo" fue tan ardua como la del miedo a la mariposa, tanto más cuanto que el sujeto no mantenía fijamente tal representación, sino que la sustituía por un sentimiento indefinido de obscuridad o de tinieblas y por otras cosas igualmente inaprehensibles.

Sólo poco antes del término de la cura recordó haber oído que había nacido "cubierto"[99]. Se tenía, pues, por un ser especialmente afortunado, al que nada malo podía pasar, confianza que sólo le abandonó cuando contrajo la blenorragia y hubo de reconocerse vulnerable. Aquella grave ofensa inferida a su narcisismo provocó su derrumbamiento y su caída en la neurosis. Con ello repitió un mecanismo que ya se había desarrollado en él una vez. También su fobia al lobo había surgido al enfrentarse con la posibilidad de una castración, a la cual equiparó luego la blenorragia.

---

[99] N. del Traductor. — "*...dass es in einer Glückshaube zur Welt gekommen sei*". Literalmente: "...que había venido al mundo con una cofia de buena suerte". El hecho de que un niño nazca así "cubierto", o sea, con la placenta sobre la cabeza y parte del rostro, se considera como un feliz augurio en cuanto a sus destinos. La significación de esta circunstancia en el análisis de la lamentación del sujeto de que el mundo se le mostraba envuelto en un velo ha hecho imposible emplear la expresión en español equivalente: "nacer de pie" o "nacer con una torta bajo al brazo".

La "cofia de buena suerte" con la que había nacido era, pues, el velo que le ocultaba el mundo y le ocultaba a él para el mundo. Su lamento es, en realidad, el cumplimiento de una fantasía optativa que le muestra devuelto nuevamente al claustro materno, o sea, la fantasía optativa de la huida del mundo. Su traducción sería la siguiente: Soy tan desdichado en la vida que tengo que refugiarme de nuevo en el claustro materno.

Pero ¿qué pueden significar los hechos de que este velo simbólico, que había sido real en una ocasión, se desgarre en el momento de la deposición, conseguida con ayuda de una irrigación y que su enfermedad cesara bajo tal condición? El análisis nos permite responder lo siguiente: cuando el velo de su nacimiento se desgarra vuelve el sujeto a ver el mundo y nace así de nuevo. El excremento es el niño en el cual nace el sujeto, por segunda vez, a una vida mejor. Tal sería, pues, la fantasía del nuevo nacimiento sobre la cual ha llamado Jung la atención y a la que atribuye importancia predominante en la vida optativa de los neuróticos.

Todo esto estaría muy bien si bastara con ello. Pero ciertos detalles de la situación y la necesidad de un enlace con el historial particular del paciente nos obligan a continuar la interpretación. El nuevo nacimiento tiene por condición que la irrigación le sea administrada por otro hombre (al cual le obligó luego la necesidad a sustituirse) y esta condición sólo puede significar que el sujeto se ha identificado con su madre, que el auxiliar desempeña el papel del padre y que la irrigación repite la cópula cuyo fruto es la deposición, el niño excremental, o sea, el paciente mismo. La fantasía del nuevo nacimiento aparece, pues, íntimamente enlazada con la condición de la satisfacción sexual por el hombre. La traducción sería ahora la siguiente: Sólo cuando le es dado sustituir a la mujer, o sea, a su madre, para hacerse satisfacer por el padre y darle un hijo es cuando desaparece su enfermedad. En consecuencia, la fantasía del nuevo nacimiento era tan sólo, en este caso, una reproducción mutilada y censurada de la fantasía optativa homosexual.

Examinando más detenidamente la situación, observamos que el enfermo no hace sino repetir en esta condición de su curación la situación de la escena primordial: Por entonces quiso sustituirse a la madre y, como ya supusimos antes, produjo, en la misma escena, el niño excremental, hallándose todavía fijado a aquella escena, decisiva para su vida sexual y cuyo retorno en el sueño de los lobos marcó el comienzo de su enfermedad. El desgarramiento del velo es análogo al hecho de abrir los ojos y al de abrirse la ventana. La escena primordial ha quedado transformada en una condición de su curación.

Aquello que su lamento representa y aquello que es representado por la excepción del mismo puede ser fundido en una unidad que nos revela entonces todo su sentido. El sujeto desea volver al claustro materno, pero no tan sólo para volver y luego a nacer, sino para ser alcanzado en él, ocasión del coito, por su padre, recibir de él la satisfacción y darle un hijo.

Ser parido por el padre, como al principio supuso; ser sexualmente satisfecho por él y darle un hijo a costa, de esto último, de su virilidad y expresado en el lenguaje del erotismo anal: con estos deseos queda cerrado el círculo de la fijación al padre y encuentra la homosexualidad su expresión suprema y más íntima[100].

Creo que el presente ejemplo arroja también luz sobre el sentido y el origen de las fantasías de volver al claustro materno y ser parido de nuevo. La primera nace frecuentemente, como en nuestro caso, de la adhesión al padre. El sujeto desea hallarse en el claustro materno para sustituir a la madre en el coito

---

[100] La posible interpretación secundaria de que el velo representante el himen que se desgarra en la cópula con el hombre no coincide con la condición de la curación, ni presenta relación alguna con la vida del sujeto, para el cual no significa nada la virginidad.

y ocupar su lugar en cuanto al padre. La fantasía del nuevo nacimiento es, probablemente, siempre una atenuación, un eufemismo, por decirlo así, de la fantasía del coito incestuoso con la madre o, para emplear el término propuesto por H. Silberer, una abreviatura *anagógica* de la misma. El sujeto desea volver a la situación durante la cual se hallaba en los genitales de la madre, deseo en el cual se identifica el hombre con su propio pene y se deja representar por él. En este punto se nos revelan ambas fantasías como antítesis en las cuales se expresará, según la actitud masculina o femenina del sujeto correspondiente, el deseo del coito con el padre o con la madre. No puede rechazarse la posibilidad de que en el lamento y en la condición de curación de nuestro paciente aparezcan unidas ambas fantasías, y por lo tanto, ambos deseos incestuosos.

Quiero intentar, una vez más, interpretar los últimos resultados del análisis conforme a las teorías de nuestros contradictores: El paciente llora su huida del mundo en una fantasía típica de retorno al claustro materno y ve tan sólo una posibilidad de curación en un nuevo nacimiento, expresando este en síntomas anales, correlativamente a su disposición predominante. Conforme al prototipo de la fantasía anal del nuevo nacimiento, ha construido una escena infantil que repite sus deseos con medios expresivos simbólicos arcaicos. Sus síntomas se encadenan entonces como si emanaran de una tal escena primordial. Tuvo que decidirse a todo este retroceso porque la vida le planteó una labor para cuya solución era demasiado indolente o porque tenía razones suficientes para desconfiar de su inferioridad y creía hallar máxima protección por medio de tales manejos.

Todo esto estaría muy bien si el infeliz no hubiera tenido ya a los cuatro años un sueño con el que empezó su neurosis, que fue estimulado por el cuento del sastre y el lobo y cuya interpretación hace necesaria la hipótesis de una tal escena primordial. Ante estos hechos, pequeños pero inatacables, se estrellan, desgraciadamente, las facilidades que intentan proporcionarnos las teorías de Jung y de Adler. En la situación dada, la fantasía del nuevo nacimiento me parece constituir una derivación de la escena primordial, en lugar de ser, inversamente, tal escena un reflejo de aquella fantasía. Quizá podamos también suponer que el paciente era por entonces, cuatro años después de su llegada al mundo, demasiado joven para desearse ya un nuevo nacimiento. Pero creo más prudente retirar este último argumento, pues mis propias observaciones demuestran que hasta ahora se ha estimado muy por debajo a los niños y que no sabemos aún de lo que son capaces[101].

---

[101] Reconozco que es esta la más ardua cuestión de la teoría analítica. No he necesitado de las comunicaciones de Adler o de Jung para ocuparme críticamente de la posibilidad de que las vivencias infantiles olvidadas que el psicoanálisis descubre —inverosímilmente tempranas— reposen más bien en fantasías creadas en ocasiones ulteriores, debiendo verse, por lo tanto, una manifestación de un factor constitucional o de una disposición filogénicamente conservada allí donde creemos hallar en los análisis el efecto *a posteriori* de una de tales impresiones infantiles. Por el contrario, ninguna duda me ha preocupado tanto ni me ha hecho renunciar tan decididamente a muchas publicaciones. Por otro lado, he sido el primero en dar a conocer, tanto el papel de las fantasías en la producción de síntomas, como la proyección sobre la infancia de fantasías nacidas de estímulos ulteriores, hecho que ninguno de mis adversarios se ha dignado mencionar. (*Cf.* mi *Interpretación de los sueños* y las *Observaciones a un caso de neurosis obsesiva*). Si a pesar de todo he seguido propugnando mi teoría, más inverosímil y más ardua, ha sido siempre con argumentos como los que el caso aquí descrito, o cualquier otro de neurosis infantil, impone al investigador y que de nuevo someto a la consideración de mis lectores.

IX
Síntesis y problemas

No sé si mis lectores habrán conseguido formarse, con la exposición hasta aquí desarrollada del análisis de este caso, una idea clara de la génesis y la evolución de la enfermedad de mi paciente. Temo que no haya sido así. Pero, aunque en general no suelo defender mi arte expositiva, en este caso he de alegar circunstancias atenuantes. La descripción de fases tan tempranas y tan profundas de la vida anímica constituye una tarea jamás emprendida hasta ahora, y a mi juicio es mejor llevarla a cabo imperfectamente que huir ante ella, huida que habría de traer consigo, además, determinados peligros. Vale más, por lo tanto, demostrar valientemente que la conciencia de nuestras inferioridades no ha bastado para apartarnos de tan ardua labor.

Por otra parte, el caso no era especialmente favorable. La posibilidad de estudiar al niño por medio del adulto, a la cual debimos la riqueza de datos sobre la infancia, hubo de ser pagada con una ingrata fragmentación del análisis y las consiguientes imperfecciones de la exposición. La idiosincrasia del paciente y los rasgos de carácter que debía a su nacionalidad, distinta de la nuestra, hicieron muy trabajosa la empatía, y el contraste entre su personalidad, afable y dócil, de aguda inteligencia y pensamiento elevado, y su vida instintiva, totalmente indomada, nos impuso una prolongada labor preparatoria y educativa que dificultó la visión de conjunto. Pero de aquel carácter del caso que más arduos problemas hubo de plantear a su exposición es totalmente irresponsable el paciente. Hemos conseguido diferenciar en la psicología del adulto los procesos anímicos en conscientes e inconscientes y describir claramente ambas especies. En cambio, tratándose del niño, es dificilísima tal distinción, siéndonos casi imposible diferenciar lo consciente de lo inconsciente. Procesos que han llegado a predominar y que por su conducta ulterior han de ser considerados equivalentes a los conscientes no lo han sido, sin embargo, nunca en el sueño. No es difícil comprender por qué: lo consciente no ha adquirido todavía en el niño todos sus caracteres, se halla en pleno desarrollo y no posee aún la capacidad de concretarse en representaciones verbales. La confusión de que regularmente nos hacemos culpables entre el fenómeno de emerger en la conciencia como percepción y la pertenencia a un sistema psíquico supuesto que podíamos denominar en una forma cualquiera convencional, pero al que nos hemos decidido a llamar también conciencia (el sistema C.c.), es absolutamente inocente en la descripción psicológica del adulto, pero puede inducirnos a graves errores cuando se trata de la psicología infantil. Tampoco la introducción del sistema "preconsciente" nos presta aquí ningún auxilio, pues el sistema preconsciente del niño no coincide obligadamente con el del adulto. Habremos, pues, de satisfacernos con darnos clara cuenta de la obscuridad reinante en este terreno.

Es indudable que un caso como el que aquí describimos podría dar pretexto a discutir todos los resultados y problemas del psicoanálisis, pero ello constituiría una labor interminable y absolutamente injustificada. Hemos de decirnos que un solo caso no puede proporcionarnos todos los conocimientos y soluciones deseados y habremos de contentarnos con utilizarlo en aquellos aspectos que más claramente nos muestre. En general, la labor explicativa del psicoanálisis es harto limitada. Lo único que ha de explicar son los síntomas, descubriendo su génesis, pues en cuanto a los mecanismos psíquicos y los procesos instintivos a los que así somos conducidos no se tratará de explicarlos, sino de describirlos. Para extraer nuevas generalidades de las conclusiones sobre estos dos últimos puntos son necesarios muchos casos como el presente, correcta y profundamente analizados. Y no es fácil encontrarlos, pues cada uno de ellos representa el trabajo de muchos años. En este terreno sólo muy lentamente puede progresarse. No será, pues, imposible la tentación del contentarse con "rascar" ligeramente la superficie psíquica de un cierto número de sujetos y sustituir la labor restante por la especulación situada bajo el signo de una cualquiera doctrina filosófica. En favor de este procedimiento pueden alegarse necesidades prácticas, pero las necesidades científicas no quedan satisfechas con ningún subrogado.

Voy a intentar una revisión sintética de la evolución sexual de mi paciente, partiendo de los más tempranos indicios. Lo primero que de él averiguamos es la perturbación de su apetito, la cual interpretamos, apoyándonos en otros casos, pero con máximas reservas, como el resultado de un proceso de carácter sexual. La primera organización sexual aprehensible es, para nosotros, aquella a la que hemos calificado de "oral" o "caníbal" y en la que la excitación sexual se apoya aún en el instinto de alimentación. No esperaremos hallar manifestaciones directas de esta fase; pero sí indicios de ellas en las perturbaciones eventualmente surgidas. La perturbación del instinto de alimentación, que naturalmente puede tener también otras causas, nos demuestra entonces que el organismo no ha podido llegar a dominar la excitación sexual. El fin sexual de esta fase no podía ser más que el canibalismo, la ingestión de alimentos; en nuestro paciente tal fin exterioriza, por regresión desde una fase superior, el miedo a ser devorado por el lobo. Este miedo hubimos de traducirlo por el de servir de objeto sexual a su padre. Sabido es que años posteriores —tratándose de muchachas, en la época de la pubertad o poco después— existe una neurosis que expresa la repulsa sexual por medio de la anorexia, debiendo ser relacionada, por lo tanto, con esta fase oral de la vida sexual. En el punto álgido del paroxismo amoroso ("¡Te comería!") y en el trato cariñoso con los niños pequeños, en el cual el adulto se comporta también como un niño, surge de nuevo el fin erótico de la organización oral. Ya hemos expuesto en otra ocasión la hipótesis de que el padre de nuestro paciente acostumbraba a dirigir a su hijo tales amenazas humorísticas, jugando con él a ser el lobo o un perro que iba a devorarle. El paciente confirmó tal sospecha con su singular conducta durante la transferencia. Cuantas veces retrocedía ante las dificultades de la cura, refugiándose en la transferencia, amenazaba con la devoración y luego con toda serie de maltratos, lo que constituía tan sólo una expresión de su cariño.

Los usos del lenguaje han tomado de esta fase oral de la sexualidad determinados giros y califican así de "apetitoso" a un objeto erótico o de "dulce" a la persona amada. Recordaremos aquí que nuestro pequeño paciente no debería comer más que cosas dulces. Las golosinas y los bombones representan habitualmente, en el sueño, caricias conducentes a la satisfacción sexual.

Parece ser que a esta fase corresponde también (naturalmente, en caso de perturbación) una angustia que emerge como miedo a la muerte y puede adherirse a todo aquello que es mostrado al niño como adecuado. En nuestro paciente fue utilizada para la superación de su anorexia e incluso para la supercompensación de la misma. El hecho de que la observación de la cópula de sus padres, de la que tantos efectos ulteriores hubieron de emanar, fuera anterior al período de anorexia nos descubre su posible fuente. Podemos quizá suponer que apresuro los procesos de la maduración sexual y desarrollo así efectos directos, aunque inaparentes.

Sé también, naturalmente, que es posible explicar de otro modo más sencillo el cuadro sintomático de este período —el miedo al lobo y la anorexia— sin recurrir a la sexualidad ni a un estadio de organización pregenital. Quien no vea inconveniente alguno en prescindir de los signos de la neurosis y de la continuidad de los fenómenos preferiría sin duda tal explicación, y nada podremos hacer para evitarlo. Es muy difícil llegar a conclusión alguna convincente sobre estos comienzos de la vida sexual por caminos distintos de los indirectos por nosotros utilizados.

La escena de Gruscha (a los dos años y medio) nos muestra a nuestro infantil paciente al principio de una evolución que puede ser calificada de normal, con la sola salvedad de su precocidad: identificación con el padre y erotismo vesical en representación de la masculinidad. Se halla por completo bajo la influencia de la escena primordial. Hasta ahora hemos atribuido a la identificación con el padre un carácter narcisista, pero teniendo en cuenta el contenido de la escena primordial hemos de reconocer que corresponde ya al estadio de la organización genital. El genital masculino ha empezado a desempeñar su papel y lo continúa bajo la influencia de la seducción por la hermana.

Pero experimentamos la impresión de que la seducción no sólo propulsa la evolución, sino que también la perturba y la desorienta, dándole un fin sexual pasivo, inconciliable en el fondo con la acción del genital masculino. Ante el primer obstáculo exterior, o sea, la amenaza de castración de la "chacha" (a los tres años y medio), se derrumba la organización genital, insegura todavía, y vuelve, por regresión, al estadio anterior de la organización sádico-anal, que en otro caso hubiera quizá transcurrido con indicios tan leves como en otros niños.

La organización sádico-anal es fácil de reconocer como una continuación de la oral. La violenta actividad muscular en cuanto al objeto que la caracteriza tiene su razón de ser como acto preparatorio de la ingestión, la cual desaparece luego como fin sexual. El acto preparatorio se convierte en un fin independiente. La novedad con respecto al estadio anterior consiste esencialmente en que el órgano pasivo, separado de la zona bucal, se desarrolla en la zona anal. De aquí a ciertos paralelos biológicos o a la teoría de las organizaciones humanas pregenitales como residuos de dispositivos que en algunas especies zoológicas se conservan aún, no hay ya más que un paso. La constitución del instinto de investigación por la síntesis de sus componentes es también característica de este estadio. El erotismo anal no se hace notar aquí claramente. Bajo la influencia del sadismo, el excremento ha trocado su significación cariñosa por una significación ofensiva. En la transformación del sadismo en masoquismo interviene un sentimiento de culpabilidad que indica procesos evolutivos desarrollados en esferas distintas de la sexual.

La seducción prolonga su influencia manteniendo la pasividad del fin sexual. Transforma ahora una gran parte del sadismo en masoquismo, su antítesis pasiva. Es dudoso que pueda atribuirse por entero a ella la pasividad, pues la reacción del niño de año y medio a la observación del coito fue ya pasiva. La coexistencia sexual se manifestó en una disposición en la que también hemos de distinguir, de todos modos, un elemento activo. Al lado del masoquismo que domina su corriente sexual y se manifiesta en fantasías, sigue subsistente el sadismo, el cual se descarga en las crueldades de que el sujeto hace victima a los animales. Su investigación sexual comenzó a partir de la seducción y se ocupó esencialmente de dos problemas: el de la procedencia de los niños y el de la posibilidad de la castración, entretejiéndose con las manifestaciones de sus instintos, y dirigiendo sus tendencias sádicas hacia los animales pequeños, como representantes de los niños pequeños.

Hemos llevado la descripción hasta las proximidades del cuarto cumpleaños del sujeto, fecha en la cual el sueño de los lobos activa la observación del coito parental realizado al año y medio y hace que desarrolle *a posteriori* sus efectos. Los procesos que a partir de este momento se desarrollan escapan en parte a nuestra aprehensión y tampoco nos es posible describirlos satisfactoriamente. La activación de la imagen que ahora, en un estadio más avanzado de la evolución intelectual, puede ya ser comprendida actúa como un suceso reciente, pero también como nuevo trauma, como una intervención ajena análoga a la seducción. La organización genital interrumpida es continuada de nuevo, pero el progreso realizado en el sueño no puede ser conservado. Sucede, más bien, que un proceso comparable tan sólo a una represión determina la repulsa de los nuevos descubrimientos y su sustitución por una fobia.

La organización sádico-anal subsiste, pues, también en la fase ahora iniciada de la zoofobia, mezclándose a ella fenómenos de angustia. El niño continúa su actividad sádica al mismo tiempo que su actividad masoquista, pero reacciona con angustia a una parte de las mismas. La transformación del sadismo en su antítesis realiza, probablemente, en este período nuevos progresos.

Del análisis del sueño de angustia deducimos que la represión se enlaza al descubrimiento de la castración. Lo nuevo es rechazado porque su admisión supondría la pérdida del pene. Una reflexión más detenida nos hace descubrir lo siguiente: lo reprimido es la actitud homosexual en el sentido genital, que se había formado bajo la influencia del descubrimiento. Pero tal actitud permanece conservada para lo inconsciente, constituyendo un estrato aislado y más profundo. El móvil de esta represión parece ser la virilidad narcisista de los genitales, la cual promueve un conflicto preparado desde mucho tiempo atrás con la pasividad del fin sexual homosexual. La represión es, por lo tanto, un resultado de la masculinidad.

Nos inclinaríamos quizá a modificar, desde este punto de partida, toda una parte de la teoría psicoanalítica. Parece, en efecto, evidente que es el conflicto entre las tendencias masculinas y las femeninas, o sea, la bisexualidad, lo que engendra la represión y la producción de la neurosis. Pero esta deducción es incompleta. Una de las dos tendencias sexuales en conflicto se halla de acuerdo con el *yo*, pero la otra contraría el interés narcisista, y sucumbe por ello a la represión. Así, pues, también es en este caso el *yo* la instancia que desencadena la represión en favor de una de las tendencias sexuales. En otros casos no existe un tal conflicto entre la masculinidad y la femineidad, habiendo tan sólo una tendencia sexual que quiere ser admitida, pero que tropieza con determinados poderes del *yo* y es, por lo tanto, rechazada. Más frecuentes que los conflictos nacidos dentro de la sexualidad misma son los que surgen entre la sexualidad y las tendencias morales del *yo*. En nuestro caso falta un tal conflicto moral. La acentuación de la bisexualidad como motivo de la represión sería, por lo tanto, insuficiente, y en cambio, la del conflicto entre el *yo* y la libido explica todos los procesos.

A la teoría de la "protesta masculina", tal y como la ha desarrollado Adler, se puede objetar que la represión no toma siempre el partido de la masculinidad en contra de la femineidad. Pues en toda una serie de casos es la masculinidad la que queda sometida a la represión por el mandamiento del *yo*.

Además, una detenida investigación del proceso de la represión en nuestro caso negaría que la masculinidad narcisista fuera el único motivo. La actitud homosexual nacida durante el sueño es tan intensa que el *yo* del pequeño sujeto no consigue dominarla y se defiende de ella por medio de la represión, auxiliado tan sólo por la masculinidad narcisista del genital. Sólo para evitar interpretaciones erróneas, haremos constar que todas las tendencias narcisistas parten del *yo* y permanecen en él y que las represiones son dirigidas sobre cargas de objeto libidinosas. Pasaremos ahora desde el proceso de la represión, cuya exposición exhaustiva no hemos quizá logrado, al estado resultante del sueño. Si hubiera sido realmente la masculinidad la que hubiese vencido a la homosexualidad (femineidad) durante el proceso del sueño, tendríamos que hallar como dominante una tendencia sexual activa de franco carácter masculino. Pero no hallamos el menor indicio de ella; lo esencial de la organización sexual no ha sufrido cambio alguno y la fase sádico-anal subsiste y continúa siendo la dominante. La victoria de la masculinidad se muestra tan sólo en que el sujeto reacciona con angustia a los fines sexuales pasivos de la organización predominante (masoquistas, pero no femeninos). No existe ninguna tendencia sexual masculina victoriosa, sino tan sólo una tendencia pasiva y una resistencia contra la misma.

Imagino las dificultades que plantea al lector la precisa distinción inhabitual, pero imprescindible, de activo-masculino y pasivo-femenino, y no ahorraré, por lo tanto, repeticiones. El estado ulterior al sueño puede, pues, ser descrito de la siguiente forma: Las tendencias sexuales han quedado disociadas; en lo inconsciente ha sido alcanzado el estadio de la organización genital y se ha constituido una homosexualidad muy intensa. Sobre ella subsiste (virtualmente en lo consciente) la anterior tendencia sexual sádica y predominantemente masoquista; y el *yo* ha cambiado por completo de actitud en cuanto a la sexualidad, se halla en plena repulsa sexual y rechaza con angustia los fines masoquistas predominantes, como antes reaccionó a los más profundos —homosexuales— con la génesis de una fobia. Así, pues, el resultado del sueño no fue tanto la victoria de una corriente masculina como la reacción contra una corriente femenina y otra pasiva. Sería harto forzado adscribir a esta reacción el carácter de la masculinidad, pues el *yo* no integra corrientes sexuales, sino tan sólo el interés de su propia conservación y del mantenimiento de su narcisismo.

Examinemos ahora la fobia. Ha nacido en el nivel de la organización genital y muestra el mecanismo, relativamente sencillo, de una histeria de angustia. El *yo* se protege, por medio del desarrollo de angustia, de aquello en lo que ve un peligro poderoso, o sea, de la satisfacción homosexual. Pero el proceso de la represión deja tras de sí una huella evidente. El objeto al que se ha enlazado el fin sexual temido tiene que hacerse representar por otro ante la conciencia, y de este modo, lo que llega a hacerse consciente no es el miedo al *padre*, sino la angustia al *lobo*. Pero la producción de la fobia no se satisface con este solo contenido, pues el lobo queda sustituido, tiempo después, por el león. Con las tendencias sádicas contra los animales pequeños concurre una fobia a ellos como representantes de los competidores del sujeto, esto es, de los hermanitos que su madre puede darle. La génesis de la fobia a la mariposa es especialmente interesante, constituyendo como una repetición del mecanismo que engendró en el sueño la fobia del lobo. Un estímulo casual activa una vivencia pretérita, la escena con Gruscha, cuya amenaza de castración se demuestra eficaz *a posteriori*, en tanto que al suceder realmente no causó impresión alguna al sujeto[102].

---

[102] La escena con Gruscha fue, como ya hemos hecho constar, un rendimiento mnémico espontáneo del sujeto, sin intervención alguna por parte del médico. La laguna que presentaba fue cegada por el análisis en forma que podemos calificar de irreprochable si, en general, damos algún valor a la técnica psicoanalítica. Una explicación racionalista de esta fobia habría de limitarse a lo siguiente: No tiene nada de extraño que un niño predispuesto a la angustia sufra una vez, ante una mariposa amarilla, un acceso de miedo, probablemente a causa de una inclinación heredada al miedo. (*Cf.* Stanley Hall: "A synthetic genetic study of fear", en *Amer J. of Psychology*, XXV, 1914). Ignorante de esta causa, el sujeto buscaría la identidad casual de los hombres y el retorno de las rayas amarillas para construir la fantasía de una aventura con aquella niñera cuyo recuerdo conservaban aún. Pero el hecho de que las circunstancias accesorias del suceso, inocente en sí, esto es, el acto de fregar y la presencia del cubo y la escobilla, muestran luego, en la vida ulterior del sujeto, el poder de determinar prolongada y obsesivamente su elección de objeto, otorga a la fobia a la mariposa una importancia incomprensible. La situación resulta así tan singular, por lo menos, como aquella a la que nosotros llegamos, y, en consecuencia, la interpretación racionalista de la escena no nos procura ventaja ninguna. Así, pues, la escena con Gruscha se nos hace más valiosa porque podemos preparar en ella nuestro juicio sobre la escena primordial, menos segura.

Puede decirse que la angustia que entra en la formación de estas fobias es miedo a la castración. Esta afirmación no contradice la teoría de que la angustia surgió de la represión de la libido homosexual. En ambas afirmaciones aludimos al mismo proceso en el que el *yo* retrae de las tendencias optativas homosexuales un montante de libido que queda convertido en angustia flotante y es enlazado luego a las fobias. Sólo que en la primera afirmación figura también el motivo que impulsa al *yo*.

Una reflexión más detenida nos descubre que esta primera enfermedad de nuestro paciente (dejando aparte la anorexia) no se limita a la fobia, sino que ha de ser considerada como una verdadera histeria, a la que, además de los síntomas de angustia, corresponden fenómenos de conversión. Una parte de la tendencia homosexual es conservada en el órgano correspondiente, y el intestino se conduce a partir de este momento, e igualmente en la época ulterior, como un órgano histérico. La homosexualidad inconsciente y reprimida se ha refugiado en el intestino. Precisamente esta parte de histeria nos presta luego, en la solución de la enfermedad ulterior, los mejores servicios.

No ha de faltarnos tampoco decisión para atacar las circunstancias, más complicadas aún, de la neurosis obsesiva. Revisemos una vez más la situación: Tenemos una corriente sexual masoquista predominante, otra reprimida homosexual y un *yo* dominado por la repulsa histérica. ¿Cuáles son los procesos que transforman este estado en el de la neurosis obsesiva?

La transformación no sucede espontáneamente por evolución interna, sino que es provocada por una influencia externa. Su resultado visible es que la relación con el padre, la cual había hallado hasta entonces una exteriorización en la fobia al lobo, se manifiesta ahora en una devoción obsesiva. No podemos dejar de consignar que el proceso que se desarrolla en este paciente nos procura una inequívoca confirmación de una de las hipótesis incluidas en el *Tótem y tabú* sobre la relación del animal totémico con la divinidad[103]. Afirmamos entonces que la representación de la divinidad no constituía un desarrollo del tótem, sino que surgía independientemente de él y para sustituirlo de la raíz común a ambos. El tótem sería la primera sustitución del padre, y el dios, a su vez, una sustitución ulterior en la que el padre volvía a encontrar su figura humana. Así lo hallamos también en nuestro paciente. Atraviesa en la fobia al lobo el estadio de la sustitución totémica del padre, que luego se interrumpe y es sustituido, a consecuencia de nuevas relaciones entre el sujeto y el padre, por una fase de fervor religioso.

La influencia que provoca este cambio es la iniciación del sujeto en las doctrinas de la religión y en la Historia Sagrada, iniciación que alcanza los resultados educativos deseados. La organización sexual sádico-masoquista es llevada paulatinamente a un fin; la fobia al lobo desaparece rápidamente y, en lugar de la repulsa temerosa de la sexualidad, surge una forma más elevada del sojuzgamiento de la misma. El fervor religioso llega a ser el poder dominante en la vida del niño. Pero estas superaciones no son conseguidas sin lucha, la cual se exterioriza en las ideas blasfemas y provoca una exageración obsesiva del ceremonial religioso.

Prescindiendo de estos fenómenos patológicos podemos decir que la religión ha cumplido, en este caso, cuanto le corresponde en la educación del individuo. Ha domado las tendencias sexuales del sujeto, procurándoles una sublimación y una localización firmísima; ha desvalorizado sus relaciones familiares, y ha puesto fin con ello a un aislamiento peligroso, abriéndole el camino hacia la gran colectividad humana. El niño, salvaje antes y atemorizado, se hizo así sociable, educable y moral.

---

[103] *Tótem y tabú*, tomo VIII de estas *Obras Completas*.

El motor principal de la influencia religiosa fue la identificación con la figura de Cristo, facilitada por el azar de su nacimiento en el día de Nochebuena. El amor a su padre, cuya exageración había hecho necesaria la represión, encontró aquí, por fin, una salida en una sublimación ideal. Siendo Cristo, podía el sujeto amar a su padre, que era, por lo tanto, Dios, con un fervor que, tratándose del padre terrenal, no hubiera encontrado descargo posible. Los caminos por los cuales el sujeto podía testimoniar dicho amor le eran indicados por la religión y no se adhería a ellos la conciencia de culpabilidad inseparable de las tendencias eróticas individuales. Si la corriente sexual más profunda, precipitada ya como homosexualidad inconsciente, podía aún ser depurada, la tendencia masoquista, más superficial, encontró, sin grandes renunciamientos, una sublimación incomparable en la historia de la pasión de Cristo, que para honrar y obedecer a su divino padre se había dejado martirizar y sacrificar. La religión cumplió así su obra en el pequeño descarriado mediante una mezcla de satisfacción, sublimación y apartamiento de lo sexual por medio de procesos puramente espirituales, y facilitándole, como a todo creyente, una relación con la colectividad social.

La resistencia inicial del sujeto contra la religión tuvo tres distintos puntos de partida. En primer lugar, conocemos ya, por otros ejemplos, su característica resistencia a toda novedad. Defendía siempre toda posición de su libido, impulsado por el miedo de la pérdida que había de traer consigo su abandono y desconfiando de la posibilidad de hallar una compensación en la nueva. Es esta una importante peculiaridad psicológica fundamental de la que he tratado en mis *Tres ensayos para una teoría sexual*, calificándola de capacidad de *fijación*. Jung ha querido hacer de ella, bajo el nombre de "inercia" psíquica, la causa principal de todos los fracasos de los neuróticos. Equivocadamente, a mi juicio, pues va mucho más allá y desempeña también un papel principalísimo en la vida de los sujetos no neuróticos. La movilidad o la adhesividad de las cargas de energía libidinosas o de otro género son caracteres propios de muchos normales y ni siquiera de todos los neuróticos. Hasta ahora no han sido relacionados con otros, siendo así como números primos sólo por si mismos divisibles. Sabemos tan sólo que la movilidad de las cargas psíquicas disminuye singularmente con la edad del sujeto, procurándonos así una indicación sobre los límites de la influencia psicoanalítica. Pero hay personas en las cuales esta plasticidad psíquica traspasa los límites de edad y, en cambio, otras que la pierden en edad muy temprana. Tratándose de neuróticos, hacemos el ingrato descubrimiento de que, dadas condiciones aparentemente iguales, no es posible lograr, en unos, modificaciones que en otros hemos conseguido fácilmente.

Un segundo punto de ataque le fue procurado por el hecho de que las mismas doctrinas religiosas no tienen, como base, una relación unívoca con respecto a Dios Padre, sino que se desarrollan bajo el signo de la ambivalencia que presidió su génesis. El sujeto advirtió pronto esta ambivalencia, descubrimiento en el que le ayudó mucho la suya propia, tan desarrollada, y enlazó a ella aquellas penetrantes críticas que tanto nos maravilló hallar en un niño de cinco años. Pero el factor más importante fue, desde luego, un tercero, a cuya acción hubimos de atribuir los resultados patológicos de su pugna contra la religión. La corriente que le impulsaba hacia el hombre y que había de ser sublimada por la religión no estaba ya libre, sino acaparada en parte por la represión y con ello sustraída a la sublimación y ligada a su primitivo fin sexual. Merced a esta conexión, la parte reprimida tendía a abrirse camino hacia la parte sublimada o a relajarla hasta sí. Las primeras cavilaciones relativas a la personalidad de Cristo contenían ya la pregunta de si aquel hijo sublime podía también satisfacer la relación sexual con

302

el padre tal y como la misma se conservaba en lo inconsciente del sujeto. La repulsa de esta tendencia no tuvo otro resultado que el de hacer surgir ideas obsesivas, aparentemente blasfemas, en las cuales se imponía el amor físico a Dios bajo la forma de una tendencia o rebajar su personalidad divina. Una violenta pugna defensiva contra estos productos de transacción hubo de llevar luego al sujeto a una exageración obsesiva de todas aquellas actividades en las cuales había de encontrar la devoción, el amor puro a Dios, un exutorio trazado de antemano. Por último, triunfó la religión, pero su base instintiva se demostró incomparablemente más fuerte que la adhesividad de sus sublimaciones, pues en cuanto la vida procuró al sujeto una nueva sustitución del padre, cuya influencia se orientó en contra de la religión, fue esta abandonada y sustituida por otra cosa. Recordemos aún la interesantísima circunstancia de que el fervor religioso surgiera bajo la influencia de las mujeres (la madre y la niñera) y fuera, en cambio, una influencia masculina la que liberase de él al sujeto.

La génesis de la neurosis obsesiva sobre la base de la organización sexual sádico-anal confirma por completo lo que en otro lugar hemos expuesto "sobre la disposición a la neurosis obsesiva". Pero la preexistencia de una intensa histeria hace menos transparente en este aspecto nuestro caso. Cerraremos la revisión de la evolución sexual de nuestro paciente arrojando alguna luz sobre las transformaciones ulteriores de la misma. Con la pubertad surgió en él la corriente normal masculina, intensamente sexual y con el fin sexual correspondiente a la organización genital, corriente cuyos destinos hubieron de regir ya su vida hasta su ulterior enfermedad. Esta corriente se enlazó directamente a la escena con Gruscha, tomó de ella el carácter de un enamoramiento obsesivo y tuvo que luchar con las inhibiciones emanadas de los residuos de las neurosis infantiles. El sujeto conquistó, por fin, la plena masculinidad con una violenta irrupción hacia la mujer. En adelante, conservó este objeto sexual, pero su posesión no le regocijaba, pues una intensa inclinación hacia el hombre, absolutamente inconsciente ahora y que reunía en sí todas las energías de las fases anteriores, le apartaba de continuo del objeto femenino y le obligaba a exagerar, en los intervalos, su dependencia de la mujer. Durante el tratamiento se lamentó de que no podía resistir a las mujeres y toda nuestra labor tendió a descubrir su relación inconsciente con el hombre. Su infancia se había caracterizado por la oscilación entre la actividad y la pasividad; su pubertad, por la dura conquista de la masculinidad; y el período de su enfermedad, por la conquista del objeto de la corriente masculina. El motivo de su enfermedad no cuenta entre los "tipos de enfermedad neurótica" que hemos podido reunir como casos especiales de la "privación", y nos advierte así la existencia de una laguna en dicha serie. El sujeto enfermó cuando una afección orgánica genital activó su miedo a la castración, hirió su narcisismo y le obligó a perder su confianza en una predilección personal del destino. Enfermó, pues, a causa de una "privación" narcisista. Esta prepotencia de su narcisismo armonizaba perfectamente con los demás signos de una evolución sexual inhibida, con el hecho que su elección erótica heterosexual no concentrase en sí, a pesar de toda su energía, más que muy pocas corrientes psíquicas y con el de que la actitud homosexual, mucho más cercana al narcisismo, se afirmase en él con tal tenacidad como poder inconsciente. Naturalmente, en semejantes perturbaciones, la cura psicoanalítica no puede conseguir una transformación momentánea equivalente al resultado de una evolución normal, sino tan sólo suprimir obstáculos y hacer accesibles los caminos para que las influencias de la vida puedan conseguir una evolución mejor orientada.

Como particularidades de su psiquismo, descubiertas por la cura psicoanalítica, pero no del todo aclaradas y que, por lo tanto, no pudieron ser directamente influidas, señalaremos las siguientes: la tenacidad ya mencionada de la fijación, el extraordinario desarrollo de la inclinación a la ambivalencia y, como tercer rasgo de una constitución que hemos de calificar de arcaica, la capacidad de mantener yuxtapuestas y capaces de función las cargas libidinosas más heterogéneas y contradictorias. Una constante oscilación entre las mismas, que durante mucho tiempo pareció excluir toda solución y todo progreso, domina el cuadro patológico de su enfermedad ulterior, del cual sólo podemos dar aquí breves detalles. Era este, sin duda alguna, un rasgo característico de su sistema inconsciente, que se había extendido en él hasta los procesos conscientes; pero el sujeto lo mostraba tan sólo en los resultados de los movimientos afectivos, pues en el terreno puramente lógico revelaba más bien una especial habilidad para el descubrimiento de las contradicciones y las antítesis. De este modo, su vida anímica nos hacía una impresión semejante a la que nos produce la antigua religión egipcia, la cual nos resulta incomprensible porque conserva los estadios evolutivos junto a los productos finales.

Terminamos aquí lo que nos proponíamos comunicar sobre este caso patológico. Sólo dos de los numerosos problemas que sugiere me parecen dignos de especial mención. El primero se refiere a los elementos filogénicos congénitos, los cuales cuidan, como "categorías" filosóficas, de la distribución de las impresiones de la vida y son, a mi juicio, residuos de la historia de la civilización humana. El complejo de Edipo, que comprende la relación del niño con sus padres, es el más conocido de estos esquemas. Allí donde las vivencias no se adaptan al esquema hereditario, se inicia una elaboración de las mismas por la fantasía, labor que sería muy interesante perseguir individualmente. Precisamente estos casos son muy apropiados para demostrarnos la existencia independiente del esquema. Podemos observar con frecuencia que el esquema logra la victoria sobre la vivencia individual, como sucede en nuestro caso cuando el padre llega a ser el castrador y el peligro que amenaza a la sexualidad infantil, a pesar de la existencia de un complejo de Edipo totalmente inverso. Las contradicciones entre la vivencia y el esquema parecen procurar rico material a los conflictos infantiles.

El segundo problema se halla próximo a este, pero es mucho más importante. Considerando la conducta del niño de cuatro años ante la escena primordial reactivada[104] y recordando las reacciones, mucho más simples del niño de año y medio, al presenciar dicha escena, no podemos rechazar la hipótesis de la actuación de una especie de conocimiento previo, difícilmente determinable, semejante a una preparación a la comprensión[105]. Es totalmente imposible imaginar en qué puede consistir este factor, y lo único que podemos hacer es compararlo al más amplio conocimiento instintivo de los animales.

Si en el hombre existiera también un tal patrimonio instintivo, no tendríamos por qué asombrarnos de que se refiera especialmente a los procesos de la vida sexual, aunque claro está que no habría de limitarse a ellos. Este elemento instintivo sería el nódulo de lo inconsciente, una actividad mental primitiva destronada y sustituida por la razón humana ulteriormente adquirida, pero que conservaría muchas veces, y quizá en todos los casos, el poder de rebajar hasta su nivel procesos anímicos más elevados. La represión sería el retorno a este estadio instintivo; el hombre pagaría con su capacidad para la neurosis

---

[104] Podemos prescindir de que tal conducta sólo veinte años después pudiera ser concretada en palabras, pues todos los efectos que derivamos de la escena hubieron de exteriorizarse ya en la infancia y mucho tiempo antes del análisis, en forma de síntomas, obsesiones, etcétera. En cuanto a este punto, es indiferente considerar la escena primordial como una realidad o tan sólo como una fantasía primordial.

[105] Debo acentuar de nuevo que estas reflexiones serían totalmente ociosas si el sueño y la neurosis no pertenecieran por sí mismos a la infancia.

aquella magna adquisición y testimoniaría, con la posibilidad de las neurosis, de la existencia del grado primitivo anterior instintivo. La importancia de los tempranos sueños infantiles reposaría en que procurarían a este inconsciente una materia que le protegería de ser suprimido por la evolución ulterior.

Sé que estas hipótesis que acentúan el factor hereditario, filogénicamente adquirido, de la vida anímica han sido ya repetidamente propuestas, e incluso que existiera cierta tendencia a concederles un lugar en la investigación psicoanalítica. Por mi parte, sólo me parecen admisibles en el momento en que el psicoanálisis llega a las huellas de lo hereditario después de haber penetrado a través de los estratos de lo individualmente adquirido.

Adición de 1923. Reuniremos aquí la cronología de los sucesos mencionados en este historial:

—El sujeto nace el día de Nochebuena.

—Al año y medio: Malaria. Observación del coito de los padres o de aquella escena inocente en la que se hallaban juntos y en la que el sujeto integró más tarde la fantasía del coito.

—Poco antes de los dos años y medio: Escena con Gruscha.

—A los dos años y medio: Recuerdo encubridor de la partida de los padres con la hermana. Le muestra sólo con la "chacha" y niega así a Gruscha y a la hermana.

—Antes de los tres años y tres meses: Lamentación de la madre ante el médico.

—A los tres años y tres meses: Comienzo de la seducción por su hermana y, poco después, amenaza de castración por parte de la "chacha".

—A los tres años y medio: La institutriz inglesa. Comienzo de la alteración del carácter.

—A los cuatro años: Sueño de los lobos. Génesis de la fobia.

—A los cuatro años y medio: Influencia de la Historia Sagrada. Emergencia de los síntomas obsesivos.

—Poco antes de los cinco años: Alucinación de la mutilación del dedo.

—A los cinco años: Partida de la primera finca.

—Después de los seis años: Visita al padre enfermo.

—A los ocho y a los diez años: Últimas explosiones de la neurosis obsesiva.

Mi exposición habrá revelado al lector que el paciente era de nacionalidad rusa. Le di de alta, completamente curado, a mi juicio, pocas semanas antes de la inesperada explosión de la Guerra Mundial, y no volví a verle hasta que, por azares de la guerra, abrieron a las potencias centrales el acceso a la Rusia Meridional. Vino entonces a Viena y me informó de que inmediatamente después del término de la cura había surgido en él un impulso a libertarse de la influencia del médico. En unos cuantos meses de labor conseguimos luego dominar un último fragmento de la transferencia, no superado aún. Desde entonces, el paciente, que había perdido en la guerra su patria, su fortuna y toda relación con sus familiares, se ha sentido normal y se ha conducido irreprochablemente. Es muy posible que su misma desgracia haya contribuido a afirmar su restablecimiento satisfaciendo su sentimiento de culpabilidad.

ÍNDICE

Obras Completas de Sigmund Freud
Tomo XVI

Impreso en los talleres de
DocuMaster
(Master Copy, S. A. de C.V.)
Plásticos #84, Local 2, ala sur,
Fracc. Industrial Alce Blanco,
Naucalpan de Juárez, C. P. 53370.